高等院校各类合同审查的要点以及相关案例评析

GAODENGYUANXIAO GELEIHETONG SHENCHA DE
YAODIAN YIJI XIANGGUANANLI PINGXI

丁万星　郭萌萌　李永达　杨　强　著

中国政法大学出版社

2025·北京

声　明　　1. 版权所有，侵权必究。

　　　　　　2. 如有缺页、倒装问题，由出版社负责退换。

图书在版编目（CIP）数据

高等院校各类合同审查的要点以及相关案例评析 / 丁万星等著. -- 北
京：中国政法大学出版社, 2025. 3. --ISBN 978-7-5764-2029-6

　Ⅰ. D923.65

中国国家版本馆 CIP 数据核字第 2025XG7787 号

出 版 者	中国政法大学出版社
地　　址	北京市海淀区西土城路 25 号
邮寄地址	北京 100088 信箱 8034 分箱　邮编 100088
网　　址	http://www.cuplpress.com（网络实名：中国政法大学出版社）
电　　话	010-58908586(编辑部) 58908334(邮购部)
编辑邮箱	zhengfadch@126.com
承　　印	固安华明印业有限公司
开　　本	720mm×960mm　1/16
印　　张	22.25
字　　数	370 千字
版　　次	2025 年 3 月第 1 版
印　　次	2025 年 3 月第 1 次印刷
定　　价	88.00 元

◆ 作者简介 ◆

丁万星，男，中国政法大学 1998 级法律硕士，河北建筑工程学院法学教授，硕士生导师，北京市兰台律师事务所高级顾问，张家口仲裁委员会仲裁员，张家口市政府法制与仲裁研究会副会长。1990 年开始在河北建筑工程学院从事哲学、法学基础理论、经济法、建设法规、工程法律实务与案例分析和房地产法等课程的教学工作。1992 年通过律师资格考试，1995 年获得律师执业证并在河北华研律师事务所执业，2018 年 6 月到北京威诺（张家口）律师事务所执业。主持、主研的全国人大常委会法工委、河北省社会科学基金、河北省科技厅、河北省社科联、河北省教育厅等省厅级项目共十几项，在《河北法学》《暨南学报》《人民论坛》《社会科学论坛》《河南社会科学》等核心期刊、国家级期刊发表学术文章几十篇。出版《建设工程法律实务与案例分析》《房地产法律实务与案例分析》《经济法》《法律基础》等多部专著或教材。

丁万星律师先后担任过河北建筑工程学院、张家口市房地产业商会、张家口宜城房地产开发有限公司、张家口润鸿房地产开发有限公司、张北金鼎房地产开发有限公司等几十家房地产、建筑企业法律顾问，参与的诉讼案件涉及房地产、规划、招标投标、勘察、设计、施工、装饰装修等建设活动，具有丰富的实践经验。同时参与房开企业的法律维权活动，在全国具有重要影响。为所在院校代理数十起诉讼，涉及建设工程、合作办学、劳动人事、知识产权等多方面，效果良好。为市政府起草《张家口市气候资源保护和开发利用条例》《张家口市养犬管理办法》等规范性文件、提供法律咨询、撰写调研报告，受到市政府主要领导的肯定，一些法律建议被市政府肯定并采纳。

郭萌萌，女，汉族，1987 年 11 月生，河北省柏乡县人，毕业于河北大学，硕士研究生学历，法学专业，现任河北建筑工程学院政策法规科科长，研究方向为高校合同审查、依法治校。任教以来获得省部级教学奖励 3 项，张家口市级各类奖励 4 项，校级荣誉称号 9 个，2023 年被聘为张家口市法治督察员并入选省级重大决策社会稳定风险评估专家库，主持或参与河北省省级科研项目 8 项、张家口市级科研项目 5 项，发表学术论文 17 篇，其中中文核心期刊论文 3 篇。

李永达，女，汉族，1992 年 2 月生，河北省三河市人，毕业于河北经贸大学，硕士研究生学历，国际法学专业。2015 年通过司法考试获得法律职业资格证。现任教于河北建筑工程学院，讲师，研究方向为思想政治教育、法治教育。参与完成省级以上科研项目三项，主持张家口市级科研项目一项，发表论文 5 篇。

杨强，男，中国政法大学法律硕士及长江商学院高级工商管理硕士。北京兰台律师事务所主任，中国国际经济贸易仲裁委员会、天津仲裁委员会等多家仲裁机构仲裁员，北京市国有资产监督管理委员会外部董事，国家开发银行独立评审委员，北京市朝阳区第十二届、第十三届政协委员。出版《机制的力量》《企业法律顾问实务操作全书》《中国国际商事仲裁年度报告（2020—2021）》《中国国际商事仲裁年度报告（2021—2022）》等多部著述。专注于银行与金融、公司法律事务及民商事争议解决领域。

前　言

一、高校合同审查的重要性

高校不仅要进行教学、科研等活动，而且还要解决数万名师生吃、住、安全、卫生、医疗、环境、通信等生活问题。有些高校有附属幼儿园、小学、初中，附属医院农场等，还有高校出资设立了公司、研究所、基金组织，甚至还有自己的上市公司，例如北京大学有未名集团、青鸟集团、方正集团、资源集团以及旗下的很多上市公司。所以高校其实就是一个小社会。

由于涉及的问题方方面面，高校就必须与校外的政府、出版社、建筑、物业、餐饮、医院、保洁、保卫、超市等公司、其他组织打交道，这样就需要签订各种复杂多样的合同。因此，从民事行为的角度，高校就是一系列合同的连接，高校的很多组织、行为也能够通过合同行为予以解释，高校民事行为的合同法解释也为高校法治提供合法性、合理性以及程序正当性的技术支撑。

国家的核心竞争力在于教育，因此国家需要高校拥有一个安全、稳定并充满活力的环境。而大量的承载当事人利益预设的合同使高校不再是象牙塔，而是风险与利益共生的复杂法律关系，合同的签订和履行关系高校的得失、利害甚至安全。

例如，某高校教师承揽了某市外环线几十公里隧道的安全测量任务，为了同时完成学校规定的科研任务，该教师拟以学校名义与建设单位签订承揽合同，这样该合同既能够作为横向科研课题完成科研考核任务，其本人也能够完成承揽任务获得一笔报酬。该校法律顾问审核该合同后，告知该教师该合同不能签订。理由是高校不是企业，没有测量方面的资质，另一方面如果签订合同，高校将置身于巨大的风险当中。因为该教师的测量数据如果导致隧道该有的风险没有检测出来，发生重大工程安全事故，高校不得不进行赔偿。而该隧道工程造价几十亿元，高校如果承担赔偿责任将导致高校破产，也就是说，一个错误的合同能够葬送掉一所高校。因此，高校合同的审查相当重要。

二、对合同、风险和审查的基本认识

（一）对合同的基本认识

我国先秦时代即有通过约定来确定当事人双方权利和义务的要式，当时称为"质剂"或者"傅别"。合同这个称谓来源于单契，即在单契上大书一"同"字，一撕两半，双方各执一份。履行时双方将"同"字合在一起，如果严丝合缝即确认合同效力。反之，则被认为与己没有关联性，拒绝履行。后来，合同就成了确定权利义务之要式的约定俗成的称谓。追本溯源，合同之"合"是动词，合同之"同"是名词。词源学意义上，所谓合同，就是将先前写有"同"字的一分为二的书面约定再"合"起来的意思。

就国际视野而言，合同是全人类的语言，但是没有统一定义。罗马法认为，合同是"得到法律承认的债的协议"，《学说汇纂》把合同分成国际、公法、私法三种。《德国民法典》将合同视为法律行为，英美将合同视为一种允诺，《法国民法典》更强调合同是当事人的合意。此外《科宾论合同》、阿蒂亚《合同法概论》等名著各自都有对合同的定义。我国《民法典》第464条第1款："合同是民事主体之间设立、变更、终止民事法律关系的协议。"本书的合同含义仅是在我国《民法典》的语境中进行探讨。

第一，对合同的认识应了解合同的本质是一个经济行为，寄寓当事人对利益的最大化期待，是当事人获取利益的源泉，也是当事人获取利益的起点和终点，不能将当事人基于合同牟利的目的视为卑鄙，而是应当对合同当事人的利益博弈予以充分的理解。波斯纳曾著有《法律的经济分析》，广义上的法亦属于经济行为，遑论合同。

第二，合同是当事人之间的"立法"行为。依法成立的合同，对当事人具有法律拘束力。何谓法律拘束力，就是相当于法律一样的效力，能够上升为国家意志，获得国家认可并以强制力予以保护。有些当事人错误地认为合同的约束力来源于"微不足道"的对方，这是错误的认识。虽然契约自由，但是依法成立的合同，具有相当于法律的强制力。

第三，合同既是一种工具，也是一种价值观，它承载着意思自治、契约自由、诚实信用等价值。因此合同的意义不限于民法领域，而是一种文化现象，公司、社会甚至国家都可能依据类似合同这样的集体约定联结起来。合同的价值理念经常溢出本部门，跨界影响其他更为广阔的领域。

第四，合同多是任意法，但应当受强行法约束。格兰特·吉尔莫在《契约的死亡》中，认为由于大型法人出现以及强行法的约束，契约已经濒于死亡。为此内田贵在《契约的再生》中回应吉尔莫，自由有边界，自由应当受到国家价值观的评判。我国《民法典》尊重契约自由，但是不能违反效力性强制性规范，不能违反公序良俗。

（二）对风险的基本认识

合同当事人对利益最大化的期待可以理解，但是其立场的对立导致两个方向相反的价值追求必然产生冲突，双方的价值追求呈逆向行走，一方的利益恰是另一方的代价，双方为此必然产生此消彼长的博弈，这就是合同的风险。

合同风险的来源具有多元性，有来自文本之外的国际环境、国内的国家政策调整、不可抗力、物价波动等，也有来自文本内部的条款漏洞、语言表达、计算失误、系统解释、合同形式、批准手续等。

例如，打借条时，"今借"与"今借到"之间，一字之差，意思迥异。前者表示欲借款，但未必已经收到相应款项。后者不仅表示借款的意思表示，而且已经收到了相应款项。将来主张还款时不必出具收据或者银行回单。

再如，云南红塔与福建新华都就云南白药股权转让签订协议时，强调了转让行为需要云南红塔的主管部门批准，但是没有确定具体的主管部门。新华都总裁唐某认为主管部门就是云南省国资委，且云南国资委已经同意股权转让。因此看过合同后，认为没有问题，就签字盖章了。然而合同签订不久，云南白药估价涨了3倍，所收购的股份由原来的22亿元涨到了66亿元。这时云南红塔开始否认合同已经生效，因为云南红塔的主管部门中国烟草总公司还没有批准。由于合同对股权出让人主管部门约定不明确导致双方对簿公堂，经过漫长的诉讼，福建新华都败诉，损失惨重。这个损失就来源于一个条款，多看几眼就能够避免这场旷日持久的诉讼。

风险不仅在来源上具有多样性，而且在法律责任上也具有多样性。同一个行为，根据过错、损失大小，有可能触犯民事责任、行政责任甚至刑事责任。除了上述法律责任，还可能触犯单位的规章制度、行业的管理条例甚至党内的纪律处分。

（三）对合同审查的基本认识

当事人均试图将对自己利益最大化的制度安排写进合同，这样就会产生现实与规则的冲突。合同审查就是设计合作规则、排除合同风险、实现合同目的的过程。

第一，合同审查应当引起高校领导的足够重视，风险防范在先则事半功倍，反之，费尽移山之力也不一定能收全功。例如某高校引入一家公司甲提供快递服务，服务合同的文本由甲公司提供。合同约定校园内收发快递的房屋由甲公司建设，甲公司对所建设房屋拥有所有权，但是土地使用权属于该高校。该高校没有安排专业人员对该文本进行审核，因此没有发现房屋所有权归甲公司这个巨大漏洞。当双方合作一段时间，高校对甲公司不满意，想要解除合同时才发现，这个公司成了高校的"附骨之疽"，无法实现清场。这个案例的教训就是对合同审查不重视，没有设立专门的合同审查机构。或者虽然设立，却只是流于形式，不具备足够的合同审查能力。

第二，合同审查应当设定工作的边界，一是合同文本的边界；二是服务对象的边界。

例如，审查一份高校乙委托一家公司丙进行技术开发的合同，如果只看合同本身，似乎没有问题。但是如果追问技术开发的目的，可能就会涉及另外一家公司甲委托高校进行技术开发，而且约定不得将权利义务转让第三方。这样越过合同文本本身看问题，乙与丙之间的委托开发协议就违约了。这种连环合同还会涉及上游资金给付与下游资金给付、上游交付成果与下游交付成果的时间衔接问题。坦荡之徒陡生荆棘，看似不复杂的合同，把上下游联系起来看，就变成风险丛生的合同。

从服务对象角度，合同审查不仅是排除合同条款对于所服务法人的风险，而且应考虑到法人单位的各级负责人员，直到合同审查者本人。例如审查一份高校学生宿舍楼的施工合同，应当明确哪里是法定代表人责任，哪里是直接负责人的责任，哪里是现场技术人员的责任，分别排除风险。这就是服务对象的边界问题。

第三，合同的审查包括静态的审查和动态的审查。静态的审查主要是合同文本的审查，动态的审查就不限于文本，而是扩展到合同谈判、签订、履行等各个环节。

静态的审查包括当事人资信情况、主体资格是否适格，是否涉及国有资产处分，条款是否完备，是否需要主管部门批准，是否具有可操作性，遣词造句是否适当等问题。

动态的审查主要体现在项目建议书、可行性研究报告、招投标、合同签订、合同履行等阶段，重点在合同履行阶段。例如高校与建筑公司乙签订了建设工程施工合同，很多人在合同签订之后就觉得"大政方针"已定，可以"刀枪入库、马放南山"了。其实这是一种非常错误的认识。事实上，建设工程相当复杂。合同约定了图纸交付、技术交底、开工日期、基础、主体竣工、第一笔工程款支付时间等等，但是一旦付诸实施，可能全发生变化了。如同打仗一样，作战计划很严密，但是一旦打起仗来可能实现拟定的作战计划全用不上了。此时不能依赖旧的文件缘木求鱼，必须与时俱进，及时跟进合同的每一个环节，一码一清，今日事今日毕，这样才能确保后期合同履行汤清水利，条分缕析。

就笔者经历的建设工程施工合同纠纷，非常简单的"已付价款"双方有时核对几年，也对不清楚。更何况双方的已完工程量，更是各执一词，搞得扑朔迷离。导致这样结果的原因就是平时没有对每一笔工程款、每一期的工程量进行实时跟踪，一旦出现问题立刻对偏离合同约定的情况进行评估，拿出回到正轨的方案。合同的动态审查也需要各部门齐抓共管，共同关心合同的每一步进展，信息共享，集思广益，共同推进。

第四，高校应当建立自己的合同范本库，避免使用对方提供的合同文本。

很多与高校合作的公司都有自己的合同文本，他们与高校合作时立刻就能拿出自己的合同文本。而有些高校没有自己的文本，只好接受对方拟定的条款。这种情况蕴含着极大的法律风险。

每个市场主体都是自己利益的最佳判断者，其拟定合同肯定要遵循自己利益最大化的原则。一方的利益就是另一方的风险，因此照单全收无疑会将自己置于危险的境地。

例如，某高校与某设计公司签订教学楼设计合同，设计单位提供的设计合同中约定出现建筑物质量问题，设计单位承担的责任以所收的设计费为限。这个约定对设计院而言就是利益不封顶，但是风险有上限，从而将风险转嫁给了高校一方。

第五，高校应当加强合同法律知识培训，使每一个合同经办人都具备合同风险以及风险防范的基本知识。

高校合同林林总总，仅靠有限的合同审查人员还是不足，应当加强人员培训，使每一个合同经办人员具备基本的合同法律知识。例如，高校与外地单位签订合同，一定要将合同争端的解决地点限定在本地，由本地法院或者本地仲裁委员会来受理案件。全校上下就相类似的问题都达成一致，这样合同审查人员就可以腾出时间关注合同前端、后端等更为隐秘、复杂的问题。

高校属于知识、人才密集区，在合同法律知识培训方面具有得天独厚的优势。

三、本书的写作目的

本书作者均系高校法律课教师，担任法律顾问工作或供职于法治办公室，所供职的高校每年要签订五六百份合同，在长期的合同审查和诉讼中积累了丰富的经验。现将合同实务中遇到的法律问题整理出版，一方面指出高校合同经常面临的问题，另一方面给出合同修改的建议，并将修改后的合同作为高校各类合同的范本，以供兄弟院校参考。此外，合同审查在很大程度上具有一定的共性，非高校的读者也可以通过本书提要钩玄，共证互参。

本书中郭萌萌撰写上篇第一章、第二章、第五章全部内容和中篇的第四章、第五章部分内容以及下篇的第一章、第二章的相关内容，字数约为15万字，李永达撰写上篇第三章、第四章、第六章和中篇的第一章至第五章的相关内容，字数约为13万字，杨强除负责上篇第六章第二节及中篇第八章的部分内容撰写工作之外，承担案例筛选、审核和部分统稿工作，丁万星负责统稿。

请读者将本书的优点告诉他人，将本书的缺点告知作者，共同维护高校合法权益，推进高校的法治建设。

上　篇　高校合同审查

中　篇　高校合同纠纷相关案例评析

◇

下　篇　高校合同管理的经验教训总结

◇

上　篇
高校合同審査

第一章　党院办相关合同

第一节　中外合作办学合同

某高校与新西兰某学院合作协议
建筑学专业本科教育项目

中方法定代表：×××

法定地址：中国某省某市朝阳区富强大街 18 号

新西兰方法定代表：×××

法定地址：新西兰奥克兰市奥特尔波路 999 号

协议双方：

某高校（以下简称"甲方"）

新西兰某学院（以下简称"乙方"）

当事人条款在合同中意义重大，尤其是国籍不同的当事人，必须写明当事人的名称、地址、联系电话、电子邮箱、开户银行等基本信息，否则发生冲突时联系不到对方，或者需要诉讼却因为地址不明无法确定管辖法院。

笔者曾代理一个案件，对方工商登记档案中地址是某市长青路 37 号。然而法官送达应诉通知书时才发现，由于发生过拆迁，现场该路从 36 号到 39 号均无法找到。再看对方法定代表人身份证的地址却是建国路 4 号楼，然而建国路大大小小有几十个小区，根本不知是哪个小区的 4 号楼。就在面临是否撤诉的艰难选择时，幸亏笔者抱着最后一试的想法再一次到行政审批局查阅工商档案，发现对方刚刚换成了新地址。于是赶紧赶到对方新地址一看究竟，然后通知法院及时送达了应诉通知书。如果不是发现对方更换新地址，这个案子就会面临无法通过诉讼维权的困境。

就本合作办学合同而言，存在着缺乏联系电话、电子邮箱、开户银行等基本信息的问题，需要及时补正联系电话、电子邮箱、开户银行等基本信息。

甲乙双方本着真诚合作、共同努力的原则，经友好协商，决定在建筑学本科专业达成如下合作办学条款，特订立本协议。

合同正文第一段往往就是鉴于条款，即目的性条款或者授权条款。这个条款的存在意义就是为整部合同定下基调，决定整个合同的目的和性质。当合同文本出现歧义或者发生冲突时，当事人将通过目的解释、体系解释等方式来去伪存真、定分止争。

例如，两人之间发生一笔资金往来纠纷，一方主张是借款，应当还本付息，另一方主张是出资，公司亏本时，不仅没有红利，而且不能撤资。这时就需要看双方签约的目的。

再如，一人为一个公司提供某种服务，该人主张属于劳动合同，而公司认为属于劳务合同，此时合同性质决定适用解决纠纷的具体规则。

又如，工程多重转包过程中，转包人是转包还是中介的问题，不仅决定合同效力，而且决定利益分配、救济方式以及法律规定的相应罚则。

就本合同而言，由于属于跨国合同，双方必须研究本国对于这种跨国合作的态度，避免触犯主权、公共利益等条款。因此，在鉴于条款中，应当明确这种合作的法律、政策依据，从而使整个合同获得不可争议的合法性。

我国关于中外合作办学的法律政策，主要体现在《教育法》[1]《高等教育法》中。中国加入 WTO 时作出的承诺以及教育部关于中外合作办学的一系列部门规章和政策当中。所以本合同的鉴于条款需要补充签订此合同的法律依据。

---

[1] 为表述方便，本书涉及我国法律法规，均使用简称，省略"中华人民共和国"字样，全书统一，后不赘述。

第一部分　法人资格

第一条　甲方为中国注册的高等教育机构，在中国享有独立民事权利，并独立承担法律责任。

第二条　乙方为新西兰注册的高等教育机构，在新西兰享有独立民事权利，并独立承担法律责任。

是否能够独立享有民事权利和承担民事义务是决策的重要依据，如果不能独立享有民事权利和承担民事义务，那么就会发生合作对象错误的重大问题。甚至需要直接面对主权国家，而国家在国际法上是享有豁免权的，那就意味着我们的权益得不到保障。所以国际合作当中，一定要对方作出独立享有民事权利和承担民事义务的承诺。

由于新西兰属于英美法系，没有法人概念，所以需要选择准确的语言来表达能够独立享有民事权利和承担民事义务这个意思，为以后持续合作扫清法律上的障碍。

第二部分　授权事项

第三条　在本协议有效期内，甲、乙双方可以使用对方的学校名称、品牌形象及其它标记，从事包括招生广告、新闻宣传等有关双方相互授权范围之内的办学事项。

第四条　甲、乙双方相互授权开展的合作事项，仅限在中国和新西兰开展的中新合作办学项目。

授权对方在域外使用自己的名称、品牌形象等行为，具有一定的法律风险，最大的风险在于偏离合作目的适用上述内容，所以需要准确表达授权范围。

由于合同的相对性，授权范围只在当事人之间知悉，公示范围不够。所以应当单独出具授权委托书，形成概括授权和具体授权、特别授权与一般授权，内部授权与外部授权等层次。具体授权以列举式明确授权范围。合同授权条款约束双方当事人。与第三人进行法律会晤、合作和交往时，以授权委托书证明所授权范围和内容。

就本合同而言，本条款需要补充一点，具体授权范围见附件一：《授权委托书》。

第三部分 合作办学项目及管理机构名称

第五条 项目名称为：某高校与新西兰某学院合作举办建筑学专业本科教育项目。

第六条 管理机构名称为：某高校与新西兰某学院合作办学建筑学专业本科教育项目联合管理委员会。

第四部分 办学宗旨

第七条 本项目的办学宗旨是：通过项目引进新西兰某学院在建筑学专业领域的优质教育资源（包括教学理念、师资、课程体系、教材、教学手段以及办学管理经验等），使某高校师生获得优质教育资源，为项目师生提供学术、文化以及其他活动机会，在以下领域开展合作：

（1）共同举办建筑学专业本科 3.5+1.5 模式合作办学项目（前 3.5 年在某高校学习，后 1.5 年在新西兰某学院学习）。

（2）学术材料和信息交流。

（3）在学术发展过程中进行教师交流和学者交流。

（4）合作开发员工发展和培训项目，共享资源。

（5）合作开发国际学生教育项目，共享资源。

（6）短期课外学生访问。

（7）以独立项目的形式确定和发展共同关注的关键领域。

（8）就共同关注的事宜赞助合作研讨会、工作坊和论文。

第五部分 学制及学历

第八条 本专业学制为 5 年，自第 28 条规定之日起实施，纳入国家普通高等教育招生计划。通过普通高等教育全国入学考试、符合录取条件和要求的学生，按照双方核定的教学计划，在某高校与新西兰某学院进行为期五年的本科学习。

新西兰某学院将委派合格教师参与在某高校的项目教学活动。达到项目毕业要求的学生可获得某高校颁发的毕业证书和工学学士学位证书，以及新西兰某学院所承担的项目课程的学习证明。学生在某高校学习 3.5 年之后，达到新西兰某学院的入学要求（包括英语语言要求），可以以留学生的身份赴新西兰某学院完成后续 1.5 年的学习。双方将互认学分与学习成绩。在新西兰某学院完成后续 1.5 年的学习后，项目学生各科成绩合格达到某高校和新西兰某学院毕业要求，将获得某高校本科毕业证书及两校的学士学位证书。不能赴新西兰某学院学习的学生在某高校继续接受 1.5 年的本科教育，完成规定的学分且成绩合格者被授予某高校本科毕业证书和学士学位，同时获得新西兰某学院所承担的项目课程的学习证明。在某高校学习期间，所有学生的学籍记录、课外活动、社会活动和奖惩等都应遵守中国的法律法规和甲方的学生管理规定。

项目录取的学生为某高校注册学生，学生在某高校学习 3.5 年之后，符合新西兰某学院入学要求并选择赴新西兰某学院完成后续 1.5 年学习的学生，可注册为新西兰某学院学生。

第六部分　专业设置及招生规模

第九条　甲乙双方经充分论证后同意，根据市场需求，建立符合中国法律、法规相关规定的合作办学项目。双方协商的合作项目专业为：建筑学本科专业，培养模式为"3.5+1.5"。

第十条　本项目拟定于 2024 年开始招收学生，共四届，每年招收 100 名学生，到 2026 年结束招生。

第七部分　项目的管理及运行

第十一条　甲乙双方成立项目联合管理委员会。联合管理委员会是本项目的最高决策机构。

第十二条　联合管理委员会成员由甲乙双方提名组成，成员共 11 名，甲方 6 名，乙方 5 名。主任由甲方担任，副主任由乙方担任。

联合管理委员会负责制定合作办学章程，并确保高质量的教、学和学生体验。委员会职责将包括：通过协商确定合作项目的负责人、聘任主要教学业务骨干、进行年度监控（包括学生反馈）、制定项目发展规划、招生、专业设置、年度财政预算等重大事项。

本条应当确定联合管理委员会的决策程序，即意见分歧时的投票多数决。应当明确规定正副主任的具体工作职责。还应当规定管理会成员的任职条件、更换程序、对方对更换的约束等。

本条还应当规定联合委员会召开会议的形式，例如线上还是线下。会议召集人为正主任，但是正主任不能正常履行职务时，会议召开的救济方式。还有定期会议和临时会议，尤其是定期会议，可以保证联合委员会不至于流于形式。

本条还应当规定当事人以及成员的提案权，会议内容信息的知情权，会议的记录方式、存档方式、查阅方式以及公示方式。

本条还应当规定项目陷入僵局时的破局方式，以免项目遇到僵局时不知所措。

第十三条 本项目在发展规划、专业设置、招生宣传、对外交流、师资培养等方面保持相对独立性。

第十四条 某高校的学费由中方按教育教学成本核算并报上级物价部门审批后执行。本项目财务在学校财务处设立合作办学专项账户，依法对合作办学项目的财务进行管理。

学生在新西兰某学院就读期间将按照新西兰某学院的国际本科生学费收取。在新西兰境内的住宿费和生活费由学生自行承担。

本条还应当约定学生在新西兰期间生病、工伤、交通事故、意外伤害、下落不明甚至去世时费用的负担情况，以免出现上述问题后，因为约定不明而发生纠纷。

第十五条 甲、乙双方共同制定联合管理委员会章程，规定联合管理委员会的职责。内容包括：

（1）乙方的课程和专业核心课程占项目全部课程和核心课程的三分之一以上，乙方教师担负的专业核心课程的门数和教学时数占项目全部课程和全部教学时数的三分之一以上。

（2）规定特聘教师（指非正常教学范围内聘任的教授）的工资标准和学生的学费标准。

（3）制定本项目发展规划，保证本项目实施的教育方针具有先进性、合理性、合法性。

（4）培养方案、教学计划、课程大纲、教学内容、入学资格、考试方式、招生计划、学生管理等必须经双方商定，并遵守中新两国法律和法规。

（5）适时创新发展，为所有的学生提供合理而先进的教育。

（6）建立广泛的社会联系，赢得公众对本项目的理解和支持。

（7）制定绩效考核标准，考核本项目所有工作人员的工作效率和效果。

（8）审查年度质量监控和改进工作，并编制年度项目评审报告。

（9）考虑学生代表团体的反馈意见，确保以适当的机制处理学生反馈提出的问题。

（10）监控学生体验，特别注重确保合作项目整体的一致性。

（11）其他应该由联合管理委员会决定的事项。

第十六条　本项目学生在某高校学习期间的党的建设和思想政治教育工作，严格按照教育部要求执行和落实。

第八部分　师资

第十七条　甲乙双方根据项目的发展，另行制定具体的师资培养方案。

第十八条　学生在某高校学习期间，主要由某高校的中国教师授课。新西兰某学院的教师将负责在商定的教学计划中部分课程单元的授课与评估。这些单元的评估和学分授予将服从新西兰某学院的学术规定。具体安排由双方按教学计划另行商定。

第九部分　权利与义务

第十九条　甲方的权利

（1）甲方有监督乙方在协议期间内执行本协议有关规定的权利。

（2）如乙方违约，甲方有权按照本协议有关规定依法追究乙方的违约责任。

本体的违约责任太宽泛，应当将违约责任付诸一系列可操作的条款。例如一方违约，应赔偿对方的直接损失，尚不足以弥补守约方损失的，还应当承担赔偿责任。

双方也可以通过履约保函来约束对方，以保障一方违约时，能够启动行之有效的救济办法。

第二十条 *甲方的义务*

（1）向甲方所在地的教育主管部门提供与合作项目有关的办学资料，办理有关审批手续，直至合作项目成立，并承担所有费用。

（2）参与联合管理委员会章程的起草、监督执行等工作。推荐 6 名联合管理委员会人选，并提供其个人详细资料。

（3）提供学生在某高校学习期间使用的教室、宿舍、食堂、体育运动场所、图书馆、阅览室等教学基础设施及必要的教学设备。

（4）与乙方共同制定切实可行的教学大纲，安排甲方教师进行教学活动并承担费用。

（5）经对合格毕业生的学分认可后，独立颁发学历证书和学士学位证书。

（6）利用已有的招生渠道及其他方式实施当年招生计划，并寻求和创造各种条件为毕业生就业提供服务。

（7）检查和监督乙方的教学质量，包括随堂听讲、教师素质调查、教材及资料质量审核等。

第二十一条 *乙方的权利*

（1）乙方有权监督甲方在协议期执行本协议的有关规定的权利。

（2）如甲方违约，乙方有权按照协议有关规定追究甲方的违约责任。

乙方的权利和甲方权利明显不对等，有些实质性权利明显缺位。例如乙方既然对甲方学生进行培养，应当具有根据付出的工作量收取一定费用的权利。不仅有权收费，还应当约定收费的时间、方式、税款的缴纳等问题。此外，还应当约定学生在新西兰期间，乙方在教学、实验、实习等方面对学生进行管理的权利。

第二十二条 *乙方的义务*

（1）参与联合管理委员会章程的起草、监督执行等工作。推荐 5 名联合管理委员会人选，并提供其详细的简历资料。

（2）负责选派优秀的教师完成相关课程的教学。具体安排按双方协商制定的教学计划执行。

（3）为通过本项目到新西兰某学院学习的学生提供在新西兰某学院学习

期间的基础教学设施和设备。

（4）给相关合格毕业生授予新西兰某学院学士学位。

第二十三条 甲乙双方共同享有本协议、补充协议规定的权利和义务。

第十部分 共同遵守的条款

第二十四条 双方所有通告、请求、邀请、承诺及其他本协议所需的通知，都必须以书面形式亲自呈交或挂号邮寄特快专递方式送达，并由对方书面签收。邮寄地址为本协议注明的地址：（或任何一方以书面通知的其他地址）。日期以邮局寄发之日起第 20 日视为送达。

鉴于当今通信技术的日益发达，本条约定的通知方式显然过于单一。而且目前国内通过送达文件的方式也比较少采用，所以本条应当约定多元化的通知方式。

第二十五条 双方将尊重各自合作伙伴组织的知识产权。任何共享或共同开发的知识产权都将仅用于合作项目的开发与授课。除非双方事先书面同意，否则不得将共享或共同开发的材料用于任何其他目的，包括与第三方共同使用相关材料。

第十一部分 违约责任

第二十六条 在本协议期限内，因一方原因致使本协议不能履行或项目联合管理机构不能正常运行，则该方被视为违约。如果任何一方违约并在收到书面通知 60 天内无法完成补救工作，除了法律规定的任何补救措施之外，发出通知的一方有权以给另一方发送书面通知的形式终止本协议。在不可补救的重大违反本协议的情况下，发出通知的一方可以立即终止本协议。

第二十七条 在本协议有效期内发生以下情形之一的，不承担违约责任：

（1）因一方不履行本协议致使另一方不能对本项目进行正常运营与管理的；

（2）由于不可预见和不可抗力等因素造成的损失。

第十二部分 协议有效期限及终止条件

第二十八条 本协议在项目获得甲方上级主管部门批准之日起正式生效。有效期为第一批项目学生入学至最后一批学生毕业共 9 年。

第二十九条 协议的续签与终止。经双方同意，本协议可延长规定的期限，但须以书面形式记录，并由代表双方的授权人签署。双方可以书面形式同意在协议终止日期之前终止本协议。如果任何一方因任何原因希望在规定期限结束前终止本协议，该方应提前 12 个月或在双方同意的其他期限内发出通知。

任何合作的终止都不应对当前参与该项目学习的学生造成损害。双方应商定确保这一结果的必要措施，确保参加项目学生按协议完成学习。

第三十条 协议的变更、终止条件：

（1）在本协议有效期内因一方或双方特殊原因，并经双方协商一致可以解除或变更本协议。

（2）由于不可抗力、国家政策、法律法规变化及其他政府行为致使本协议无法履行的，本协议可以终止或变更，但必须经双方书面认可。

第三十一条 协议终止后，双方应自协议终止后 30 日内按照中、新有关法律法规之规定和项目管理委员会章程的有关规定办理相关手续，结清债权债务后，签订交接确认书，并在协议终止后按照原协议的有关规定负责完成已注册学生的学业。

第十三部分　争议的解决

第三十二条 如因履行本协议而发生争议或产生与本协议有关的任何争议，双方应通过友好协商解决。如果在任何一方提出书面协商请求后的 60 天内协商不成的，则争议应由申请人提交中国国际经济贸易仲裁委员会进行仲裁。仲裁裁决自仲裁之日起生效，结果对双方共同有效。为避免疑义，相关当事人可以通过音频、视频或电子通信等方式参与仲裁。

因仲裁的过程一般较长，所以本条中的约定的"仲裁裁决自仲裁之日起生效"属于约定不明。应该为"仲裁裁决自仲裁书作出之日起生效"或者"仲裁裁决自收到仲裁书之日起生效"或者"仲裁裁决自仲裁书指定的生效之日起生效"。

第三十三条 在本协议期限内，如与第三方发生纠纷，甲乙双方对各自的行为承担相应的法律责任。双方都有责任的，由甲乙双方共同承担法律责任。

第十四部分　其他约定

第三十四条　任何一方都不能用另一方的信用和财务做任何内外担保事项，也不承担对方的任何债务。

第三十五条　未经对方书面许可，任何一方不得将合作项目的运营权限、利益和义务出售、许可或交易给任何第三方。

第三十六条　本协议未尽事宜，包括双方约定的财务和商业条款，双方可以另行签订补充协议，作为本协议的附件。本协议的附件及与附件相关的任何往来传真文件，均被视为本协议的补充部分，与本协议具有同等的法律效力。

第三十七条　本协议书有中英文两种文本，中文文本与英文文本均真实有效。

出于法律目的，以中文版为准，中英文各一式六份。某高校三份，新西兰某学院三份。

此处应补充一条作为第38条，即本合同应为甲方签字盖章签字、乙方法定代表人（校长或者董事长等负责人）签字。签字人若非上述人员，应提交合法有效的《授权委托书》。

合同最后应有"以下无正文"字样。

签字：
甲方：某高校　　　　　　　　　　乙方：新西兰某学院
法定代表人：×××（校长）　　　　法定代表人：×××（首席执行官）

甲乙方最好举办一个签字仪式，共同见证这个签约过程。如果囿于条件局限，双方主要负责人无法出席这个签字仪式，那么应当由授权代表见证对方签字。或者举办线上签字仪式，以免将来对合同是否成立产生疑问或者纠纷。

合同生效后，双方最好在对方认可的官方媒体上根据合同刊登一个合作声明，对双方的合作行为和成果进行公示，也是对合同效力的见证以及进一步强化。

第二节 校企合作办学合同

甲方：某高校　　　　　　　　　法定代表人：

乙方：某市福德物资公司　　　　法定代表人：

校企合作办学过程中，高校需要企业的资金，企业需要从后期的经营管理中获取利润。双方各取所需，如果合作成功，那么就能够达到双赢的结果。

从风险的角度，高校对于企业而言，几乎没有什么风险，所以高校是企业的优质客户，企业特别愿意与高校合作。但是企业对于高校而言，情况就完全不同了。由于资金、信用的情况参差不齐，企业对高校充满了风险。因此在校企合作办学过程中，高校一定要对企业的资信情况进行调查。如果是大的合作，高校应聘请律师团队和会计师团队对企业的资信情况进行尽职调查。

遗憾的是，示例协议前期洽商过程中，高校一方没有对企业的资信情况进行详细的调查，协议开始履行后才知道，与之合作的这家企业在签约时尚未成立，甚至没有租房作为经营场所。只是在签约后才匆忙成立一家注册资金50万元的公司。且这50万元注册资金也依靠高校用科技楼提供抵押贷款而来，本质上是一家皮包公司，没有任何资信情况保障。然而由于协议已经签订，只好硬着头皮往前推进。最终陷入一场长达五年的重大诉讼。

就本协议的当事人条款而言，缺乏企业的地址、联系方式、开户银行信息，说明该高校在签订协议时很草率。

甲乙双方经友好协商，达成如下合作办学协议：

一、乙方投资1000万元人民币，其中500万元于2002年1月28日前汇至甲方指定账户，其余500万元于2002年2月5日前汇至甲方指定账户。

校企合作办学过程中，企业投入的资金一定要有相当的部分属于自有资金，只有这样，才能保证资金的稳定性。否则企业自身的资金来源都不具有确定性，那么，双方合作的前景就会扑朔迷离，险象环生。

企业的融资方式包括银行贷款、企业债券、股权融资、债权融资、夹层融资、私募基金、融资租赁、民间借贷、委托贷款、票据置换、股权信托计划、项目融资、票据贴现、房地产信托融资、保险资产债权融资计划、住房公积金融资、有限合伙融资等许多方式。作为高校一方，通过知晓对方的融资方式，不仅可以了解对方的真实实力，而且也可以根据对方资金的性质来判断未来的风险。

所以，就本条而言，应当说明企业 1000 万元资金的来源性质，尤其是要求对方要有一部分自有资金。否则风险的概率非常大。

尤其重要的是，高校作为事业单位，其达到《招标投标法》《政府采购法》规定的投资额度时，应当采用公开招标的方式来确定合作伙伴。而本协议恰恰违反了这个规定，采取了直接发包的方式直接确定了合作伙伴。这样不仅给高校带来了经济风险，而且使高校的负责人面临着行政风险、纪律风险甚至刑事责任的风险。

二、甲方将位于秦皇岛市北戴河区联丰北路的某高校北戴河校区的后勤服务设施的经营管理权交于乙方，经营期限十年，以经营收益抵顶乙方之投资。【本条款所指后勤服务设施是位于某高校北戴河校区现已建成的学生宿舍 4000 平方米，学生食堂 4000 平方米】。

本条没有界定"后勤服务设施的经营管理权"的范围，也没有界定"经营"管理的方式，也没有界定上述经营收益将抵顶乙方多少投资。因而是一个蕴含极大风险的条款。

正确的做法应采用列举法具体界定"后勤服务设施的经营管理权"，例如物业、保洁、安全、消防、餐饮、超市、绿化、卫生防疫等。经营的方式包括 BOT、BT 等。

高校签订合同尽可能不签时间特别长的合同，以免尾大不掉。而且随着物价上涨速度加快，以前签约时确定的租金、抵顶收益条款往往对高校不利。因此类似合同一定要考虑物价上涨因素。

三、甲方同意在同等条件下将北戴河校区一切工程交乙方施工完成，具体事宜由甲乙双方协商解决。

本条内容问题很大，因为高校投资规模较大时，需要通过招标来确定施工方。外资采购在集中采购范围内也必须通过政府采购平台采购。而本条没有考虑高校投资的国有性质，直接决定将施工任务交给乙方，这是违反法律规定的。其法律后果就是施工合同无效，高校构成违约，风险极大。

况且乙方也不是一家建筑公司，不具备施工资质。如果承揽施工活动，必然导致合同无效，发包方和承包方均将受到行政处罚。

其实，乙方投资利益已经通过特许经营获得了补偿，没必要将不在其经营范围的工作交给其完成。

四、双方信守合同，违约者应负违约责任。

应当具体约定违约责任，例如，甲方违约，退还乙方投资本金，并按照同期同类贷款利率支付乙方利息。乙方违约，甲方有权解除合同，乙方赔偿甲方因此受到的直接损失和间接损失。

五、本协议一式四份，双方各执两份签字盖章后生效。

甲方：某高校　　　　　　　法定代表人：

乙方：某公司　　　　　　　法定代表人：

2021 年 12 月 10 日

由于上述《合作办学协议》约定不明确，双方后续又签订了《委托管理协议》《补充协议》《补充协议（二）》《抵押协议》等，在乙方没有资金投入的情况下，甲方用一栋科技楼作为抵押为乙方从银行借款 500 万元。又通过《补充协议（二）》约定甲方归还乙方 500 万元借款和利息，并赔偿 50 万元经济损失。最终双方爆发诉讼，并持续五年。

第三节　捐赠合同

某高校大门捐建协议书

捐建方：某高校校友集体（以下简称"甲方"），负责人：李某

受赠方：某高校（以下简称"乙方"）

承建方：某市扬天建筑工程集团有限公司（以下简称"丙方"）

在某高校建校 100 周年之际，为感恩母校的培养之情，饮水思源，助力母校发展，某校友集体决定对学校大门提升改造工程进行捐建。项目具体实施由某高校校友集体组织，委托具备相关资质的单位进行施工建设，为保障参与各方相关利益，明确相关责任，根据《公益事业捐赠法》《建筑法》《合同法》，在友好协商的基础上，达成如下协议。

就当事人而言，将某高校某校友集体作为项目甲方具有很大风险，因为《民法典》中的民事主体包括自然人、法人和非法人组织三类，而这个主体归到哪一类都不太恰当。既不是法人，也不属于《民法典》之中的非法人组织。如果将其作为自然人，其人数又不确定。让负责人独自承担责任，又有失公平。因此将某高校某校友集体作为本合同的主体，属于主体不适格。

类似校友捐建，应当将款项直接捐给高校，然后由高校作为发包方，与有资质的设计院、建筑公司签订合同，建造学校大门。这样合同的主体就不存在不适的问题。

一、项目说明

大门提升改造工程方案以谐和校区（旧校区）大门方案为基础，根据学校校区目前建设情况，结合学校专业设置的特点、办学特色及行业未来发展趋势，由乙方委托设计单位对方案进行优化设计。工程位于某高校校区最南端，建筑面积 109.58 平方米，建筑高度 7.5 米，为校园出入口。根据《建筑工程施工许可管理办法》"工程投资额在 30 万元以下或者建筑面积在 300 平方米以下的建筑工程，可以不申请办理施工许可证"之规定，本工程建筑面积在 300 平方米以下，不再申请办理施工许可证，直接由甲方选择丙方进行建设。计划开工时间：2024 年 7 月 10 日。计划完工时间：2024 年 9 月 10 日。

二、甲方的权利和责任

1. 甲方自愿对乙方的大门提升改造工程进行捐建。

2. 甲方根据乙方提供的设计方案及施工图纸组织相关人员和力量进行工程预算编制，筹措建设资金直接支付给丙方，保证建设资金来源合法，无任何纠纷。

由于甲方属于人数不确定的自然人，所以由甲方将建设资金交给丙方存在操作上的困难。从甲方而言，资金筹集容易延宕，支付时过于分散。从丙方而言，来自自然人的资金既繁琐，又在纳税方面存在缺陷。

当工程变更，存在增项，建设费用增加，超过甲方预算时，甲方二次筹集甚至三次筹集建设资金时，或许会因为校友意见分歧导致资金不能及时到位。

这种付款方式对丙方风险尤其大，因为甲方是不确定的多数自然人，一旦这个群体无人负责，则结算工程款将出现巨大困难。

3. 甲方有权利对设计方案及施工图纸提出合理化建议，在和乙方协商一致后可进行变更，但变更所增加的费用由甲方承担。

4. 甲方有权利指定具有相关资质的施工企业进行建设，并委派相关单位或个人对工程质量进行监管。甲方对工程质量全面负责。

5. 甲方委派的相关单位或个人在施工过程中应做好所有施工资料的搜集、整理、完善、归档工作，工程竣工验收后，将所有资料移交给乙方。

6. 在分部分项工程完工后，甲方委派的相关单位或个人应组织乙方、丙方参加相关验收工作。

7. 工程竣工验收后，甲方应派人参加乙方组织的工程捐赠仪式。

8. 甲方有权利查询工程使用情况，根据乙方的反馈信息提出意见和建议。

三、乙方的权利和责任

1. 乙方保证向甲方、丙方提供的建设场地产权明确，无任何纠纷。

2. 乙方向甲方、丙方提供项目工程所需的施工方案、施工图纸，以及场地周边建筑物、地下管线敷设情况。免费提供施工用水、用电。

3. 乙方应按照工程建设程序组织甲方、丙方、勘察设计单位参加图纸会审等相关活动并做好相关记录。

4. 乙方负责协调政府相关单位，保障项目工程顺利进行。

5. 乙方有权利在施工过程中提出合理化的意见和建议，并对施工质量进行监督。

6. 工程完工后，乙方委托审计单位对工程进行结算审计，并以审定额作为捐赠额进行固定资产登记。

本捐赠合同大多数属于甲丙两方的义务，学校义务不多，因此多数条款与学校无关，学校只是在工程竣工时验收并接收建设成果而已。本合同对于学校而言，实质性的条款只有这一条，也是学校最重要的权利，就是通过审计确定工程价款。

在建设工程领域，审计分为两种：一是行政审计，目的是防止政治腐败；二是造价审计，目的是从财务会计角度，确定工程造价。

事业单位依据《审计法》对工程造价进行造价审计，属于行政法意义上的审计，一般对相对人没有约束力。关于这一点，最高人民法院已经有司法解释。

如果甲乙双方想以审计单位的审计报告作为工程结算的依据，那么本条应进行重要补充，那就是在本条之后，加上一句话，"本条款对甲乙丙三方具有法律约束力"。只有这样审计报告才对施工方具有约束力，双方必须以此作为工程款结算的依据，并且不能再进行工程造价的司法鉴定。

7. 工程竣工验收后，乙方应编写校门建设志，粘贴标志牌，并组织捐赠仪式，邀请甲方、丙方等相关人员参加。

四、丙方的权利和责任

1. 丙方根据甲方、乙方的委托，按照约定时间组织相关人员和设备承担项目工程的施工工作。

2. 丙方严格按照现行国家施工规范、验收规范、建设标准，依照乙方提供的施工图纸编制施工组织设计，组织工程建设，保证工程质量，保证施工安全。

3. 丙方在施工过程中接受甲方、乙方委派的人员对工程质量、施工安全进行监督。

4. 丙方根据施工图纸要求，在保证工程质量和施工安全的前提下，结合自身施工力量提出合理化建议和意见，在征得甲方、乙方同意的情况下可改进施工工艺和施工方法，或修改施工方案。

5. 在施工过程中，丙方要按照乙方校园管理规定加强施工人员管理。

6. 丙方在施工过程中要安排专人做好所有施工资料的搜集、整理、完善、归档工作，工程竣工验收后，将所有资料移交给乙方。

7. 丙方在施工过程中所选用的材料设备必须是合格产品，特殊材料和设备的选用必须经过甲方和乙方的同意后才可使用，特别是装饰装修阶段。

本工程是造型特殊的构筑物，不是普通的工业、民用建筑，它必然要使用一些特殊的材料、模具、工艺，例如工程用的模板，普通工程使用的是横竖平直的平板，而学校大门涉及很多各种造型的曲线，因此需要根据校门的造型，加工制造出一些一次性曲线模板。这样模板的造价要远远高于普通模板。

按照河北省工程消耗量定额，普通模板造价每平方米 30 元~40 元，而本案是工人模板报价每平方米 390 元，价格相差十几倍。这个结果势必引起投资人与施工人的纠纷。

人工费也是如此，由于本工程既是构筑物，也是艺术品，所以对工人素质的要求比较高，人工成本肯定大于一般工程。

所以，本工程在采用特殊材料、措施、人工时，必须经过甲方和乙方的同意，否则工程造价将失控。

对于丙方而言，在采用特殊材料、措施、人工时，一定要及时获得工程签证，不能先斩后奏。

8. 丙方所有施工费用均由甲方承担，由甲方直接支付，乙方不承担任何费用。

五、工程款支付

1. 工程款由甲方负责筹集，直接支付给丙方，具体支付方式由甲方、丙方协商解决，乙方不参与其中。

2. 甲方与丙方如因工程款或其他原因产生纠纷，乙方可协助解决，但不应因此出现工程质量问题，造成工期延后。

通过本条设置，基本排除了学校的风险。但这只是排除了实体意义上的风险，并没有排除学校程序上的风险。如果投资人甲方和施工人丙方发生诉讼，其仍然可能将学校作为被告、被申请人或者第三人。学校也不得不出庭应诉。也不排除在甲方不能支付时，裁决学校支付。

因此，本条应当补充一款，即"丙方认为甲方是工程款支付的义务主体，丙方对乙方没有工程款支付方面的诉求"。由于丙方对学校没有工程款诉求，丙方即使起诉，也不能将乙方作为被告、被申请人或者第三人，因为法院或者仲裁机构认为丙方对学校没有实质意义上的诉求。

这样就为学校不仅排除了实体意义上的风险，而且也排除了程序上的风险。

六、其他

1. 本协议在履行过程中出现的争议，由三方友好协商解决。如协商未果，三方同意向某仲裁委员会提起仲裁解决。

2. 未经三方书面同意，任何一方不得变更或修改本协议，三方协商达成一致的，应签订书面变更协议或补充协议。

3. 本协议书一式三份，甲方、乙方、丙方三方各执一份。自三方签字加盖公章或合同专用章后生效。

本合同约定签字盖章生效，然而甲方是某高校某校友集体，是一群自然人，不可能有公章，这样会导致合同不能发生效力，后果相当严重。

鉴于甲方是某高校某校友集体，是自然人，因此本条应当约定，本合同自各方签字或者加盖公章后生效。

又鉴于校友众多，都来签字不现实。因此，还应补充约定："某高校某校友集体推举赵某先生作为授权代表在本合同上签字，该签字对某高校某校友集体具有法律约束力（具体授权范围另见《授权委托书》）。"

《授权委托书》可以作出如下约定：兹委托李某先生在某高校某校友集体捐资建造某高校"大门"的活动中担任我方的授权代理人，代理权限为一般代理，具体范围：包括但不限于出席接收和支付校友捐赠的善款、选择设计单位和承包商、监督承包商施工、提出合理化建议、出席捐建仪式、解决纠纷、作为诉讼代理人等。

（以下无正文）
甲方：某高校校友集体
乙方：某高校
法人或授权代理人（签字）：

丙方：某市第一建筑工程集团有限公司

法人或授权代理人（签字）

签订时间：×年×月×日

第四节　常年法律顾问聘任合同

甲　方：某高校

乙　方：北京某律师事务所

地　址：河北省某市朝阳区财富大厦×××号

电　话：×××××××

甲乙双方经充分协商，就聘任常年法律顾问事宜约定如下内容：

聘请法律顾问，既可以聘请作为个体的律师，也可以聘请作为团队的律师事务所。比较而言，高校聘请作为团队的律师事务所作为法律顾问更为适宜。因为作为个体的律师不免有繁忙、生病等原因，导致不能及时提供法律服务，但是聘请律师事务所，遇到这样的问题可以请律师事务所另行指派别的律师，因此能够避免作为个体的律师因为个人原因不能提供法律服务的问题。此外，律师个人作为法律顾问时，如果出现重大失误，将没有能力承担相应的赔偿责任。但是聘请律师事务所作为法律顾问就会相对而言好很多，毕竟律师事务所的风险承受能力要远远超过律师个人。

一、合同宗旨

甲方聘任乙方担任常年法律顾问，旨在为甲方提供法律服务，控制法律风险，乙方应根据国家法律规定，在甲方授权范围内，善意、勤勉地履行职责，维护甲方的合法权益。

二、甲方义务

1. 甲方聘用乙方担任常年法律顾问，聘期自 2024 年 1 月 1 日起至 2025 年 1 月 1 日止。到期后聘期的延续及年费另行协商。

乙方指派张某律师作为甲方的顾问律师，电话：×××××××××××

律师事务所有很多律师，选择哪位律师作为日常法律顾问应当考虑如下几个方面：第一，律师的教育背景，例如毕业院校，学历学位，第二，执业经历，例如执业年限，从事的专业领域是诉讼还是非诉讼服务，第三，要根据高校发生纠纷领域的情况有针对性地聘请律师，例如，如果高校知识产权方面的纠纷比较多，则聘请擅长知识产权法律的律师，如果劳动人事纠纷比较多，则聘请擅长处理劳动人事纠纷方面的律师，第四，如果确定了专业的方向，下一步则考察律师本人在该专业代理过多少起诉讼，胜诉率有多少。可以要求律师提供一部分其代理诉讼的判决书，考察其法律功底、文字组织和逻辑思维能力等。

律师事务所指派的人数最好不低于两人，这样两位律师在工作上既可以相互替补，在业务上也可以在一起探讨研究。

本条还应当约定乙方提供律师事务所营业执照、指派律师的学历、学位、执业证复印件以及个人简历。

2. 甲方向乙方支付年聘金 50 000 元。支付方式：合同生效后 7 个工作日内支付。

本条应当补充律师费属于含税价的内容，另外付款前律师事务所应当向高校提供等值的税票。如果对税票有特殊要求，例如，专用发票，应当再次一并说明。

乙方：北京某律师事务所
开户行：华夏银行股份有限公司北京分行
账　号：191900000000×××××
三、乙方根据甲方的指令或授权承担如下义务：
1. 为甲方的教学、管理、和经济等日常活动提供一般性法律咨询。
2. 拟订、修改和完善各类合同、章程、制度、广告等具有法律意义的文书。
3. 为甲方人事、劳动、财务、教学管理、资产管理和综合管理等制度的制定和执行提供法律依据。
4. 为甲方重大经济项目及重要合同的谈判、签约活动提供法律意见书或咨询意见书。
5. 为甲方相关人员提供法律知识培训。

6. 代理民事、经济及行政案件的仲裁和诉讼。

7. 代理专利、商标等诉讼法律事务。

8. 法律顾问在履行职责期间，对甲方要求保密的事项履行保密义务。

如果可能的话，尽量要求律师每周有一天或者半天的时间坐班，这样能够有专门时间处理高校的法律问题。另外高校各部门的一些突出问题也可以在这段时间里由律师集中处理。

当然如果要求律师值班的情况下，就需要为律师配备办公室和办公设备。

四、本合同第 3 条第 1 至 5 款为聘金的服务范围

本合同第 3 条第 6 至第 7 款为另行收费的服务范围，其中第 6 款的仲裁、诉讼标的在 3 万元以下的不再另行收费。对于其他仲裁、诉讼案件，乙方具有优先代理权，收费标准根据案情的难易程度由双方另行协商。

本条可以约定，律师费的收费依据为司法部、省司法厅、省律师协会颁布的律师收费办法。在此基础上，律师事务所应当给予高校最大程度的优惠。支付律师费之前，律师事务所应当按照高校要求向高校提供等值税票等。

五、未尽事宜，双方可另行制订补充协议。

六、本合同自甲乙双方签字盖章后，即产生法律效力。

七、合同的生效

本合同正本一式两份，甲乙双方各执一份，由甲乙双方代表签字并加盖公章，盖章之日起生效。

本合同欠缺违约责任条款，应当补充进去作为第 5 条："甲方应当按时支付法律服务费，逾期一日，以逾期支付的金额为基数，按照每日 5‰ 支付违约金；乙方应当严格履行合同义务，如果因为故意或者重大过失给甲方造成重大经济损失，应当承担相应的违约责任。"

本合同欠缺争端解决条款，应当补充进去作为第 6 条："甲乙双方在履行合同时出现争议，应当协商解决。协商不成的，提交某仲裁委员会裁决。"

甲方：   乙方：

授权代表：   授权代表：

时间： 年 月 日   时间： 年 月 日

第五节 租借车辆合同

承租方（以下简称"甲方"）：某高校

出租方（以下简称"乙方"）：某市四通交通运输有限公司

汽车租赁领域，鱼龙混杂。因此，在选择出租方时，应当对该公司的公司资质、人员资质、注册资金、股权结构、信誉、资金实力、缴纳保险费等进行考察。对方往往是民营企业，而高校是社会信誉稳定，评价较高的事业单位。如果出现纠纷，出租公司没有压力，但是高校则将因此牵动大量精力，得不偿失。所以与车辆出租公司进行交易要非常严谨。

本条也应当补充出租方的统一社会信用代码、公司住址、开户银行、法定代表人和本业务的联系人姓名以及电话。

为规范公务用车租赁行为，根据《民法典》等相关法律法规规定及《河北省党政机关社会化车辆定点租赁管理暂行办法》之规定，按照平等、自愿、友好的原则，甲乙双方经友好协商就用车租赁事宜达成如下协议，并共同遵守。

第一条 车辆状况

1. 乙方根据甲方要求，随时提供经机动车安全技术检验机构检验合格的车辆。

2. 乙方具有车辆租赁资质，提供的所有车辆必须为其自有车辆，所提供车辆不含办理转移登记手续（过户）超过3次（含）的车辆。

3次还是有点偏多，应当约定所提供车辆不含办理转移登记手续（过户）超过2次（含）的车辆。

第二条　服务期限及方式

1. 服务期限：2024 年 1 月 1 日起至 2025 年 1 月 1 日止。

2. 服务方式

（1）双方确定 1 至 2 名工作人员作为本单位租车业务联络人。

乙方联系人：张某　　　　　　　　联系方式：×××××××××

甲方联系人：胡某　　　　　　　　联系方式：×××××××××

（2）甲方用车前，由指定用车联络人以电话方式告知乙方，乙方根据甲方需求及当前车辆使用情况，优先为甲方安排合适的车辆，具体行车路线、交接车方式由甲方选择、确定。

第三条　费用结算

乙方向甲方提供租车明细表（见附件一），经甲方核对无误签字后，开具租车发票，甲方在接收发票后 15 个工作日内采用银行转账的方式进行结算。

由于公司情况比较复杂，有些公司存在公司与股东或者高管财务混同的情况，还有可能使公司资金体外循环。因此本条一定要约定支付费用的方式，如果是银行转账方式，一定要明确一方的开户行、银行账号，并确认银行账号和公司信息相符。如若乙方需要委托支付，一定要通过委托书明确委托的性质，收款人的户名、银行账号等，力求合同、资金和票据一致，避免支付失误或者被误导形成的纠纷。

此外租车费用不应在签约时一次性支付，而是分批分期支付。

第四条　乙方的权利和义务

1. 乙方所提供车辆的各项安全技术性能必须符合国家标准《机动车运行安全技术条件》、处于适租状态。

2. 乙方负责车辆的保险费、车船税、年审、维修保养等费用。

3. 甲方需解除当次租车约定的，应在派车前 30 分钟通知乙方，不能提前解除约定导致车辆已按时出发的，计收 1 小时租赁费用。

4. 租车价格严格执行《某市机关事务管理局关于公务用车定点租赁有关事项的通知》某管字【2024】3 号（见附件二）之规定，不得擅自调整租赁价格。

5. 乙方必须安全准时将甲方承租车辆送达指定地点，租赁车辆所发生的路桥费、燃油费、停车费等按实际金额结算。

第五条 甲方的权利和义务

1. 甲方保证将承租车辆交由具有合法驾驶资格的人员驾驶。

甲方最好是人、车并租，这样就降低了车辆瑕疵、质量、交回、验收方面的纠纷。

2. 甲方在租赁期间拥有所承租车辆的使用权，租赁期间需严格遵守国家的法律法规。

3. 甲方应爱护车辆及其设备设施，如因不当使用致使损坏应照价赔偿。

如驾驶员是甲方，甲方接收车辆时，一定要认真检查车况。最好在学校设立专门的接收地点，在接收地点安置摄像头，对车况进行内外录像存证。尤其在租用高级车辆时，更需以高度的责任心对车况进行检查，避免发生纠纷。

4. 甲方不得把所租车辆转借给第三方使用，不得用承租车辆做非法用途，不得装载易燃易爆等危险物品，超载、超速行驶，否则，所造成的法律、经济问题由甲方承担。

5. 在车辆正常使用中出现故障或异常，甲方应立即通知乙方或将车辆开至乙方指定的维修厂，甲方不得自行拆卸或更换车辆零配件。如因非正常使用造成的事故责任及损失费用均由甲方承担。

6. 甲方应按时归还车辆，归还时车况需与验车记录中所登记的一致。若乙方验收车辆时，发现新形成的刮痕、碰撞或设备损坏（正常使用中出现的故障或异常除外），甲方应承担照价赔偿责任。

此情况是租车交易中最容易产生纠纷的地方，因此双方应当在交接环节建立严谨的制度，留痕有迹，固化证据，用事实说话。

7. 甲方在车辆租赁期间可自由安排车辆的一切外出活动，无需告知乙方。

8. 甲方应按本合同及双方约定的时间按时结算，无故拖欠超过1个月的，乙方可暂停向拖欠单位提供租赁服务，直至付清拖欠费用。

9. 甲方租车期间因司机违章驾驶所引致的各种罚款由司机负担。

本条未明确此处的司机是甲方的人员还是乙方的人员，需要进一步明确，以免在解释上含糊不清。

第六条　车辆保险

1. 乙方必须为租赁车辆办理车辆保险，除车辆交强险外，乙方还必须购买三者责任险（赔付额不低于 100 万元/人）、车上人员责任险、座位险（赔付额不低于 50 万元/座）、车辆损失险、盗抢险和不计免赔险等商业险种。

2. 乙方保证交付甲方的车辆在承保期间，因未承保造成损失无法理赔的，相关损失由乙方承担。

3. 若车辆在租赁期间发生交通事故，甲方应立即通知交通管理部门和乙方，乙方应协助甲方向保险公司报案，甲方必须协助乙方办理此事故的相关事宜。如属于保险赔付范围的费用由保险公司承担，属于保险责任免赔或其他原因导致保险公司拒赔的损失由甲方承担。

本处应当针对交通事故补充一条，根据不同情形分为第三方全责、第三方主要责任、乙方与第三方同等责任，乙方次要责任等几种情况。在这几种情况中双方道路交通事故责任的划分。其次要区分上述事故对甲方有损害和无损害等情况，如果有损害，且甲方没有责任，乙方应当包赔甲方的损失。

第七条　驾驶员随车租赁

1. 甲方租赁乙方车辆，可以要求乙方派驾驶员随车租赁。驾驶员需按甲方要求准时就位，不得延迟或早离。

2. 乙方提供的驾驶员必须具有与所驾驶车型匹配的合法驾驶资格条件，乙方承担车辆在租赁期间内所发生的交通事故及其他事故造成的一切后果，包括有关部门的罚款等。

3. 甲方有权要求更换不称职的驾驶员，乙方应在接到甲方通知后 30 分钟内响应并积极协调解决。

第八条　违约责任

1. 乙方对甲方提供的资料负有保密义务，未经甲方同意，不得向任何无关单位和个人提供有关资料。如发生以上情况，甲方有权索赔。

2. 乙方所提供车辆或服务与合同要求不符，应承担违约责任，乙方应按甲方同意的下述一种或多种方法解决索赔事宜。

2.1 乙方按甲方要求取消不符合要求的车辆或服务项目，退还所有已收取的租赁费或服务费，

2.2 对于情节轻微的，经双方同意可降低车辆或服务的价格标准，

2.3 对于情节严重，造成甲方损失金额较大的，甲方有权终止部分或全部合同，并赔偿经权威机构认定的甲方因此造成的所有损失。

2.4 履约过程中，乙方所提供车辆与合同要求不符，或相关服务不到位，影响甲方正常公务用车需求达 2 次及以上的，甲方可减少用车次数，造成严重后果的，甲方可单方解除全部合同。

3. 如果甲方提出索赔通知后 10 天内乙方未能予以答复，应视为已被乙方接受。若乙方未能在甲方提出索赔通知的 10 天内或甲方同意的更长时间内，按甲方同意的上述任何一种方式处理索赔事宜，甲方保留进一步要求赔偿的权利。

4. 若在租赁期间发生交通事故，车辆损坏，造成甲方人身伤害或财产损失，则按中华人民共和国交通事故处理相关法律法规，由乙方负责协调处理。

5. 因发生不可抗力因素造成的任何意外、损失等，双方互不承担违约责任。

本条虽然约定了违约责任，但是没有量化，失之笼统，操作性差，因此应当将责任具体化。例如提供的车辆与要求不符，扣除费用 200 元，重新提供。这样规定，才能引起乙方真正的重视。

第九条　其他

1. 本合同一式二份，甲乙双方各执壹份，具有同等法律效力，本合同自甲乙双方签字（盖章）后生效。

因为双方都属于法人单位，因此应当约定本合同自甲乙双方法定代表人

签字并加盖公章后生效。如非法定代表人签字，须提供授权委托书作为本合同的附件。

2. 在履行合同过程中发生的与合同有关的争端，双方应首先通过友好协商的方式予以解决，协商不成的，提交某仲裁委员会仲裁。

乙方：（盖章）   甲方：（盖章）

法定代表人：   法定代表人：

                             年   月   日

第六节　高校旧校区国有土地使用权转让合同

高校最重大、最重要的资产就是校址的国有土地使用权，因此，对于高校而言，高校旧校区国有土地使用权的出售是标的额最大的合同。合同的签订，生死攸关。

2007 年，某高校省市主管部门批准旧小区转让。2010 年 1 月 26 日，某市与某高校签订了旧校区国有土地使用权收购合同，签订和履行过程中出现了一些意外情况，险些酿成重大诉讼。

原因是高校旧址某些承租人拖延搬迁，给高校整体搬迁制造了难度。另外高校处理土地使用权需要上级主管部门批准，由于批准手续漫长，延宕了搬迁进度。最重要的是，新校区建设速度没有预期快，导致旧校区人员、设备无处安放。合同约定的搬迁期限是 2011 年 7 月 31 日前，最终，高校 2014 年底才搬迁完毕。所以，市土地储备交易中心提出解除合同、退还款项、赔偿 6000 万元的违约金。

在关于 6000 万元违约金赔偿的磋商过程中，涉及了很多合同条款。虽然双方最后和解，但是双方关于合同条款的争论也是跌宕起伏。

甲方：某市土地储备交易中心

乙方：某高校

根据《土地管理法》《土地储备管理办法》等有关法律法规，双方本着自愿、公平的原则订立本合同。

一、收购土地的位置、面积、用途及权属依据

甲方依据本合同，收购乙方坐落于某市路桥区正义路××号国有土地使用权，土地面积92 053.10平方米，折138.08亩（以勘察定界图面积为准），规划退线面积2025.4平方米，折3.0381亩（以规划设计要求复函为准），用途为教育用地。四至情况：东至正义路，西至中医研究院，南至朝阳街，北至东建街。

本宗土地的权属依据是，某市国土资源局路桥分局出具的权属证明及权属认定图。

首先，某市收购某高校土地使用权的目的是交给一所中学使用，因此，高校综合楼、图书馆、教学楼、实验楼、宿舍楼、体育场等建筑物能够继续使用。本条关于土地状况描述很详细，但是遗漏了土地上的建筑物和构筑物，导致这些建筑物和构筑物没有实现任何经济价值，相当于无偿赠与了收购方。这是出让方某高校的重大损失。

其次，本条没有明确地上房屋详细情况，导致一些房屋的产权归属在交接时出现争议，例如劳动服务公司、工商银行等路边门面房。后来在交接中产生了争议，因为这些房子的交接时间对高校整体搬迁并交接的时间有影响，进而可能触发延期搬迁的违约金条款。

二、土地收购价格的确定及付款方式

1. 土地收购价格的确定：依据土地、房屋评估结果，经甲乙双方协商，本宗土地收购价按每亩93万元（含地上建筑物附着物补偿费），其中可用面积135亩，计12 555万元，道路退线部分按每亩46.5万元，面积3.0381亩。即141.27万元，两项合计12 696.27万元。

2. 付款方式：自本合同签订之日起15日内，甲方向乙方付款。支付定金6000万元，第二次付款时间及数额视乙方对地上附着物搬迁情况而定，甲方在接收土地后30日支付剩余土地补偿费。

3. 自土地合同签订之日起10日内，乙方自愿将该宗土地权属来源说明及涉及该宗土地的房屋使用、使用权证、地下管网等相关资料交付甲方。

这条存在重大问题，原因是当时该高校还没有土地房屋的使用权证，就合同履行而言，本条是需要首先履行的合同，如果不能履行，将构成首先违

约。不仅将承担违约责任，而且会给对方不及时付款等违约行为找到理由。笔者当时的建议是不要承诺自己一时做不到的事。但是有人认为，对方是政府，会配合我们及时办理土地房屋的权利证书。笔者认为不一定，后来不仅2010年1月26日签约后10日内无法交付，而且是在当年10月19日才将旧校区土地使用证交付对方。幸亏对方没有过分追究此事。但是如果形成诉讼的话，对方律师是不会放过高校的这个弱点的。

三、交付土地的期限和方式

乙方保证在2011年7月31日前向甲方交付腾空的土地，甲乙双方现场办理移交手续，并保证在交付土地时符合下列条件：

1. 本宗土地四至清楚无争议。

2. 地上建筑物、附着物保持完好无损。

3. 原使用的水电等费用已结清。

4. 乙方应协助甲方办理该宗土地范围内地上建筑物、附着物的变更、灭迹手续。

5. 乙方负责人防工程的善后处理，并提供相应资料。

高校一方搬迁的速度，很大程度决定于新校区的建设速度。如果新校区没有建设起来，那么，高校就无法实现按约定搬迁。

房屋的建设周期一般为2年，而本条约定的时间距离合同签订时间只有1年，显然高校方是注定要违约的。

搬迁期限属于核心条款，本条约定对高校一方非常不利。签约时，应当约定3年为宜。

四、违约责任

1. 甲乙双方因其他原因不能履行本合同的约定时，应承担相应的违约责任，其中甲方违约的，乙方不返还其定金，乙方违约的，向甲方返还双倍定金。

2. 甲方如不能在约定时间内向乙方支付收购价款，自滞纳之日起，每日按实际滞纳金额的1‰缴纳滞纳金，如超过30日，甲方仍不能支付收购价款，视甲方违约，乙方有权解除合同，甲方返还收购的土地并承担违约责任。

3. 乙方未能在双方约定的时间内向甲方交付土地，每日按实际金额的

1‰缴纳罚金，如超过 30 日乙方仍不能交付土地，视乙方违约，甲方有权解除合同。

在校方还没有相应产权证且一年的时间无法整体搬迁的情况下，约定每天 1‰的违约金属于重大风险性条款。

4. 甲方按合同向乙方支付收购价款后（汇至乙方提供的账户），乙方因其他原因（债权债务纠纷）导致未能实际收到定金及收购价款，此合同视为甲方已履行。乙方应按约交付土地，否则承担违约责任（或因乙方其他原因导致无法履行此合同，所引起的一切后果，均由乙方承担）。

五、因不可抗力影响致使本合同无法履行的，双方可通过协商解除本合同。乙方退还甲方所有定金，甲方应向乙方交回相应权属资料。

对于履行期漫长的合同而言，不可抗力是必备条款。但是从《合同法》到《民法典》，都没有详细解释不可抗力的范围，一旦合同未全面、适当履行，必然产生争议。由于高校处理不动产需要政府批准，而且政府政策可能会发生变化（例如，2022 年政府出台"双减"措施，导致新东方、好未来等培训学校市值暴跌，险些倒闭）。因此一定要将政府原因导致不能按时搬迁的行为约定为不可抗力。

本案最终的解决也是双方在不可抗力的范围达成一致后，才得以解决双方的争议。

2015 年 5 月，某市市长办公会议纪要［2015］第 6 号决定：由于市政府对该高校新校区征地拆迁时供地时间推迟，且省直机关办理土地手续耗时过长，该高校无法按照约定交付旧校区土地的行为，属于不可抗力，可不做违约行为对待。双方后续签订补充协议，明确土地交付时间和费用补偿时间。

六、本合同在履行过程中发生争议的，由双方当事人协商解决。协商不成的，当事人双方同意由某市仲裁委员会裁决。未达成仲裁协议的，可向人民法院起诉。

某市土地储备交易中心提出 6000 万元后，某市仲裁委积极推动仲裁，因为仲裁委属于自收自支的事业单位，工资靠仲裁费发放。如果本案进入仲裁程序，仲裁委能收入上百万元的仲裁费。

为了协商解决，高校代理律师写了很大篇幅的情况说明，并积极与仲裁委沟通，声明如果诉讼，校方也有权向对方主张 6000 万元的迟延付款违约金。某市政府也出面大力协调，最终双方"历尽劫波兄弟在，相逢一笑泯恩仇"。

七、本合同的订立、效力、解释、履行及争议均受中华人民共和国法律保护和管辖。

八、本合同一式四份，双方各执两份。

九、本合同由双方代表签字盖章后生效。

十、本合同于__年__月__日在中华人民共和国某省某市签订。

十一、本合同生效之日起，原《国有土地使用权》由甲方配合乙方注销。

十二、本合同未尽事宜，可由双方商定后签订补充合同，作为本合同的附件。补充合同与本合同具有同等法律效力。

2010 年 1 月 26 日

双方于根据其后的市长办公会议纪要（［2015］第 10 号）决定，签订了《补充协议》，重新约定了土地交付时间和费用补偿时间。

补 充 协 议

甲方（收购方）：某市土地储备交易中心

乙方（被收购方）：某高校

一、原合同签订情况

2010 年 1 月 26 日，甲乙双方签订《国有土地使用权收购合同》，甲方收购乙方位于某市的国有土地使用权。土地面积 92 053.10 平方米，折 138.08 亩，收购价 12 696.27 万元。合同签订之日起 15 日内，甲方支付定金 6000 万元，乙方在 2011 年 7 月 31 日前向甲方交付腾空的土地，并现场办理移交手续。甲方接受土地后 30 日内，支付剩余土地补偿费。

二、原合同履行情况

原合同签订后，乙方将该宗土地权属来源说明及涉及该宗土地的房屋使用权证、地下管网等相关资料交付甲方，甲方向乙方支付 6000 万元。由于某市有关部门在乙方新校区征地拆迁时供地时间推迟，省直有关部门办理土地手续耗时较长，即因为不可抗力导致乙方旧校区无法按约定时间（2011 年 7 月 31 日）之前交付给甲方，而是于 2014 年 9 月 30 日前将旧校区向甲方交付完毕，甲方也未于乙方交付旧校区后支付给乙方剩余的 6696.27 万元款项。

三、原合同变更及补充的内容

（一）将原合同确定的交付旧校区截止期限由 2011 年 7 月 31 日之前变更为 2014 年 9 月 30 日之前。

（二）由于双方履行《国有土地使用权收购合同》过程中，一些手续办理的进度和期限非甲乙双方能够预见、避免并克服，这些情况属于不可抗力情况，因此，对本补充协议签订前的合同履行情况双方相互谅解，并承诺互不追究对方任何责任。

（三）剩余 6696.27 万元款项可分 3 期支付，本补充协议生效后 15 日内，甲方支付乙方 2696.27 万元，2015 年 9 月 15 日前甲方支付给乙方 2000 万元，2017 年 1 月 31 日前甲方支付给乙方 2000 万元，各期款项未按期支付时，除需支付所欠款项以外，还需按照人民银行同期同类贷款利率支付利息。

（四）乙方协助甲方按照河北省有关部门文件精神办理某市建国路 33 号的国有土地使用权的权属变更手续。

（五）甲方向乙方出具某市财政部门将甲方尚欠乙方的款项列入财政预算。

（六）原合同与本补充协议冲突之处，以本协议为准。

（七）本补充协议自双方法定代表人签字并加盖公章后生效。

甲方：某市土地储备交易中心　　　　　　乙方：某高校

　　年　月　日　　　　　　　　　　　　　年　月　日

此后乙方又以旧校区一家饭店扩建，侵入旧校区为由，认为高校没有按期搬迁。该高校用规划许可证证明，该饭店不在旧校区范围内。

此后，乙方又要求该高校将旧校区直接交付给市属某中学，该高校法律顾问根据合同相对性原则，对直接交付某中学提出异议。在法律顾问的建议下，于是甲方、乙方和作为第三方的某中学，于 2016 年 6 月签订了《收购宗地移交书》。正式实现了旧校区土地的交接。从 2004 年开始谋划，经过十几年的磕磕绊绊，旧校区的转让终于"轻舟已过万重山"。

关于本次合同签订和履行过程的反思：

第一，高校签订合同一定要健全审批手续。高校属于全额拨款的事业单位，资产处理不仅需要主管部门的批准，而且需要进行评估，并在国土储备中心、产权交易中心等法定部门进行交易，保证程序正义。

第二，政府属于强势部门，和政府签订合同往往面临不容协商或修改的格式合同，这对高校法律顾问而言非常棘手。此时一定不能气馁，要据理力争。实现不了的一定不能承诺，对于对方的不合理要求也要给予足够的韧性。要相信坚持的力量。

第三，最好约定对方首先履行部分合同义务。如果约定的是高校一方首先履行合同义务，那就必须审慎评估自己所要首先履行的义务是否能够全面及时履行。切不可首先违约，给对方以口实。做不到的事千万不可写入合同，尤其不能作为自己首先要履行的义务。

第四，正确确定合同履行的重要节点，尤其是对方仅是付款，而己方义务具有漫长的持续性时，不可被对方蛊惑。例如本案，搬迁时间比约定时间晚了整整五年。如果不是纵横捭阖之下，双方和解。否则卖地的收益都得充作违约金。最终"赔了夫人又折兵"，"竹篮打水一场空"，地、钱两空。

第五，标的物交接要注意留痕，实现证据固化，防止未来扯皮。就本案而言，高校审时度势，正确采用"三方协议"的方式进行了土地以及土地使用证的交接，平稳着陆。

第六，由于地上附着大量建筑物、构筑物，而且有些还产权不清，因此土地使用权出让是非常复杂的交易。这就要求出让方必须将地上附着物盘点清楚，必要的话，提前通过诉讼解决确权纠纷，避免局部延宕导致整体延期并违约。

第七节　校企合作开展风电供暖示范项目合同

合同的性质决定法律适用以及合同的权利义务内容。本协议虽然有施工的内容，但不属于施工合同。虽然属于三方合作协议，但是也不属于合伙协议。根据本协议的内容，本合同具有技术开发性质，因此本协议的名称应当界定为《风电供暖示范项目科技合作协议》。

如果将本协议定性为《风电供暖示范项目科技合作协议》，则本项目不仅可以作为高校引进的科研课题，投资方还能够享受高技术项目的待遇，开具票据方面也比较灵活。

甲方：某市政府

乙方：神州新能源投资公司

丙方：某高校

近年来，某市风电发展迅速，但弃风限电现象较为突出。风电供暖主要在电力系统低谷负荷时，将过剩的风电出力用于供暖，从而提升风电的消耗能力。减少弃风电量，同时利用电锅炉替代燃煤锅炉，可以减少环境污染。某市人民政府大力推动风电供暖工作，选定某高校作为风电供暖第一个示范项目。神州新能源投资公司作为国有大型企业，愿意承担社会责任，积极参与该项工作。该项目建设是落实《河北省某市可再生能源示范区发展规划》，推进京津冀经济协同发展。对某市下一步在全市范围内推广风电供暖具有示范作用。

为加快推进某高校风电供暖示范项目的进程。经甲乙丙三方友好协商，达成如下合作事项：

一、风电供暖项目情况介绍

某高校是河北省属全日制本科大学，其位于河北省某市内，占地面积100万平方米，总建筑面积50万平方米，在校师生约5000人。学校所处某市属于严寒地区。冬季供暖期长，由当年11月1日至来年3月31日共5个月。在校师生人数多，建筑面积大，所以校区冬季供暖能耗和日常生活用能较大。目前，某高校有3台燃煤热水锅炉和1台燃煤蒸汽锅炉，用于提供冬季供暖用热、日常生活用水供热和食堂供热，由于燃煤锅炉供热效率低，产生大气污染。同时也造成能源浪费。为积极响应某市政府风电供暖示范项目工作，学校决定将燃煤锅炉改造为电锅炉。本项目拟选用电压等级 10 千伏单台功率，10 万千瓦电极式锅炉共 4 台，总输出功率为 40 万千瓦，同时配套建设对外的外部电网供电系统。

二、合作三方的权利与义务

1. 甲方责任与义务

（1）甲方负责丙方燃煤锅炉改为电锅炉及外部电网供电系统的具体协调事宜；

（2）甲方为乙方在上报某市风电三期规划 85 万千瓦规模中，确保玛拉沁县 35 万千瓦风电项目为首批核准。其他 50 万千瓦风电力争列入某市风电三期规划中；

（3）甲方原则同意乙方在签订本协议后两年内不再参与某地区风电供暖项目的实施；

（4）甲方负责外部电网供电系统委托某市供电公司实施。

2. 乙方的权利和义务

（1）乙方提供人民币 6000 万元资金，作为燃煤锅炉改电锅炉外部电网供电系统的投资；

此处应约定 6000 万元资金的支付方式为一次性支付（含税），支付的节点为签约后 10 日内。同时约定乙方和丙方的开户行名称和地址、银行账户、开具发票的时间、票据的种类等。由于这里没有明确，后期不得不签订《补充协议》。

（2）乙方在丙方供暖期间不再收取任何供暖费用；

（3）乙方不负责丙方燃煤锅炉改电锅炉的具体工程施工；

（4）乙方不负责外部电网供电系统具体工程施工；

（5）乙方不负责外部电网供电系统运行维护及管理；

（6）乙方享受关于风电供暖的优惠政策。

3. 丙方的权利义务

（1）丙方负责筹措资金用于燃煤锅炉改造为电锅炉及供暖管网改造；

（2）丙方负责消防、土地环保及验收等相关手续办理；

（3）丙方负责在施工期间的安全告知义务，避免师生在施工期间发生安全事故；

（4）丙方负责监督供热改造工程进展和质量以及资金的使用拨付；

（5）丙方负责校内燃煤锅炉改电锅炉的设计、招标、施工等工作。

三、协议的生效、变更与解除

1. 协议经甲乙丙三方签字并加盖公章之日起生效。

2. 任何一方欲变更本协议条款或解除本协议，需采用书面形式向另外两方提出。

3. 本协议一式 6 份，三方各执 2 份，自签订之日起生效，对三方具有同等法律效力。

4. 本协议未尽事宜，今后在具体合作项目中予以明确。

本协议缺乏施工的期间条款，导致工期延宕，迟迟不能竣工。

本协议缺乏电锅炉的验收标准以及验收的组织程序，也没有约定所适用的国家标准，最终无法判断锅炉改造的质量。

本协议缺乏违约责任条款，对甲方未履行首批玛拉沁风电项目、乙方足额提供 6000 万元改造资金的义务未作约定，导致后来这种情况出现后无法规制。

本协议缺乏争端解决条款。

补充协议

甲方：神州新能源投资公司

乙方：某高校

丙方：神州河北新能源有限公司

本《补充协议》初衷是《风电供暖示范项目合作协议》中的付款方神州新能源投资公司欲将其权利义务概括转让给神州河北新能源有限公司。此概括转让行为在法律上不存在问题。但是问题是原《风电供暖示范项目合作协议》存在一个重要的合同主体，即某市政府。其不仅是一方当事人，而且承担重要的权利义务。至关重要的是，政府义务的履行与付款主体的支付条件相关联。因此从法律上讲，该补充协议必须包括某市政府，不能由《风电供暖示范项目合作协议》中的乙、丙两方私相授受合同的权利和义务。

为继续执行2015年9月某市人民政府、神州新能源投资公司和某高校三方签署的《风电供暖示范项目合作协议》，（以下简称"原协议"）。根据《合同法》及相关法律规定，甲乙双方在平等、自愿、公平和诚实信用基础上，经协商一致，就甲方出资支付进度签订本补充协议：

一、由于玛拉沁水晶脑包项目尚未成立独立公司核算，暂由神州河北新能源有限公司为主体开展前期各项工作。为此，该协议由神州河北新能源有限公司签署，具体负责费用支付。待玛拉沁水晶脑包项目成立主体公司后，划转相应的权利义务。

神州新能源投资公司的合同义务转让给了神州河北新能源有限公司，这个行为属于《民法典》规定的债务移转，需要履行告知以及债权人同意的程序。由于新加入的神州河北新公新能源有限公司资信情况不明，应当约定如果其不能履行合同义务，那么，神州新能源投资公司应当承担补充责任或者连带责任。也可以由第三人以抵押、质押、保证等形式对本合同项下债务提供担保。

二、出资金额，时间及支付方式

甲方出资6000万元，用于某高校风电供暖项目外部电网供电系统的投资，以银行电汇方式支付费用；

三、费用支付条件及金额。根据原协议及后续双方沟通，就付款条件及金额约定如下：

1. 新能源玛拉沁水晶脑包4.95万千瓦项目核准后支付3000万元；

2. 新能源玛拉沁项目二期30万千瓦风电项目核准后支付2000万元；

3. 新能源玛拉沁项目220千瓦送出线路正式开工后支付剩余1000万元。

从某高校的角度，每个付款节点都应当表达得明确、具体、可操作。例如正式开工这个概念，是以玛拉沁项目220千瓦送出线路合同开工日期、实际开工日期、监理师开工令、还是《施工许可证》载明的日期。如果仅有泛泛规定，将来双方就可能在付款节点上产生纠纷。

四、乙方义务，每次付款后，乙方向甲方提供符合规定的凭证，待新能源玛拉沁公司成立后开具专用发票。

五、合同变更、解除、终止

1. 经甲乙双方协商一致，可以变更或解除本合同，但需提前30日以书面形式提交对方；

2. 甲乙双方各自履行完自己的义务后，合同终止。

六、争议的解决

因原协议及本补充协议内有关事项发生的争议，双方应本着诚实信用原则，通过友好协商解决，经协商仍无法达成一致的，向甲方所在地人民法院提起诉讼。在争议解决期间，合同中未涉及争议部分的条款仍需履行。

由于投资人非本地公司，因此，高校应当力争将诉讼管辖地确定为高校住所地法院或者高校所在市的仲裁委员会管辖。

七、合同期限

1. 本补充协议自双方法定代表人或者授权代表签署并加盖双方公章或合同专用章之日生效。合同签订日期以双方中最后一方签署并加盖公章或合同专用章的日期为准。

三方协议

本补充协议由以下各方于2017年4月21日签署，并于签署当日生效，甲方：神州河北新能源有限公司，乙方某高校，丙方：神威（玛拉沁）新能源有限责任公司。

本条款存在重大缺陷。理由是本项目的原始三方协议是包含某市政府的，而此三方协议却摒政府于新三方协议之外。这不仅不利于诸合同的履行，而且使本协议的效力产生了问题。为了保持连环合同的衔接性，正确的做法是，将三方协议改为四方协议。政府必须成为合同的一方当事人。

鉴于甲乙双方于 2016 年 8 月签订的《风电供暖示范项目补充协议》（以下简称"合同"）合同编号为××××××××，现甲方在玛拉沁成立神威（玛拉沁）新能源有限责任公司，所以甲方拟将其在合同项下的所有权利和义务全部转让给丙方。且乙方同意该转让，现就上述权利义务转让事宜各方达成补充协议如下：

1. 本补充协议生效之日起，甲方在合同项下的所有权利和义务均全部转给丙方。甲方不再享有任何合同项下的权利，亦不再承担该合同项下任何义务。

捐赠方的权利义务概括转让了两次，风险不言而喻。因此《三方协议》中，应当约定三个债务转让主体承担连带责任，或者约定第三方提供担保。

2. 自本补充协议生效之日起，丙方将独立履行合同，享有甲方在合同项下的所有权利，并承担甲方在合同项下的所有义务。

3. 乙方确认，甲方在本补充协议签订前已合法履行合同，不存在任何违约，乙方同意上诉权利义务的转让。对于丙方受让并继续履行甲方在合同项下的所有权利，乙方没有任何争议。

4. 乙方将继续履行其在合同项下的所有权利和义务。

5. 本补充协议由各方法定代表人或者授权代表人签字。

6. 尽管有前述规定，如果因法律、法规政策或者政府命令的变化或有权机关的裁决，导致丙方不能受让和执行合同项下的任何条款，则甲方将继续享有其在该条款项下的权利和义务。

应当是甲方和乙方

7. 补充协议作为合同的附件，与合同具有同等效力，合同中的规定与本补充协议冲突的，以本补充协议为准。

8. 本协议生效后，请按合同约定开具发票，开具信息待丙方通知乙方。

9. 本协议一式 6 份，各方各持 2 份，每份具有同等的法律效力。

根据合同的相对性原理，即使前边两个协议已经约定了纠纷管辖法院或者仲裁委员会，但是因为主体不同，一旦发生纠纷，原来与其他两个债务主体签订的违约责任以及纠纷解决条款并不当然适用于本协议的丙方。因此对于这种连环合同一定要注意条款内容的上下衔接性。也要明确各协议各自的独立性。

关于此协议的履行情况，后来《三方协议》中丙方支付了高校5000万元后，由于其他原因不再支付剩余的1000万元。高校一方要求丙方继续履行合同，丙方以高校开具的票据不符合要求（丙方声称本协议如果属于科技合作或者技术开发协议则所开票据是符合要求的）、玛拉沁项目220千瓦送出线路尚未正式开工、政府一方未将其他50万千瓦风电力争列入某市风电三期规划中等原因为由拒绝支付。

高校一方认为，虽然是三方协议，但是甲方没有完全履行合同与高校无关，丙方不能以政府未完全履行为由而对高校一方不履行。

高校一方认为，新能源玛拉沁项目220千瓦送出线路已经正式开工，丙方应当支付剩余的1000万元尾款。但是高校一方缺乏国华玛拉沁项目220千瓦送出线路已经正式开工的有力证据。

之所以在尾款支付环节出现问题，合同签订还是存在不完善的地方。追本溯源，合同签订阶段，高校一方应当使支付节点更明确、更易操作、更容易取证。合同自始至终都应当约定违约责任，这样债务人就会重视合同义务的履行，否则就失去对债务人的约束。还需要将纠纷的法院或者仲裁的管辖地确定在高校的所在地，这样就能够形成对债务人的威慑。此外本协议的种类和名称事先有欠斟酌，如果将其定位为科技合作或者技术开发合同，则对于高校一方更为有利。

第八节　高校房屋租赁合同

出租方：某高校（甲方）

承租方：某公司（乙方）

此处一定要写明双方住所、经营场所、法定代表人或者负责人、联系电话、邮箱、微信、银行账号、开户行等基本信息。一旦双方发生纠纷，形成诉讼，那么就可以根据这些信息，对承租人进行财产保全、送达各类法律文书。如果无法送达，就会给诉讼以及强制执行带来重大的不便甚至阻碍。也有可能高校因为无法通知和送达而无法通过法律保护自己的权利。

以上信息的明确，也有利于双方互相送达解除合同、续租合同、行使承租、购买优先权等各类文件。

根据《民法典》《河北省省直行政事业单位国有资产出租出借及处置收入管理办法（试行）》等有关规定，甲乙双方经平等协商，就房屋租赁事宜签订本合同。本项目有关招投标文件均为合同组成部分。

一、租赁房屋情况

1. 租赁房屋地址：翠微路 14 号某高校家属院传达室所在小二楼（临街）共 254.34 平方米；

此处要核对街道、办事处、民政局等部门对该房屋现住址新旧登记号。

2. 现有装修及设施设备情况：（1）门窗状况良好；（2）地板及墙壁装修情况良好；（3）水电设施情况及其他正常。

此处应附有房屋的结构图，以便承租人擅自改变房屋结构时，方便识别结构改变的情况。否则即使对方改变了房屋的结构，也没有证据证明承租人实施了改变房屋结构的行为。

上述房屋属甲方所有，甲方将其出租给乙方使用，用途按营业执照执行。

此处应补充承租人营业执照上具体的经营范围，并且明确房屋租赁用途以双方签约时营业执照上的经营范围为准。如果承租人变更经营范围，应当书面通知出租人，只有出租人同意用于改变后的经营范围的，双方才继续履行合同。否则视为改变了双方的订约基础，甲方享有单方解除权。出租合同在甲方通知送达乙方后解除。乙方收到甲方解除合同通知后五日内腾空房屋，恢复原状，将房屋交还出租人。

二、租赁期限

从 2024 年 1 月 1 日至 2025 年 12 月 31 日止。

三、租金及有关税费

合计人民币 55 259 元租金/年（大写伍万伍千贰百伍拾玖元整）。每年租金支付方式为：一次性交清。租金支付时间：每年一月份交齐一年的房租。例如，2024 年 1 月 1 日至 2024 年 1 月 30 日期间，交 2024 年 1 月 1 日至 2024 年 12 月 31 日期间的房租。

应当补充关于押金的约定。即除了缴纳房租，还应当缴纳 10 000 元左右的押金，以备承租人拖欠租金，期满不交付房屋时，从押金中扣除。

乙方银行账号：……

水电费、暖气费、物业管理费等费用由乙方按相关规定缴纳。

此处应补充房屋交付前水、电、汽、通信等收费设备上的数字，以便计算承租人使用房屋后的各种应交费用。

此处应补充租赁产生的税费的承担方式，就高校而言，应当约定由此产生的税费由承租人承担。

四、甲方的责任义务

1. 实行本合同约定的租赁期限、租金标准、租赁形式。

2. 租赁期内乙方应注意租赁物的瑕疵，如发现房屋漏水、房屋裂缝等，应及时报告甲方，由甲方负责维修并承担相关费用。若因发现不及时，造成房屋及乙方的装修装饰部分损失，由乙方负责。

3. 房屋租赁期间，因政策变化或市政建设等公共利益要求需要拆迁，乙方应无条件服从，及时迁出，归还租赁物。甲方不另行给乙方安排房屋，合同自行终止。

五、乙方责任义务

1. 乙方在租赁期间应依约及时交付租金、水电费、物业管理费。

2. 乙方租赁房屋只能以营业执照经营范围内所含项目为用途，不得将所承租房屋用作其他用途。

3. 因甲方主管部门政策或法令导致本合同无法履行时，甲方有单方解除权。本合同自甲方送达解除合同通知之日起解除。乙方接到甲方上述通知后3日内腾空所租赁房屋，否则每日支付给甲方违约金1000元。

4. 租赁期间防火防盗，门前三包综合治理及安全保卫等工作，乙方应执行有关部门规定并承担相应责任。

5. 乙方应合理使用所承租的房屋及其附属设施，如水电气设施、卷闸门、门窗等。租赁期间发生损坏的，乙方应立即负责修复或承担赔偿责任。

6. 乙方不得擅自改动房屋结构，毁损房屋设施。如装修房屋需改造、改变房屋结构，需提交申请报告及改造方案。在征得甲方书面同意后方可施工。合同期满，乙方应保持房屋完好。甲方不承担乙方改造装修部分的任何补偿。

7. 乙方不得擅自将承租的房屋转借或转租给他人。

8. 房屋租赁期间，房屋的管理由乙方负责。对房屋的结构出现的不安全因素，乙方应及时向甲方报告。若乙方发现房屋结构出现不安全未及时向甲方报告，其责任由乙方承担。

9. 乙方应注意水电气的安全使用，经常检查防范事故发生。若在租赁期间发生责任事故造成损失，由乙方负责。

六、合同的变更解除终止

1. 双方可以协商变更或终止合同。

2. 甲方未尽房屋修缮义务，严重影响乙方使用的，乙方有权解除合同。

3. 房屋租赁期间，乙方有下列行为之一的，甲方有权解除合同：（1）转租、转借承租房屋，或未经甲方书面同意擅自拆改、变动房屋结构，以及改变租赁用途的；（2）是损坏承租房屋，在甲方提出的合理期限内仍未修复的；（3）利用承租房屋存放危险品或进行违法活动的；（4）逾期3个月未交纳应当由乙方交纳的各项费用的；（5）拖欠租金累计3个月以上的。

4. 租赁期满后，乙方要继续租赁的，应当在租赁期满前40天内书面告知甲方。甲方在租赁期满前20日内向乙方正式书面答复。如同意继续租赁，则续签租赁合同，未予答复，视为不同意续租。乙方在租赁期满前40日内不通知甲方的，视为放弃优先承租权。

5. 承租期间，任何一方提出解除合同，需提前3个月书面通知对方。双方协商一致后，可以解除合同。

七、房屋交付及收回的验收

1. 房屋交付时，双方共同参与，如对装修器物等硬件设施、附属设施有异议的，应当场提出协商解决。

2. 乙方应于房屋租赁期满两日内，将承租房屋及设施设备等完好地交给甲方，乙方的装饰装修部分亦不得损坏。对未经同意留存的物品，甲方有权处置。

八、甲方违约责任

1. 甲方不按时交付房屋给乙方的，每逾期一日应向乙方交付约定日租金5倍的违约金。

2. 甲方怠于履行维修义务，乙方组织维修的，甲方应支付乙方维修费用，但乙方应提供有效凭证。

3. 甲方违反本合同约定，提前收回房屋的，应按本合同年度租金总额的20%向乙方支付违约金。

九、乙方违约责任

1. 乙方未按时交纳租金、水电费的，除应如数补交外，每逾期一日应向甲方支付约定日租金5倍的违约金。如因乙方未按时交纳前述费用造成停水停电等后果的，由乙方承担责任。

2. 租赁期间，乙方有本合同第6条第3项行为之一的，甲方有权终止合同，收回该房屋已收取的租金保证金，不予退还。乙方应按照本合同年度租金总额的20%向甲方支付违约金。若支付的违约金不足弥补甲方损失的，乙方还应赔偿相应差额部分的损失。

应当补充乙方违约时，应自甲方解除合同之日或者判决书、仲裁机构裁定书指定的解除之日起的指定时间内交付租赁房屋，否则按照日租金的5倍或者法定的迟延履行金的2倍补偿甲方的经济损失。

3. 在租赁期间，乙方中途擅自退租的，甲方已收取的租金不予退还，乙方应按本合同的年度租金总额20%向甲方支付违约金。若支付的违约金不足弥补甲方损失的，还应赔偿相应的损失。

4. 乙方逾期不归还房屋，视同不定期租赁，租金按原合同租金的 5 倍计算。

且甲方随时有权要求乙方退出场地交还房屋。

此处补充因乙方违约，导致租赁合同解除的，乙方应承担甲方维权费用，包括但不限于诉讼费、仲裁费、律师费、公证费、鉴定费、评估费等费用。

十、免责条件

1. 因不可抗力原因，致使本合同不能继续履行或造成损失，甲乙双方互不承担责任；

2. 因国家政策和国家建设需要，拆除或改造已租赁的房屋，使甲乙双方造成损失的，互不承担责任；

3. 因上述第 1、2 项原因而终止合同的，租金按照实际使用的天数来计算，多退少补。

十一、本合同未尽事宜双方另行协商解决。

十二、争议解决

双方因履行本合同出现纠纷，协商解决，协商不成的，提交某市仲裁委员会仲裁。

十三、本合同一式 4 份，由甲乙双方盖章后生效。

后续的履行情况：租赁合同履行期间，乙方将房屋转租给了一家饭店，不仅超出了原营业执照登记的范围，而且产生了转租和改变房屋结构的行为。甲方在诉讼过程中关于整改通知和解除合同的送达出现困难。提起诉讼后，在改变房屋结构的举证方面也出现困难。乙方为了逃避责任，在甲方责令整改后，在营业执照中补充了经营餐饮事项，给甲方诉讼造成了麻烦。但是最后，甲方还是通过诉讼维护了自己的权利。

第二章 校园基建合同

　　校园基建活动也就是校园的建设工程活动，包括建筑物、构筑物及其附属物的招投标、勘察、设计、建造改建扩建、管线设备安装铺设等，在高校各类投资中占有重要地位。高校的建设工程合同一般采用示范文本，我国建设工程合同文本主要有三种：一是住建部和原国家工商行政管理总局颁布的《建设工程合同示范文本》，包括勘察、设计、施工、监理等领域，有 1991 年、1999 年、2011 年、2017 年等版本，是参考英国土木工程协会制订的《FIDIC 合同示范文本》，结合中国建设工程的实际情况而制订的。二是 2009 年国家发改委等九部委制订的《标准合同》系列范本，这个示范文本要求国有主体投资建设的项目应当采用这个文本。但是由于国家发改委不像住建部那样设置市场监督司，作为监督市场主体的抓手，导致该标准没有得到普及。建筑市场上，人们用得最多的仍是原住建部和国家工商管理总局颁布的《建设工程合同示范文本》。三是行业文本，也就是各地建设工程领域的商会、协会制订的合同范本。

　　如果校园基建项目采用国际招标的方式发包工程，采用的文本则多为英国土木工程协会制订的《FIDIC 合同示范文本》。

　　近年来，国家大力提倡建设工程项目通过工程总承包的方式发包，所谓工程总承包就是包括但不限于施工总承包。其发包的范围可以涵盖商业策划、项目建议书、可行性研究报告、规划、勘察、设计、材料采购、招标代理、施工、项目后评估等全部建设工程活动。形式主要是 DB、EP、EPC、BDT 等。2019 年，住建部和发改委发布了《房屋建筑和市政基础设施项目工程总承包管理办法》，2020 年住建部和国家市场监督管理总局颁布了《建设项目工程总承包合同（示范文本）》（GB-2020-0216），规定了初步设计完成之后，就可以采用工程总承包的方式发包。政府投资项目和装配式建筑优先采用工程总承包模式。随着国家对工程总承包模式的推动以及我国基本建设活动中工程总承包方面的经验不断积累和成熟，高校的工程项目也会越来越多地采用工程总承包的模式来发包工程。

建设工程活动具有投资大、周期长、风险高和专业性强的特点，建设工程方面投资的成功能够极大提升高校形象，提高高校办事效率，对教学和科研具有很大促进作用。反之则会给高校带来极大负面效应。如果发生工程事故，不仅涉及民事、行政责任，还可能导致刑事责任。因此审查校园基建合同，不仅需要具有通识层面的知识储备和勤勉注意，还应当掌握一些建设工程方面的基础知识以及专业知识。

第一节　建设工程招标代理合同

与代理合同相近的合同还有居间、委托、行纪、保理等，虽然均属于广义上的代理合同，但是存在本质上的不同，所以《民法典》在合同篇分则分门别类地予以规定。

建设工程招标代理合同属于民法一般意义上的代理合同，非间接代理，更非中介或者保理。因此签约时务必按照《民法典》总则第七章关于代理的规则范围签订合同，避免与《民法典》第三编第二十三章规定的委托合同相混淆。因为《民法典》第三编第二十三章规定的委托合同中，受托人可以以自己名义与第三人签订合同，如果第三人知道受托人和委托人的委托关系，其签订的合同能够约束委托人，即高校一方。这显然不是高校招标代理合同的本意。

第一部分　协议书

委托人：某高校

受托人：河北无为工程管理有限公司

依照《民法典》《招标投标法》及国家的有关法律、行政法规，遵循平等、自愿、公平和诚实信用的原则，双方就某高校实训中心建设项目可行性研究报告编制招标代理事项协商一致，订立本合同。

一、工程概况

工程名称：<u>某高校实训中心建设项目可行性研究报告编制</u>

地　　点：<u>某高校位于河北省某市长春东大街 55 号</u>

招标控制价：<u>150 000.00 元</u>

二、委托人委托受托人为本项目　<u>某高校实训中心建设项目可行性研究报告编制</u>　的招标代理机构，受托人自接到委托人书面通知启动该项目之日起<u>60</u>日内完成本项目全部招标代理工作。

本条款中应有受托人关于具备代理招投标方面的企业专业资质证书、人员资质证书、已经通过年检等方面的承诺。

三、合同价款

招标代理服务费：依据《招标代理服务收费管理暂行办法》文件收费标准计取。计价基数为招标项目的中标价，经双方一致协商确定招标代理服务费由中标人支付。具体计算方法见附表。

四、组成本合同的文件：

1. 本合同履行过程中双方以书面形式签署的补充和修正文件；

2. 本合同协议书；

3. 本合同专用条款；

4. 本合同通用条款

五、本协议书中的有关词语定义与本合同第一部分《通用条款》中分别赋予它们的定义相同。

六、受托人向委托人承诺，按照本合同的约定，承担本合同专用条款中约定范围内的代理业务。

七、委托人向受托人承诺，按照本合同的约定，确保代理服务费的支付。

八、合同订立

合同订立时间：<u>2024</u>年<u>7</u>月<u>16</u>日

合同订立地点：<u>某高校</u>

九、合同生效

本合同双方约定____双方盖章____后生效。

委托人（盖章）：   受托人（盖章）：

联系方式：××××××××× 联系方式：×××××××××

单位地址：某市长春西大街×号 单位地址：某市桥东区九江路×号

第二部分　通用条款（略）

第三部分　专用条款

一、词语定义和适用法律

1. 词语定义：见通用条款。

2. 合同文件及解释顺序

（1）本合同履行过程中双方以书面形式签署的补充和修正文件；

（2）本合同协议书；

（3）中标通知书；

（4）本合同专用条款；

（5）本合同通用条款；

（6）投标文件；

（7）招标文件。

3. 语言文字和适用法律

3.1 语言文字

本合同采用的文字为：_____中文_____

3.2 本合同需要明示的法律、行政法规：

本合同需要明示的法律、行政法规为：《民法典》《招标投标法》《招标投标法实施条例》等现阶段适用的国家相关法律法规、部门规章及地方性法律法规。

二、双方一般权利和义务

4. 委托人的义务

4.1 委托招标代理工作的具体范围和内容：见招标文件之项目概况部分。

4.2 委托人应按约定的时间和要求完成下列工作：

（1）向受托人提供本工程招标代理业务应具备的相关工作前期资料（如立项批准手续、规划许可、报建证等）及资金落实情况资料的时间：根据项目实施进度。

（2）向受托人提供完全代理招标业务所需的全部资料的时间：根据项目实施进度。

（3）向受托人提供保证招标工作顺利完成的条件：

1）对招标项目的真实性、合法性及资金落实情况负责。在招标工作开始前，向受托人提交委托招标项目的批准文件（项目审批、核准或备案文件）。

2）根据项目实施进度的要求，向受托人提出具体招标任务和计划。

3）如需要，在国内主管部门指定的专门招标网上办理注册手续。

4）审定受托人提交的资格预审文件（如需要）和招标文件汇总稿。如需要，协助受托人答复国内主管部门提出的问题。

本条中的"审定"，应该为"协助审定"。理由是：资格预审不仅是招标的关键环节，而且责任重大，需要代理人提供专业的服务，这也是委托人支付代理费的重要对价之一。

例如，投标人的资格界定为中小微企业，委托人显然无力按照人员、营业额、利润等要求审核投标人是否属于中小微企业。如果这个环节审查有误，将导致整个中标无效。这种重大责任的具体工作一定不能在合同里含糊其词，一定要明确这是代理人的义务，不是委托人的义务。委托人可以协助，但不负法律责任。

5）在资格预审公告或者招标公告发布前，负责向受托人提供公告所需要的资料。

6）如需要，协助受托人组织召开标前会议和（或者）安排现场参观踏勘。

7）如需要，参加有权审定资格预审和（或者）评标结果的上级监督管理部门对资格预审评审报告（或者）评标报告的审定会议，负责向审定会议介绍资格预审评审和（或者）评标情况。

8）在受托人协助下，负责在招标文件确定的合同格式和合同范围内，准备并主持与中标人就合同的非实质性内容调整完善进行谈判。确定招标合同内容，根据中标结果与中标人签订书面合同。

（4）指定的与受托人联系的人员

（5）需要与第三方协调的工作：<u>根据项目实施情况而定</u>

（6）应尽的其他义务：<u>无</u>

5. 受托人的义务

5.1 招标代理项目负责人姓名：<u>许某（应补充联系方式、住址、身份证号码、资质证书编号）</u>

5.2 受托人应按约定的时间和要求完成下列工作：

（1）组织招标工作的内容和时间：（根据项目进度实施以下工作）

1）编写资格预审文件（如需要）和招标文件，并交委托人审定。负责将资格预审文件（如需要）和招标文件报送国内主管部门审批，答复国内主管部门就这些文件提出的问题并作出相应修改。

此处应补充受托人编写招标文件的具体内容，尤其是标底的编制，这体现了委托人作为建设工程招标代理机构的专业性，也是委托人付费的重要对价之一。

2）根据国内主管部门的规定，拟定并在指定媒介上发布资格预审公告（如需要）和招标公告。

3）负责发布资格预审文件（如需要）和招标文件。

4）如需要，组织投标人参加标前会和（或者）考察踏勘现场并解答投标人提出的问题，如需要，对资格预审文件（如需要）和招标文件内容进行澄清和（或者）修改，在报经国内主管部门审查同意后，将澄清和（或者）修改文件以书面形式通知投标人。

5）接收资格预审申请文件（如需要）和投标文件，负责做好相应记录。

6）负责组织和主持开标工作，并做好相应记录。根据国内主管部门的要求将开标记录报送国内主管部门备案。

7）协助委托人选定评标专家。组织资格预审评审（如需要）和评标工作，编写资格预审评审报告（如需要）和评标报告，交评标委员会或委托人审定。严格执行国内主管部门规定的评标结果公示制度。

8）如需要，负责在资格预审评审（如需要）和评标过程中按照评审委员会或评标委员会要求通知投标人进行书面澄清。

9）如需要，负责通知投标人延长投标和投标保证金的有效期。

10）如需要，参加有权审定资格预审（如需要）和评标结果的上级监督管理部门对资格预审评审报告（如需要）和评标报告的审定会议。在委托人确认评审结果和评标结果的前提下，负责将资格预审评审报告和评标报告报国内主管部门审批。

11）对国内主管部门就资格预审评审报告（如需要）和评标报告提出的问题，负责与委托人商定意见并作出答复。

12）根据委托人确认的评审结果和评标结果，向资格预审合格的申请人发出资格预审合格通知，邀请资格预审合格的申请人购买招标文件，向中标人发出中标通知。

13）如需要，负责在国内主管部门指定的专门招标网上完成招标项目的建档、招标文件备案、招标公告发布、评标结果公示、协助委托人进行质疑处理等相关程序。

14）负责整理招标、评标过程的有关文件，并向委托人移交有关文件。

15）及时向委托人通报招标代理工作中的重要事项并与委托人磋商解决问题的办法。

16）协助业主处理招标过程中的投诉、质疑等事宜。

本条应改为：负责答复委托人、落标的投标者、工程主管部门、社会公众等人在招标过程中以及中标后提出的质疑和异议。必要时对以上质疑以及异议进行书面回复。

有些招标活动中，投标者达数千家单位，网上曝出江西某招标活动投标单位七千多家。所以首先被质疑不可避免，其次答复质疑的工作量巨大。最后，如果质疑成立，很可能会产生法律责任。因此回答质疑，是招投标活动中非常重要的活动。作为以专业提供服务的代理商，这方面的业务应当当仁不让。

17）如需要，协助业主与中标人进行技术交流或合同谈判。

18）协助业主起草合同文本、签订合同。

（2）为招标人提供的为完成招标工作的相关咨询服务：<u>提供招标前期咨询（如协助业主编制招标计划；对业主工作人员进行项目招标政策、程序和条件等方面的相关培训）</u>。

（3）应尽的其他义务：<u>　　　　　　　／　　　　　　　　</u>

6. 委托人的权利

6.1 委托人拥有的权利：

6.2 委托人拥有的其他权利：

（1）审定受托人提交的资格预审文件（如需要）和招标文件汇总稿。如需要，协助受托人答复国内主管部门提出的问题。

（2）在受托人协助下，在国内主管部门指定的专家库选取专家参加评标工作，依法组建评标委员会。

（3）参加开标、资格预审评审和评标等工作。

（4）审定资格预审和（或者）评标结果。

（5）如需要，参加有权审定资格预审和（或者）评标结果的上级监督管理部门对资格预审评审报告（或者）评标报告的审定会议，负责向审定会议介绍资格预审评审和（或者）评标情况。

（6）在受托人协助下，负责在招标文件确定的合同格式和合同范围内，准备并主持与中标人就合同的非实质性内容调整完善进行谈判。确定招标合同内容，根据中标结果与中标人签订书面合同。

（7）有权对受托人完成的成果委托第三方审查。

本条未明确委托人的定标权利，这是不对的。鞋是否合脚，只有即将穿鞋的人才有体会。因此决定中标的权利一定是委托人。代理人仅有建议权，没有定标权。这是招投标代理合同的核心问题，必须在委托人权利条款中予以明确。

7. 受托人的权利

（1）根据本合同第 8 条的规定，收取代理报酬。

（2）如需要，参加有权审定资格预审（如需要）和评标结果的上级监督管理部门对资格预审评审报告（如需要）和评标报告的审定会议。在委托人确认评审结果和评标结果的前提下，将资格预审评审报告和评标报告报国内主管部门审批。

三、委托代理报酬与收取

8. 委托代理报酬

8.1 代理报酬的计算方法：依据《招标代理服务收费管理暂行办法》文件收费标准计取。计价基数为招标项目的中标价，经双方一致协商确定招标代理服务费由中标人支付。具体计算方法见附表。

代理报酬为基准费率统一下浮_____ / _____%

代理报酬的币种：__人民币__；汇率：_____/_____

代理报酬的支付方式：以现金、转账或支票方式

代理报酬的支付时间：本项目全部服务内容完成后。

8.2 在招标代理业务范围内所发生的费用（如：评标会务费、评标专家的差旅费、劳务费、公证费等），由受托人承担。

9. 委托代理报酬的收取

9.1 预计委托代理费用额度（比例）：本条不采用通用条款

9.3 逾期支付时，银行贷款利率：_____无_____

9.4 逾期支付时，应收取的利息：_____无_____

四、违约、索赔和争议

10. 违约

10.1 本合同关于委托人违约的具体责任：

（1）委托人未按照本合同通用条款第4.2款–（3）款的约定，向受托人提供保证招标工作顺利完成的条件应承担的违约责任：_____无_____

（2）委托人未按本合同通用条款第4.2款–（6）款的约定，向受托人支付委托代理报酬应承担的违约责任：__无_____

（3）双方约定的委托人的其他违约责任：_____无_____

10.2 本合同关于受托人违约的具体责任：_____无_____

…………

违约责任不能流于形式，必须作出具体约定。在招标代理合同中，委托人的主要义务就是支付代理费，如果没有及时支付，将按照逾期天数按日支

付违约金，建议每日违约金为 0.05%。受托人的合同义务主要是过程控制，提供专业服务。如果因工作失误或者违约导致招投标活动失败或者带给委托方经济损失，就应当赔偿委托方的损失。建议约定受托方对委托方的全部损失，包括直接损失和间接损失。

12. 争议

12.1 双方约定，凡因执行本合同所发生的与本合同有关的一切争议，当和解或调解不成时，选择下列第＿＿＿（1）＿＿＿种方式解决：

（1）将争议提交＿＿某＿＿仲裁委员会仲裁；

（2）依法向＿＿＿／＿＿＿人民法院提起诉讼。

…………

六、其他

16. 合同份数

…………

16.2 双方约定本合同副本＿＿陆＿＿份，其中，委托人贰份，受托人肆份。

17. 补充条款

17.1 合同双方对在本合同签订和履行过程中所知悉的另一方的商业秘密负有保密义务。

17.2 本合同项下重要事项的联络应以书面方式进行。紧急事项可用电话联系，但事后须立即以书面方式确认。

17.3 如需对本合同进行修改或补充时，需经双方协商一致并签署书面补充协议，该补充协议作为本合同不可分割的一部分。

17.4 甲乙双方中的任何一方如更改其名称、地址、开户银行、银行账号时均应及时通知对方。

17.5 双方未按本合同的约定履行义务，应根据法律规定向对方承担违约责任。合同一方因违约给另一方造成损失的，受损失方可向违约方提出索赔。

附表：

招标代理服务收费基准费率表

服务费类型/率 中标金额 （万元）	货物招标 （含供货及安装）	服务招标	工程招标
100 以下	1.5%	1.5%	1.0%
100~500	1.1%	0.8%	0.7%
500~1000	0.8%	0.45%	0.55%
1000~5000	0.5%	0.25%	0.35%
5000~10 000	0.25%	0.1%	0.2%
10 000~100 000	0.05%	0.05%	0.05%
1 000 000 以上	0.01%	0.01%	0.01%

注：招标代理服务收费按差额定率累进法计算。例如：某工程招标代理业务中标金额为 6000 万元，计算招标代理服务收费额如下：

100 万元×1.0%＝1 万元

（500－100）万元×0.7%＝2.8 万元

（1000－500）万元×0.55%＝2.75 万元

（5000－1000）万元×0.35%＝14 万元

（6000－5000）万元×0.2%＝2 万元

合计收费＝1＋2.8＋2.75＋14＋2＝22.55（万元）

（注：此合同格式为参考格式，签订合同时将招标文件中规定的服务内容、投标人的合理化建议和其他增值服务等内容加入合同中。）

第四部分　补充条款

一、委托人的责任

1. 在委托人提出具体要求后，由于委托人未能及时、完整地提供相关文件或资料，影响到受托人代理工作的正常顺利进行，由此给受托人造成的经济损失由委托人承担，而由此引起的委托人经济损失，由委托人自行承担。

2. 合同生效后，委托人擅自终止合同或解除合同的，委托人应当承担违约责任，向乙方支付违约金，违约金的计算方式为：代理费×5%。

3. 如由于委托人的违约行为给受托人造成的经济损失超过违约金时，受托人有权就超过的部分要求委托人承担损害赔偿责任。

4. 合同生效后，建设工程因为不可抗力终止，致使代理合同不能履行的，委托人应视受托人的工作完成情况，支付受托人一定的费用。

二、受托人的责任

5. 合同订立过程中，由于受托人未尽保密义务，给委托人造成的经济损失由受托人承担。

6. 合同生效后，受托人擅自终止合同或解除合同的，受托人应当承担违约责任，向甲方支付违约金，违约金的计算方式为：代理费×5%。

7. 如由于受托人的违约行为给委托人造成的经济损失超过违约金时，委托人有权就超过的部分要求受托人承担损害赔偿的责任。但赔偿金额最高不应超过委托代理服务费的金额（扣除税金）。

8. 合同履行期间，未经委托人同意，受托人擅自将委托事项转委托给第三人的，甲方有权解除合同或要求受托人承担违约责任。

9. 在合同履行期间，受托人超过代理权或无代理权而进行代理时，委托人有权解除或终止合同，并要求受托人承担由此给委托人造成的经济损失。

10. 合同终止后，受托人没有向委托人提交招投标过程的全部资料，或未经委托人允许擅自将招投标的资料发表或提供给第三人，给委托人造成经济损失的，应当由受托人承担。

第二节　建设工程勘察合同

"万丈高楼平地起"，"九层之台，起于累土"，做好工程基础以及地基工作，是百年大计的前提条件，便览国内外建筑工程质量安全事故，大多数是因为地基没有处理好，因此必须高度重视建筑工程勘察合同的签订。

某地区属于山区，地质情况复杂，尤其是本地遍布湿陷性黄土，遇水便矮化下沉，导致基础随之下沉，工程主体开裂，出现工程事故。

正确的做法是，认真做好建筑工程勘察工作，首先选择具有相应资质的建筑工程勘察企业，根据场地情况，正确采用强夯、三七灰土处理、桩基等地基处理方式，为设计单位提供准确的水文地质数据。尤其是高校建筑属于公用事业建筑，涉及社会公共利益，一定得把地基勘察工作做得扎实可靠。只要地基勘察工作做得好，主体工作就有保障。如果地基出了问题，工程主体再好也没有用。

要做好地基勘察，首先要把合同签好。

工　程　名　称：<u>某高校新校区学生宿舍及配套用房</u>

工　程　地　点：<u>某市长春东大街 55 号</u>

合　同　编　号：<u>JS2021-002</u>　（由勘察人编填）

勘察证书等级：<u>甲级</u>

发　包　人：<u>某高校</u>

勘　察　人：<u>某市金石岩土工程技术有限公司</u>

签　订　日　期：<u>2021 年 1 月</u>

发包人委托勘察人承担<u>某高校学生宿舍及配套用房</u>岩土工程勘察任务。根据《合同法》及国家有关法规规定，结合本工程的具体情况，为明确责任，协作配合，确保工程勘察质量，经发包人、勘察人协商一致，签订本合同，共同遵守。

第一条　工程概况

1.1 工程名称：<u>某高校学生宿舍及配套用房</u>

1.2 工程建设地点：<u>某市长春东大街 55 号</u>

1.3 工程规模、特征：<u>本次勘察的范围包括学生宿舍楼 2 幢、食堂 1 幢、浴室 1 幢，其中宿舍楼为地上 6 层，地下 1 层，食堂为地上 2 层，浴室为地上 2 层。</u>

此处应当补充勘察范围所在的具体位置，例如学生宿舍楼位于学校东南角，学校东部围墙以西大门以东。也可以用绝对坐标或者相对坐标标出。

1.4 工程勘察任务委托文号、日期：<u>2021、11</u>。

1.5 工程勘察任务（内容）与技术要求：<u>严格按照《岩土工程勘察规范》及本项目招标文件、投标文件、勘察合同相关条款执行</u>

1.6 承接方式<u>　直接承包</u>

按照 2018 年国家发改委 16 号文和 843 号文，国有投资低于 100 万元的服务，可以不招标。河北省发改局则规定厅局级单位低于 40 万元的采购和服务，也可以不招标。本案勘察服务费5万元，远远低于上述规定，因此可以直接发包。

1.7 预计勘察工作量：<u>本次勘察共布设探点35个，相应的测量、取样、原位测试及室内土工试验</u>。

第二条 发包人应及时向勘察人提供下列文件资料，并对其准确性、可靠性负责。

2.1 提供本工程批准文件（复印件），以及用地（附红线范围）、施工、勘察许可等批件（复印件）。

2.2 提供工程勘察任务委托书、技术要求和工作范围的地形图、建筑总平面布置图。

2.3 提供勘察工作范围内已有的技术资料及工程所需的坐标与标高资料。

2.4 提供勘察工作范围地下已知的电力、电讯电缆、管道等市政、基础设施以及已知的人防设施、洞室等建筑物和构筑物及具体位置分布图。

2.5 发包人不能提供上述资料，由勘察人收集的、发包人全力配合，如所需相关费用由勘察人自行承担。

第三条 勘察人向发包人提交勘察成果资料并对其质量负责。

勘察人负责向发包人提交勘察成果资料四份，发包人要求增加的份数另行收费。

第四条 开工及提交勘察成果资料的时间和收费标准及付费方式。

4.1 开工及提交勘察成果资料的时间

4.1.1 本工程的勘察工作定于 <u>2021</u> 年 <u>11</u> 月 <u>20</u> 日开工，<u>2021</u> 年 <u>11</u> 月 <u>30</u> 日提交勘察成果资料，由于发包人或勘察人的原因未能按期开工或提交成果资料时，按本合同第6条规定办理。

4.1.2 勘察工作有效期限以发包人下达的开工通知书或合同规定的时间为准，如遇特殊情况（设计变更、工作量变化、不可抗力影响以及非勘察人员造成的停、窝工等）时、工期顺延。

4.2 收费标准及付费方式

4.2.1 本工程勘察费为 <u>50 000.00</u> 元（大写）<u>伍万元整</u>。

工作量及费用清单如下表所示

拟建物	工作量（延米）	单价（元/延米）	合计（元）
1#宿舍楼	180	110	19 800
2#宿舍楼	165	110	18 150
食堂	60	110	6600
浴室	60	110	6600
总计	465	110	51 150
优惠后	—	—	50 000

本合同双方签字盖章生效后，勘察人交付本合同约定项目的全部勘察成果文件并通过审查机构审查后，按合同要求提供申请支付文件资料，经发包人审核后，发包人支付至工程勘察费实际支付额的50%，项目工程验槽工作结束后，付至工程勘察费实际支付额的80%，项目工程主体完工验收后，付至工程勘察费实际支付额的95%，项目工程竣工验收后，结清勘察费余款。

第五条 发包人、勘察人责任

5.1 发包人责任

5.1.1 发包人委托任务时，必须以书面形式向勘察人明确勘察任务及技术要求，并按第2条规定提供文件资料。

勘察人的勘察任务和技术要求应当写进本合同的勘察人责任之中，这是本合同中，勘察人最重要的合同义务，不能一句兜底的概括性约定一言以蔽之。实践中，很多勘察合同由勘察人提供范本，发包方人员不知利害，没有进一步约定明确的勘察任务及技术要求，导致勘察人的工作随心所欲，最终合同目的落空。

5.1.2 在勘察工作范围内，没有市政、基础设施、人防资料、图纸的地区（段），发包人应负责查清相关情况，若因未提供上述资料、图纸，致使勘察人在勘察工作过程中发生人身伤害或造成经济损失时，由发包人承担民事责任。

5.1.3 发包人应及时为勘察人提供并解决勘察现场的工作条件和出现的问

题（如：落实土地征用、青苗树木赔偿、拆除地上地下障碍物、处理施工扰民及影响施工正常进行的有关问题、平整施工现场、修好通行道路、接通电源水源、挖好排水沟渠以及水上作业用船等），并承担其费用。

5.1.4 若勘察现场需要看守，特别是在有毒、有害等危险现场作业时，发包人应派人负责安全保卫工作，按国家有关规定，对从事危险作业的现场人员进行保健防护，并承担费用。

5.1.5 工程勘察前，若发包人负责提供材料的，应根据勘察人提出的工程用料计划，按时提供各种材料及其产品合格证明，并承担费用和运到现场，派人与勘察人的人员一起验收。

5.1.6 勘察过程中的任何变更，经办理正式变更手续后，发包人应按实际发生的工作量支付勘察费。

5.1.7 为勘察人的工作人员提供必要的生产、生活条件，并承担费用，如不能提供时，应一次性付给勘察人临时设施费＿／＿元。

5.1.8 由于发包人原因造成勘察人停、窝工费，除工期顺延外，发包人应支付停、窝工费（计算方法见6.1），发包人若要求在合同规定时间内提前完工（或提交勘察成果资料）时，发包人应按每提前一天向勘察人支付＿／＿元计算加班费。

5.1.9 发包人应保护勘察人的投标书、勘察方案、报告书、文件、资料图纸、数据、特殊工艺（方法）、专利技术和合理化建议，未经勘察人员同意，发包人不得复制、不得泄露、不得擅自修改、传送或向第三人转让或用于本合同外的项目，如发生上述情况，发包人应负法律责任，勘察人有权索赔。

应当将该条删除，理由是勘察成果不可避免地要在一定范围内公开使用，例如提交给设计单位，作为规划设计的依据。也有可能进行复印、拍照。所以，勘察人不能限制发包人为了本工程的目的使用该勘察成果。此外发包人已经支付了相应的费用，买的就是勘察成果的所有权，包括其相应部分的知识产权（署名权、修改权等人身性权利除外）。

5.1.10 本合同有关条款规定和补充协议中发包人应负的其他责任。

5.2 勘察人责任

5.2.1 勘察人应按国家技术规范、标准、规程和发包人的任务委托书及技术要求进行工程勘察，按本合同规定的时间提交质量合格的勘察成果资料，并对其负责。

5.2.2 由于勘察人提供的勘察成果资料质量不合格，勘察人应负责无偿给予补充完善使其达到质量合格，若勘察人无力补充完善，需另委托其他单位时，勘察人应承担全部勘察费用，或因勘察质量造成重大经济损失或工程事故时，勘察人除应负法律责任和免收直接受损失部分的勘察费外，并根据损失程度向发包人支付赔偿金，赔偿金由发包人、勘察人商定为实际损失的_____%。

在勘察、设计、监理、造价咨询等工程服务合同中，提供服务的一方经常通过合同对失误造成的损失赔偿额进行封顶，从而进退裕如。作为投资方，应坚决摒弃这种又想挣钱，又不想承担责任的取巧思维方式，应当坚决果断地删除类似的规定。就本合同而言："勘察人除应负法律责任和免收直接受损失部分的勘察费外，并根据损失程度向发包人支付赔偿金，赔偿金由发包人、勘察人商定为实际损失的_____%。"这句要改为勘察人承担发包人的全部直接损失和间接损失。

5.2.3 在工程勘察前，提出勘察纲要或勘察组织设计，派人与发包人的人员一起验收发包人提供的材料。

5.2.4 勘察过程中，根据工程的岩土工程条件（或工作现场地形地貌、地质和水文地质条件）及技术规范要求，向发包人提出增减工作量或修改勘察工作的意见，并办理正式的变更手续。

5.2.5 在现场工作的勘察人的人员，应遵守发包人的安全保卫及其他有关的规章制度，承担其有关资料保密义务。

5.2.6 本合同有关条款规定和补充协议中勘察人应负的其他责任。

第六条 违约责任

6.1 由于发包人未给勘察人提供必要的工作生活条件而造成停、窝工或来回进出场地，发包人除应付给勘察人停、窝工费（金额按预算的平均工日产值计算），工期按实际工日顺延外，还应付给勘察人来回进出场费和调遣费。

由于勘察人来回进出场费和调遣费的数额难以确定，而且很可能超出合同标的。因此应当将本条删掉。

6.2 由于勘察人原因造成勘察成果资料质量不合格，不能满足技术要求时，其返工勘察费用由勘察人承担。

6.3 合同履行期间，由于工程停建而终止合同或发包人要求解除合同时，勘察人未进行勘察工作的，不退还发包人已付定金，已进行勘察工作的，完成的工作量在50%以内时，发包人应向勘察人支付预算额50%的勘察费计 ／ 元，完成的工作量超过50%时，则应向勘察人支付预算额100%的勘察费。

预算额的说法不准确，容易被理解为工程造价金额。因此应当将预算额改为勘察费。

6.4 发包人未按合同规定时间（日期）拨付勘察费，每超过一日，应偿付未支付勘察费的千分之一逾期违约金。

6.5 由于勘察人原因未按合同规定时间（日期）提交勘察成果资料，每超过一日，应减收勘察费千分之一。

6.6 本合同签订后，发包人不履行合同时，无权要求返还定金，勘察人不履行合同时，双倍返还定金。

违约条款部分还需要补充：非发包人原因，勘察人逾期10日没有进场开工，或者非发包人原因，逾期10日提交勘察报告等勘察成果，发包人有权解除合同，勘察人退还勘察费并赔偿损失。

第七条 本合同未尽事宜，经发包人与勘察人协商一致，签订补充协议，补充协议与本合同具有同等效力。

第八条 其他约定事项：无

第九条 本合同在履行过程中发生的争议，由双方当事人协商解决，协商不成的按下列第一种方式解决：

（一）提交某 仲裁委员会仲裁，

（二）依法向发包人所在地人民法院起诉。

第十条　本合同自发包人、勘察人签字盖章后生效，按规定到省级建设行政主管部门规定的审查部门备案，发包人、勘察人认为必要时，到项目所在地工商行政管理部门申请签证。发包人、勘察人履行完合同规定的义务后，本合同终止。

本合同一式五份，发包人三份、勘察人一份，审查机构一份。

发包人名称：（盖章）　　　　　勘察人名称：（盖章）

法定代表人：（签字）　　　　　法定代表人：（签字）

委托代理人：（签字）　　　　　委托代理人：（签字）

2021 年 11 月 22 日

第三节　建设工程设计合同

建设工程设计合同
（民用建设工程设计合同）

工程名称：　某高校新校区二期工程

工程地点：　某市

合同编号：　1002

设计证书等级：甲级

发　包　人：某高校

设　计　人：朔方设计研究院

签订日期：　2010 年 8 月

发包人：某高校

设计人：朔方设计研究院

发包人委托设计人承担某高校新校区二期工程设计，经双方协商一致，签订本合同。

第一条 本合同依据下列文件签订：

1.1《合同法》《建筑法》和《建设工程勘察设计市场管理规定》。

1.2 国家及地方有关建设工程勘察设计管理法规和规章。

1.3 建设工程批准文件。

按照《建筑法》规定，设计文件需要依据地勘报告，所以在《设计合同》的设计依据中一定要明确所依据的地勘报告。有时一个工程有多份地勘报告，这时设计文件依据的地勘报告一定要准确。有时工程变更，例如原设计 40 米，现在建筑物加长了 20 米，那么这个加长部分一定要有《补充勘察报告》。否则该设计就违反了《建筑法》《建筑设计规范》，尤其重要的是，可能会导致工程事故。

第二条 本合同设计项目的内容：名称、规模、阶段、投资及设计费等见下表。

序号	分项目名称	建筑规模		设计阶段及内容			估算总投资（万元）	费率%	估算设计费（元）
		层数	建筑面积（平方米）	方案	初步设计	施工图			
1	图书馆		13 262.4	V		V			331 560
2	教学楼		35 400	V		V			885 000
3	实验楼（土木系、机械系）		14 620.4	V		V			365 510
4	实验楼（城建系）		7315.2	V		V			178 380
5	校医院		2350	V		V			23 500
6	大门			V		V			30 000
7	二期初步设计								100 000
合计									1 913 950

序号	分项目名称	建筑规模		设计阶段及内容			估算总投资（万元）	费率%	估算设计费（元）
		层数	建筑面积（平方米）	方案	初步设计	施工图			
说明	1、部分单项工程设计费按单位建筑面积计算，取费标准： 1）图书馆、教学楼、实验楼：25 元/平方米； 2）校医院：10 元/平方米； 2、建筑面积以最后方案核准，设计费依此核定； 3、不包括垃圾处理站。								

第三条　发包人应向设计人提交的有关资料及文件：

序号	资料及文件名称	份数	提交日期	有关事宜
1	设计委托任务书	1		
2	地质勘察报告	1		
3	电子版现状地形图	1		
4	场地四周市政道路管网图	1		

第四条　设计人应向发包人提交的有关资料及文件：

序号	资料及文件名称	份数	提交日期	有关事宜

　　设计人向发包人提交的资料部分一定不能留有空白，要按照实际需求填写，例如建筑设计、初步设计、技术设计、施工图设计图纸等等。还要有对于施工图套数的要求，例如施工图八套。

　　如果此表格呈现空白，那么就不能体现一百多万设计费的对价，就无法体现设计人所要履行的义务。此外一定要明确提交各种图纸的具体时间。因为设计图纸与施工工期密切相连，逾期提供图纸，会导致施工工期延误。而图纸延误，属于发包人责任。不仅工期顺延，而且将引起承包人向发包人索赔停工、窝工的经济损失。

第五条 本合同设计费估算为壹佰玖拾壹万叁仟玖佰伍拾元人民币。设计费支付进度见下表。

付费次序	占总设计费（%）	付费额（元）	付费时间（由交付设计文件所定）
第一次付费	20	382 790	合同签订后 3 日内
第二次付费	70	1 339 765	施工图交付甲方后 5 日内
第三次付费	10	191 395	工程竣工验收后 5 日内

说明：

5.1 提交各阶段设计文件的同时支付各阶段设计费。

5.2 实际建筑与估算建筑面积出现较大差额时，双方另行签订补充协议。

发包方与设计方采用的往往是住建部和原国家工商行政管理总局制订的《合同范本》，本条 5.1 和 5.2 是范本的固定格式。然而本条往往与双方依据意思自治原则约定的设计费支付时间相冲突。因此在任意性条款或者专用条款部分应当明确，当制式文本与当事人约定，打印部分与手填部分发生冲突时，以后者为准。

第六条 双方责任

6.1 发包人责任

6.1.1 发包人按本合同第三条规定的内容，在规定的时间内向设计人提交资料及文件，并对其完整性、正确性及时限负责，发包人不得要求设计人违反国家有关标准进行设计。

发包人提交上述资料及文件超过规定期限 15 日以内，设计人按合同第四条规定交付设计文件时间顺延，超过规定期限 15 日以上时，设计人员有权重新确定提交设计文件的时间。

提交设计文件的时间一定要由发包人决定，作为投资人，发包人有这个权利，发包人一定要掌握主动，不能"太阿倒持，授人以柄"。一方面，自身不能首先违约，晚交设计资料；另一方面，如果出现晚交的情况，也要协商解决，顺延时间解决，不能因此由设计方来决定提交设计文件的具体时间。

6.1.2 发包人变更委托设计项目、规模、条件或因提交的资料错误，或所提交资料作较大修改，以致造成设计人设计需返工时，双方除需另行协商签订补充协议（或另订合同）、重新明确有关条款外，发包人应按设计人所耗工作量向设计人增付设计费。在未签订合同前发包人已同意，设计人为发包人所做的各项设计工作，应按收费标准，相应支付设计费。

6.1.3 发包人要求设计人比合同规定时间提前交付设计资料及文件时，如果设计人能够做到，发包人应根据设计人提前投入的工作量，向设计人支付赶工费。

6.1.4 发包人应为派赴现场处理有关设计问题的工作人员，提供必要的工作、生活及交通等方便条件。

6.1.5 发包人应保护设计人的投标书、设计方案、文件、资料图纸、数据、计算软件和专利技术。未经设计人同意，发包人对设计人交付的数据资料及文件不得擅自修改、复制或向第三人转让或用于本合同外的项目，如发生以上情况，发包人应负法律责任，设计人有权向发包人提出索赔。

6.2 设计人责任：

6.2.1 设计人应按国家技术规范、标准、规程及发包人提出的设计要求，进行工程设计，按合同规定的进度要求提交质量合格的设计资料，并对其负责。

6.2.2 设计人采用的主要技术标准是：国家现行的各专业的设计规范和标准。

采用这种方式约定设计标准，是不专业的表现。只有明确设计规范，才能以之为准绳，确定设计成果是否符合质量要求。因此一定不能笼统约定，要具有针对性地详细规定。不仅明确设计规范和标准的具体名称，还要明确国家标准的文号和发布日期。

例如，对地基和基础进行设计时，明确依据的标准为《建筑地基基础设计规范》（GB50007-2002），如果地勘报告显示地基部分存在湿陷性黄土，需要使用三七灰土等对湿陷性黄土进行处理，则需要依据《湿陷性黄土地区建筑规范》（GB50025-2004）。

6.2.3 设计合理使用年限为 ___50___ 年。

设计年限50年是《建设工程质量管理条例》中规定的最低年限，发包人往往盲从了设计方的安排，同意按照使用寿命50年来设计，这非常不合理。

高校建筑迥然于普通工业与民用建筑，尤其是图书馆、体育馆、博物馆、教学主楼、校门等地标性建筑，承载着高校的校园文化和历史，决不能仅仅存在50年，因此应当具有历史远见，设计年限应该达到100年，甚至200年。这是高校独特的人文特征决定的。

6.2.4 设计人按本合同第2条和第4条规定的内容、进度及份数向发包人交付资料及文件。

6.2.5 设计人交付设计资料及文件后，按规定参加有关的设计审查，并根据审查结论负责对不超出原定范围的内容做必要调整补充。设计人按合同规定时限交付设计资料及文件，本年内项目开始施工，负责向发包人及施工单位进行设计交底、处理有关设计问题和参加竣工验收。在一年内项目尚未开始施工，设计人仍负责上述工作，但应按所需工作量向发包人适当收取咨询服务费，收费额由双方商定。

6.2.6 设计人应保护发包人的知识产权，不得向第三人泄露、转让发包人提交的产品图纸等技术经济资料。如发生以上情况并给发包人造成经济损失，发包人有权向设计人索赔。

第七条 违约责任

7.1 在合同履行期间，发包人要求终止或解除合同，设计人未开始设计工作的，不退还发包人已支付的定金，已开始设计工作的，发包人应根据设计人已进行的实际工作量，不足一半时，按该阶段设计费的一半支付，超过一半时，按该阶段设计费的全部支付。

7.2 发包人应按本合同第 5 条规定的金额和时间向设计人支付设计费，每逾期支付一天，应承担支付金额千分之二的逾期违约金。逾期超过 30 天时，设计人有权暂停履行下阶段工作，并书面通知发包人。发包人的上级或设计审批部门对设计文件不审批或本合同项目停缓建，发包人均按 7.1 条规定支付设计费。

7.3 设计人对设计资料及文件出现的遗漏或错误负责修改或补充。由于设计人员错误造成工程质量事故损失，设计人除负责采取补救措施外，应免收直接受损失部分的设计费。损失严重的根据损失的程度和设计人责任大小向发包人支付赔偿金，赔偿金按设计保险的赔偿金额赔付。

很多设计合同，尤其是住建部设计合同范文，都以设计费总额对设计造成的损失赔偿进行封顶，这是一个原则性的问题，一定要约定，设计单位设计失误，给发包人造成损失时，应当据实赔偿发包人的直接损失和间接损失，绝不能以免收设计费等方式不承担设计责任。

应当向设计单位明确，如果要承揽本工程设计，就要勇于承担责任。不能既要获得设计费，又不想承担责任。这种思维方式是完全错误的。权利和义务相一致是法律的基本原则，无论发包人和设计单位，都应当本着公平的原则，保持责、权、利一致，不要有刻意回避风险与责任的思想和做法，否则就不要承揽这个工程。

7.4 由于设计人自身原因，延误了按本合同第 4 条规定的设计资料及设计文件的交付时间，每延误一天，应减收该项目应收设计费的千分之二。

7.5 合同生效后，设计人要求终止或解除合同，设计人应双倍返还定金。

第八条　其他

8.1 发包人要求设计人派专人留驻施工现场进行配合解决有关问题时，双方应另行签订补充协议或技术咨询服务合同。

8.2 设计人为本合同项目所采用的国家或地方标准图，由发包人自费向有关出版部门购买。本合同第 4 条规定设计人支付的设计资料及文件份数超过《工程设计收费标准》规定的份数，设计人另收工本费。

8.3 本工程设计资料及文件中，建筑材料、建筑构配件和设备，应当注明其规格、型号、性能等技术指标，设计人不得指定生产厂、供应商。发包人需要设计人的设计人员配合加工订货时，所需要费用由发包人承担。

8.4 发包人委托设计人配合引进项目的设计任务，从询价、对外谈判、国内外技术考察直至建成投产的各个阶段，应吸收承担有关设计任务的设计人参加。出国费用，除制装费外，其他费用由发包人支付。

8.5 发包人委托设计人承担本合同内容之外的工作服务，另行支付费用。

8.6 由于不可抗力因素致使合同无法履行时，双方应及时协商解决。

本条应当修改为："由于不可抗力因素致使合同无法履行时，双方互不追究对方责任。"

8.7 本合同在履行过程中发生的争议，由双方当事人协商解决，协商不成的按下列第(一)种方式解决：

（一）提交（ 当地 ）仲裁委员会仲裁。

（二）依法向人民法院起诉。

本条应当修改为："双方在履行合同过程中产生纠纷的，协商解决。协商不成的，交某仲裁委员会裁决"。以明确具体的仲裁机构。

8.8 本合同一式 6 份，发包人 3 份，设计人 3 份。

8.9 本合同经双方签章并在发包人向设计人支付定金后生效。

本条应改为："本合同经双方签字并盖章后生效。"

8.10 本合同生效后，按规定到项目所在省级建设行政主管部门规定的审查部门备案。双方认为必要时，到项目所在地工商行政管理部门申请签证。双方履行完合同规定的义务后，本合同即行终止。

本条属于无害但无用条款，应当删去。

8.11 本合同未尽事宜，双方可签订补充协议，有关协议及双方认可的来往电报、传真、会议纪要等，均为本合同组成部分，本合同具有同等法律效力。

8.12 其他约定事项：＿＿＿＿＿＿＿＿＿＿＿

发包人名称：　　　　　　　　　　　设计人名称：

（盖章）　　　　　　　　　　　　　　　（盖章）

第四节　建设工程施工合同（一）

发包人：某高校（以下简称"甲方"）

承包人：某市安装工程有限公司（以下简称"乙方"）

因为承包人非本地公司，所以应当补充其统一社会信用代码、住所、法定代表人、开户行、银行账号等信息。另外应当将承包人营业执照、资质证书、法定代表人身份证的复印件作为合同的附件。

依照《合同法》《建筑法》及其他有关法律、行政法规，遵循平等、自愿、公平和诚实信用的原则，双方就本工程施工事项协商一致，订立本合同。

一、工程名称：某高校新校区供热管网改造及凝结水回收工程。

二、承包范围及内容：原有管网管沟拆除回填，新做管线凝结水箱制作安装，管道安装等。

承包范围指分部分项工程的内容，例如土建、安装等。承包内容指标的物的特征，例如楼号、围墙、大门等。鉴此，本条应当细化管网管沟的位置、长度、深度等。

三、承包方式：包工包料

承包方式一般分为劳务（清包工）和重包（包工包料），本条所约定的方式就是承包人投入人工、材料、机械的建筑安装承包。

四、质量等级：合格

五、施工工期：2008 年 8 月 20 日~2008 年 12 月 28 日

六、合同价款：暂定壹佰伍拾万元。

按照施工图纸实际完成工作量及现场签证，结算时依据同期河北省建筑及安装工程预算定额综合基价和相关费率及某市同期造价信息据实计算。以最终结算审计为准。

对于发包人而言，按照施工图纸实际完成工作量及现场签证结算的方式是风险最大的一种结算方式，因为这种情况下承包人会努力扩充工程量，尽量多地获得签证，很可能最终的结算额远远超出发包人的预期。

本条最后一句"以最终结算审计为准"，试图以审计控制工程造价，但是如果承包人对审计程序以及审计结果提出疑问，那么发包人就会使合同目的落空。

合同价款暂定为 150 万（壹佰伍拾万）元，在审计后超过这个价款的，也可能被审计部门怀疑故意回避工程招标。因为按照原国家计委 2000 年 3 号令，单项工程超过 200 万元的，就必须走招标程序。就本案而言，壹佰伍拾万元是一个不确定数字，一旦超过 200 万元，就应当通过招标来确定承包人。而工程竣工结算时，才确定工程价款超过 200 万元，再回头补招标手续显然已经不可能了。此时组织发包的工作人员就会陷入比较尴尬的境地。

正确的做法是，将合同价款约定为固定总价，在工程量不增不减的情况下，就以约定的价格结算。如果工程量增加，与以前相同的工程量以相同的价格结算，与以前类似的工程量参照其结算，以前没有的工程量按照签约时工程所在地定额以及信息价结算。

如果要以审计报告作为工程结算的依据，那么发包人和承包人应当在合同中共同确定造价审计机构，并约定审计结果对双方具有法律约束力。这样才能达到预期目的，否则该审计会被认为属于行政审计，对相对人不具有约束力。

七、工程款支付：本工程无预付款，按月进度支付形象进度的 75%，工程完成，经甲方验收，支付到合同总价的 95%，余 5% 质保金一个采暖期结束

后 15 日内，质保金一次性支付乙方。

本条的约定比较模糊，正确的方法应当是承包人按月提供工程量进度报表，并提交工程量支付申请。发包人经过计量，认为工程量无误的情况下，支付进度款至 75%。甲方验收合格后支付到 95%。质保期最少要两年或者两个采暖期。而本合同仅仅约定了一个采暖期，实在难以保障暖气管沟改造的效果和质量。

八、其他事宜双方协商解决。

本条的约定相当模糊，该约定的没有约定，草草付之阙如，失之笼统。

第一，本合同缺乏承发包权利和义务条款，例如，甲方提供图纸、乙方提供进场材料的出厂合格证、检疫证书，等等。

第二，本施工合同缺乏质量验收标准，这会导致承发包双方在已完工程质量是否合格方面产生分歧。因此施工合同一定要有验收标准，最低采用国家标准。也可以采用企业标准、行业标准、外国标准等。并且要明确标准的名称、制订部门，颁布年限、标准的文号等。

第三，本合同欠缺违约责任条款，从而使正面约定形同虚设。正确的做法是，补充一条作为违约责任，约定发包人提供图纸延误，工期顺延。逾期支付工程款时，每逾期一日，按照拖欠款项 0.3% 支付违约金。承包人延误工期时，每逾期一日，按照拖欠款项 0.3% 支付违约金。工程质量出现不合格时，承包人应当修理、重做等。延误工期超过 15 天，发包人有权解除合同。质量不合格，经催告整改，逾期 3 天不回复，或者两次整改仍不合格的，发包人有权解除合同，同时有权向承包人主张工程索赔。

第四，本合同应当约定双方驻工地的联系人、电话以及授权范围，由于工程标的额不大，双方联系人均应当在工期、质量和造价方面均有签字权利。

第五，应当补充争端解决条款，由于承包人非本地企业，因此应当约定产生纠纷时，由某仲裁委员会裁决。

九、本合同一式陆份，甲、乙双方各执叁份，具有同等法律效力。

甲方：（盖章）　　　　　　　　乙方：（盖章）

法定代表人（签字）　　　　　　法定代表人（签字）

委托代理人（签字）　　　　　　委托代理人（签字）

　　　　年　月　日　　　　　　　　　　年　月　日

附件一：乙方营业执照、资质证书复印件和法定代表人身份证复印件

附件二：授权委托书

第五节　建设工程施工合同（二）

第一部分　协议书

发包方（全称）：某高校

承包商（全称）：某市建欣市政工程有限公司

根据国家有关法律、法规及有关文件，遵循平等、自愿、公平和诚实信用的原则，发包人将某高校供电专线土建工程（长城路至胜利路）承包给某市建欣市政工程有限公司施工，为保证工程质量及工期要求，使工程进展顺利，特拟定以下协议条款：

一、工程概况

1. 工程名称：<u>某高校教学楼主楼</u>；

2. 工程地点：<u>某高校新校区</u>；

3. 工程内容：<u>教学主楼一栋，八层，框剪结构，建筑面积三万平方米</u>；

4. 工程立项批准文号：<u>根据《国务院关于投资体制改革的决定》《政府核准的投资项目目录（2016年本）》，政府按照不同的投资主体，分别采用审批制、核准制和备案制。例如政府投资项目就是审批制，社会投资项目就是核准制或者备案制。因此应当按照政府的规定履行审批、核准或者备案手续，并准确填写相应的立项批准文号。</u>

5. 资金来源：<u>资金来源的方式包括：自有资金、政府拨款、银行贷款、企业债券、股权融资、债券融资、夹层融资、短期汇票、私募债、融资租赁、民间借贷、委托贷款、票据置换、股权信托计划、房地产信托投资、保险资产债权融资计划、住房公积金贷款、有限合伙融资、项目融资等。</u>

发包人应根据资金来源的实际情况填写本栏。

二、工程承包范围：土建、安装、水暖电，消防，人防等施工图范围内的全部工程

很多人不了解工程内容和承包范围的区别，有时这两处文字内容一样，有时两处文字内容恰好颠倒。所以此处要注意正确的表达方式。

三、合同工期
开工日期：2008 年 5 月 1 日
竣工日期：2010 年 4 月 30 日

开工日期除了协议书的表述，还可能有多种表述形式，例如监理的开工令、《施工许可证》上记载的开工日期、实际进场的日期等等。如果上述日期不一致，一律以实际进场时间为准。

竣工日期也是如此，各种文件记载不一致时，以实际竣工日期为准。

《建工司法解释》第 8 条规定："（一）建设工程经竣工验收合格的，以竣工验收合格之日为竣工日期，（二）承包人已经提交竣工验收报告，发包人拖延验收的，以承包人提交验收报告之日为竣工日期，（三）建设工程未经竣工验收，发包人擅自使用的，以转移占有建设工程之日为竣工日期。"

四、质量标准：合格
五、签约合同价与合同价格形式
1. 签约合同价为：人民币（大写）8000 万元（¥捌仟万元）；

根据工程是否招标，必须招标的工程，签约合同价应当与中标通知书上的合同价款一致，否则可能导致合同无效。不是必须招标的工程，签约合同价由发包人和承包人按照市场经济意思自治的原则合意一致达成，可以与定额价或者工程量清单报价不一致。定额报价的情况下，如果实际发生的工程量发生变化，风险由承包人承担。工程量清单报价的情况下，如果实际发生的工程量发生变化，风险由发包人承担。

其中：

（1）安全文明施工费：

人民币（大写）_____（¥_____元）；

安全文明施工费5%左右，为税后的签约合同价乘以省政府建设主管部门发布的比例。这笔费用要在申请《施工许可证》之前预存到政府指定的银行专用账户。

（2）材料和工程设备暂估价金额：

人民币（大写）_____（¥_____元）；

材料和工程设备暂估价金额是用于支付必然发生但暂时不能确定价格的材料设备金额。

（3）专业工程暂估价金额：

人民币（大写）_____（¥_____元）；

专业工程暂估价金额是用于支付必然发生但暂时不能确定价格的专业工程金额。

（4）暂列金额：

人民币（大写）_____（¥_____元）。

暂列金额是招标人在工程量清单中暂定并包括在合同价款中的一笔款项。

2. 合同价格形式：合同价格形式包括总价合同、单价合同以及其他形式。工程量清单报价均为单价合同。

六、项目经理

承包人项目经理：_____。

加盖承包人公章的该项目经理委任书复印件、身份证复印件、从业资质证书复印件应当作为施工合同的附件。

大中型建设项目的项目经理应当具有注册建造师的注册证书和执业印章。一级建造师可以担任一级建筑企业的项目经理。二级建造师只能担任二级以下建筑企业的项目经理。

因此，协议书上载明的项目经理应当符合《建筑法》《建设工程质量管理条例》《注册建造师管理规定》和《建造师执业资格制度暂行规定》等规范性文件的相关规定

七、合同文件构成

本协议书与下列文件一起构成合同文件：

（1）中标通知书（如果有）；（2）投标函及其附录（如果有）；（3）专用合同条款及其附件；（4）通用合同条款；（5）技术标准和要求；（6）图纸；（7）已标价工程量清单或预算书；（8）其他合同文件。

在合同订立及履行过程中形成的与合同有关的文件均构成合同文件组成部分。

上述各项合同文件包括合同当事人就该项合同文件所作出的补充和修改，属于同一类内容的文件，应以最新签署的为准。专用合同条款及其附件须经合同当事人签字或盖章。

八、承诺

1. 发包人承诺按照法律规定履行项目审批手续、筹集工程建设资金并按照合同约定的期限和方式支付合同价款。

2. 承包人承诺按照法律规定及合同约定组织完成工程施工，确保工程质量和安全，不进行转包及违法分包，并在缺陷责任期及保修期内承担相应的工程维修责任。

3. 发包人和承包人通过招投标形式签订合同的，双方理解并承诺不再就同一工程另行签订与合同实质性内容相背离的协议。

九、词语含义

本协议书中词语含义与第二部分通用合同条款中赋予的含义相同。

十、签订时间

本合同于_____ 年___月___ 日签订。

《民法典》规定，承诺到达时合同成立。对于必须招标的工程项目，中标通知书送达承包人时，合同即告成立。对于不是必须招标的工程项目，但是也通过招标签订合同的，也是中标通知书送达承包人时，合同即告成立。只有不必招标、实际也没有招标的合同以《协议书》签订的时间作为合同成立的时间。

合同成立时间的法律意义在于界定双方享有权利和履行义务的起始时间。例如合同约定合同成立后发包人应在约定期限内支付工程预付款的，合同签订时间即成为工程款支付的节点。如果发包人没有按时支付预付款，就可能承担违约责任。

最高人民法院《关于审理建设工程施工合同纠纷案件适用法律问题的解释》第 16 条规定："当事人对建设工程的计价标准或者计价方法有约定的，按照约定结算工程价款。因设计变更导致建设工程的工程量或者质量标准发生变化，当事人对该部分工程价款不能协商一致的，可以参照签订建设工程施工合同时当地建设行政主管部门发布的计价方法或者计价标准结算工程价款。"这就意味着发生设计变更时，计价标准和计价方式可能要与合同签订时间相关。例如签约时是 2007 年，而双方直到 2010 年才开始结算。发包方要使用 2008 年定额，而承包方要使用 2012 年定额。在这种情况下，就应当根据司法解释适用 2008 年定额。

十一、签订地点

本合同在＿＿＿＿＿＿＿＿＿＿＿＿＿＿＿＿＿＿＿＿＿＿＿签订。

如果双方在争议解决条款中约定了仲裁管辖或者诉讼管辖，签约地点可能成为未来仲裁或者法院的管辖地。

十二、补充协议

合同未尽事宜，合同当事人另行签订补充协议，补充协议是合同的组成部分。

十三、合同生效

本合同自＿＿＿＿生效。

合同成立是事实判断，合同生效是价值判断。前者双方合意即成立，后者是履行了约定条件或者法定的程序、不违反法律、不违反公序良俗即生效。

因此通常情况下，合同成立时间即合同生效时间。但是如果合同附条件、附期限，则应当条件成就时生效。法定的批准、登记手续完成时合同生效。

对于必须招标的合同，虽然《招标投标法》规定合同应当备案，但是这个备案手续不是合同生效的条件，只是行政部门的管理型规定，而非效力性规定。因此即使招标的合同没有备案，也不影响建设工程合同的效力。

十四、合同份数

本合同一式____份，均具有同等法律效力，发包人执____份，承包人执____份。

发包人：____（公章）　　　　承包人：____（公章）

法定代表人或其委托代理人：(签字)　　法定代表人或其委托代理人：(签字)

组织机构代码：_____　　组织机构代码：_____

地　　址：_____　　地　　址：_____

邮政编码：_____　　邮政编码：_____

法定代表人：_____　　法定代表人：_____

委托代理人：_____　　委托代理人：_____

电　　话：_____　　电　　话：_____

传　　真：_____　　传　　真：_____

电子信箱：_____　　电子信箱：_____

开户银行：_____　　开户银行：_____

账　　号：_____　　账　　号：_____

由于承包人建筑队伍分布在五湖四海，加盖公章很不方便，因此建筑市场上，很多建筑公司刻有多枚公章。发包人签订合同时需要核实承包人的公章真伪，核实协议书上的公章与投标文件上的公章是否一致。此处不可仅仅加盖承包人项目部或者分公司的印章。一定要加盖承包人的法人公章或者合同专用章。

法定代表人签字处应当由法定代表人手签，而不是加盖法定代表人私章。

如果是授权代理人签字，一定要由其本人手签。同时合同附件中一定要附有授权代理人的授权委托书。

公司地址关系到公文送达和诉讼管辖地的确定，因此一定要认真填写。法定代表人、委托代理人、公司电话同样关系到双方信息的畅达，一定要填写完整。传真、电子邮箱、开户行、账号关系双方的信息沟通和工程款结算，因此一定要填写完整、准确。

建议双方在补充协议中签订联系人、地址、联系方式、开户行确认书，正是约定上述事项，并签字盖章。一方向上述人员、地址履行合同义务，即为合同适当履行。对方不得以未收到等理由否认履行行为。一方上述事项发生变动，必须在约定时间内通知对方，否则引起的后果由未履行通知义务一方负责。

合同一定要标明页码和页数，加盖骑缝章，以免一方换页。

第二部分　通用合同条款（略）

第三部分　专用合同条款（节选）

1. 一般约定

1.1 词语定义

1.1.1 合同

其他合同文件包括：双方可以根据需要将如下文件列入合同：补充协议、招标文件、有发承包双方指定代表参加的会议纪要、洽商变更记录、工地例会、工程变更指令、监理师发布的工程指令等。建议发包人将招标文件作为合同的组成部分。

1.1.2 合同当事人及其他相关方

1.1.2.4 监理人：

名　　称：＿＿＿＿＿＿＿＿＿＿＿

填写全称，与公章名称相一致。

资质类别和等级：＿＿＿＿＿＿＿＿＿＿＿

按照《工程监理企业资质管理规定》《工程监理企业资质等级标准》填写；

联系电话：＿＿＿＿＿＿＿＿＿＿＿＿＿；

电子信箱：＿＿＿＿＿＿＿＿＿＿＿＿＿；

通信地址：＿＿＿＿＿＿＿＿＿＿＿＿＿。

此处填写参照《协议书》相关内容。

1.1.2.5 设计人：＿＿＿＿＿＿＿＿＿＿＿

名　　称：＿＿＿＿＿＿＿＿＿＿＿＿＿

填写全称，与公章名称相一致。

资质类别和等级：＿＿＿＿＿＿＿＿＿＿

按照《工程监理企业资质管理规定》《工程监理企业资质等级标准》
填写。

联系电话：＿＿＿＿＿＿＿＿＿＿＿＿＿＿＿＿＿＿＿；

电子信箱：＿＿＿＿＿＿＿＿＿＿＿＿＿＿＿＿＿＿＿；

通信地址：＿＿＿＿＿＿＿＿＿＿＿＿＿＿＿＿＿＿＿。

此处填写参照《协议书》相关内容。

1.1.3 工程和设备

1.1.3.7 作为施工现场组成部分的其他场所包括：例如混凝土搅拌站。

1.1.3.9 永久占地包括：详见《建设用地规划许可证》。

1.1.3.10 临时占地包括：详见《建设用地规划许可证》。

1.3 法律

适用于合同的其他规范性文件：

1.4 标准和规范

1.4.1 适用于工程的标准规范包括：……

建设工程依据的很多文件都是国家发改委、财政部、住建部的部门规章。
而人民法院诉讼中并不以部委规章为裁判依据。因此发包人根据工程需要应
当将某些对自己有利的部委规章、地方性规章写入合同。一旦写入合同，就

对双方当事人产生约束力，就成为司法裁判的依据。例如《某市人民政府关于进一步加强建设工程质量与安全管理工作的意见》等。

1.4.2 发包人提供国外标准、规范的名称：＿＿＿＿＿＿

发包人提供国外标准、规范的份数：＿＿＿＿＿＿＿＿＿

发包人提供国外标准、规范的名称：＿＿＿＿＿＿＿＿＿

1.4.3 发包人对工程的技术标准和功能要求的特殊要求：＿＿＿＿

1.5 合同文件的优先顺序

合同文件组成及优先顺序为：＿＿＿＿＿＿＿＿＿＿＿

本条款是施工合同重点条款。

首先，应当按照文件名称用列举法排列合同文件的优先顺序。笔者建议发包人按照如下顺序安排合同文件的优先顺序：招标文件、补充协议、监理师签署的发包人工程变更指令、中标通知书、协议书、投标函及其附录、专用合同条款及其附件、通用合同条款、技术标准和要求、图纸、已标价工程量清单或者预算书等。其次，本条款应当约定文件冲突时的处理规则。例如不同文件以顺位在前者优先，同一性质数份文件以签订在后者优先，签章不全者与签章完整者冲突时后者优先，法定代表人签字文件优先于授权代理人签字文件，有监理师签字的文件优先于没有监理师签字的文件，有规范性文件依据的优先于没有规范性依据的，手写的优先于打印的，打印格式统一的优先于不统一的，有其他文件印证的优先于孤证等。例如，在某高速公路项目中，承包方按照发包方指令建设了两口机井、两个变电箱，这些内容不在施工合同示范文本内容里。补充协议中发包方会议纪要记载承包方免费为发包方建设两眼机井、两个变电箱。而承包人相应补充协议中没有这个内容。仔细阅读发现发包方会议纪要记载承包方免费为发包方建设两眼机井、两个变电箱部分共三行，而其后连续三张书页各自多出了一行，为23行，而之前之后书页均为每页22行。显然发包方的打印方式不正常。而会议纪要没有加盖骑缝章，显然为换页留下了隐患。这种情形就应当认定打印格式统一的优先于不统一的。

例如，工程专用合同条款关于外网管沟约定为砖混结构，而施工图纸以及说明均为国家标准，而国家标准是混凝土结构。后来施工单位按照砖混结构施工，结果交付使用后，外网管沟塌了300多米。发包方要求承包方修理，承包方拒绝。发包方雇佣其他施工单位重新建设，完毕后要求施工方承担修复费用，施工单位认为自己没有责任，要求发包方依约支付工程款。双方各执一词。这就涉及专用条款和图纸哪个优先问题。此外也涉及国家强制性标准与当事人约定的顺序优先性问题。

1.6 图纸和承包人文件

1.6.1 图纸的提供

发包人向承包人提供图纸的期限：＿＿＿＿＿＿＿＿

一般为开工前14天，提供图纸几乎是合同签订后发包人需要履行的第一个义务，如果发包人做不到提前14天，一定要考虑自己的实际情况，否则将构成违约在先，对整个合同的履行造成不好的影响。当然也不能因为担心违约在先而交付施工图过迟，否则承包人没有足够时间熟悉施工图，最终受损害的还是发包人自己。

发包人向承包人提供图纸的数量：＿＿＿＿＿＿＿＿

一般为四套。

发包人向承包人提供图纸的内容：＿＿＿＿＿＿＿＿

一般为总平面图、建筑图、结构图以及水、电、暖通等施工图。

1.6.2 承包人文件

需要由承包人提供的文件，包括：＿＿＿＿＿＿＿＿

施工方案、施工组织设计、大样图、加工图、工程竣工需要的经济、管理、技术资料以及质量保证书等。

承包人提供的文件的期限为：＿＿＿＿＿＿＿＿

该文件使用前14天。

承包人提供的文件的数量为：＿＿＿＿＿＿＿

一式六份。

承包人提供的文件的形式为：＿＿＿＿＿＿＿

五份纸质版，一份电子版。

发包人审批承包人文件的期限：＿＿＿＿＿＿＿

委托监理人7天内审查完承包人提供的文件。

1.6.3 现场图纸准备

关于现场图纸准备的约定：＿＿＿＿＿＿＿

无特殊情况就约定"执行通用条款"。

1.7 联络

1.7.1 发包人和承包人应当在（　　）天内将与合同有关的通知、批准、证明、证书、指示、指令、要求、请求、同意、意见、确定和决定等书面函件送达对方当事人。

一般为1天~3天。

1.7.2 发包人接收文件的地点：＿＿＿＿＿＿＿＿＿

地点应是发包人的注册地址或者项目所在地的主要办事机构所在地。

发包人指定的接收人为：＿＿＿＿＿＿＿＿＿

应设专职或者兼职收发员以与项目经理分权制衡。接收的文件包括纸质版和电子版、原件和复印件。原件签章完整后交公司办公室存档，复印件由项目经理、资料员、收发员留存。

承包人接收文件的地点：_____

地点应是承包人的注册地址或者项目所在地的主要办事机构所在地。

承包人指定的接收人为：_____

应设专职或者兼职收发员以与项目经理分权制衡。接收的文件包括纸质版和电子版、原件和复印件。原件签章完整后交公司办公室存档，复印件由项目经理、资料员、收发员留存。

监理人接收文件的地点：_____

地点应是承包人的注册地址或者项目所在地的主要办事机构所在地，

监理人指定的接收人为：_____

应设专职或者兼职收发员以与项目经理分权制衡。接收的文件包括纸质版和电子版、原件和复印件。原件签章完整后交公司办公室存档，复印件由项目经理、资料员、收发员留存。

1.7 这个部分应通过补充协议签订联系方式确认书，明确联系人、职务、联系电话、双方接收文件地址、电子邮箱、传真号、银行账号等。并且约定一方上述内容发生改变应当立即通知对方，否则对方送达到约定地址即为有效送达，由此引起的不利后果由怠于通知一方承担。

1.10 交通运输

1.10.1 出入现场的权利

关于出入现场的权利的约定：_____

如无特别约定，填写"执行通用条款"。

1.10.3 场内交通

关于场外交通和场内交通的边界的约定：

一般以围栏为界。

关于发包人向承包人免费提供满足工程施工需要的场内道路和交通设施的约定：_____

如无特别约定，填写"执行通用条款"。

1.10.4 超大件和超重件的运输

运输超大件或超重件所需的道路和桥梁临时加固改造费用和其他有关费用由承包人承担。

1.11 知识产权

1.11.1 关于发包人提供给承包人的图纸、发包人为实施工程自行编制或委托编制的技术规范以及反映发包人关于合同要求或其他类似性质的文件的著作权的归属：

填写"执行通用条款"。

关于发包人提供的上述文件的使用限制的要求：_____

填写"执行通用条款"。

1.11.2 关于承包人为实施工程所编制文件的著作权的归属：_____

同上。

关于承包人提供的上述文件的使用限制的要求：_____

同上。

1.11.4 承包人在施工过程中所采用的专利、专有技术、技术秘密的使用费的承担方式：_____

同上。

1.13 工程量清单错误的修正

出现工程量清单错误时，是否调整合同价格：＿＿＿＿＿＿＿＿＿＿＿

如果是按定额计价，工程量变化的风险由承包人承担。如果是按工程量清单计价，工程量变化的风险由发包人承担。如为固定总价合同，没有识别工程量的漏项等错误，也是承包人的风险范围。

允许调整合同价格的工程量偏差范围：＿＿＿＿＿＿＿＿＿＿＿＿＿

通用条款为大于包括等于 15%。，双方也可以另行约定。

2. 发包人

2.2 发包人代表

发包人代表：＿＿＿＿＿＿＿＿

姓　　名：＿＿＿＿＿＿＿＿＿

身份证号：＿＿＿＿＿＿＿＿＿

职　　务：＿＿＿＿＿＿＿＿＿

联系电话：＿＿＿＿＿＿＿＿＿

电子信箱：＿＿＿＿＿＿＿＿＿

通信地址：＿＿＿＿＿＿＿＿＿

以上内容按"执行通用条款"填写。

发包人对发包人代表的授权范围如下：这一款对于发包人非常重要。首先，应当列出发包人代表被授予的具体权限，其次每种权限都应加以时间或者金额限制，时间或者金额限制既要有单笔限制，也要有总体的限制，同时要对超越发包人代表的权限的救济手段作出规定，再次授权应有阶段限制，最后应对发包人代表更换的程序和前后衔接作出规定。例如：①顺延工期（单次 3 天，总计 60 天）；②质量监督；③签认预付款、进度款（单笔 20 万元以下，否则需要有发包人法定代表人签字）；④发布暂停施工令（单次 10 天以下，总计 90 天以下）；⑤工程变更或者其他签证（单笔 10 万元以下，总计 100 万以下）；⑥组织竣工验收；⑦签发复工令；⑧签认竣工报告。

超越发包方代表授权范围的签证由发包方法定代表人签字、加盖公章方才有效。

2.4 施工现场、施工条件和基础资料的提供

2.4.1 提供施工现场

关于发包人移交施工现场的期限要求：_____

本条对于发包方特别重要。首先本条一般执行通用条款，即开工前 7 天。但是本条最重要的是要通过《补充协议》确定施工现场的面积以及"四至"，严格限制承包人施工现场的范围，尤其要限制承包人对相邻楼座、其他标段、后期开盘等场地的限制。其次要约定施工场地的占用时间，当约定的占用时间内工程没有完工并交付使用的，双方书面展延施工场地的使用期限。最后一定约定超越约定时间占用施工场地的违约责任，例如合同解除或者合同终止后，拒不撤出施工现场的，每日支付违约金 2000 元。

此外，双方还应当通过《补充协议》，约定现场统一管理协议，明确施工现场各方主体的权利和义务。

2.4.2 提供施工条件

关于发包人应负责提供施工所需要的条件，包括：_____

一般为"三通一平"。

2.5 资金来源证明及支付担保

发包人提供资金来源证明的期限要求：_____

填写"无"，不要填写"执行通用条款"。

发包人是否提供支付担保：_____

填写"无"，不要填写"执行通用条款"。

发包人提供支付担保的形式：_____

填写"无"，不要填写"执行通用条款"。

3. 承包人

3.1 承包人的一般义务

（9）承包人提交的竣工资料的内容：_____

见当地建筑档案馆《某市建筑工程档案移交目录》。

承包人需要提交的竣工资料套数：_____

一般为 5 套 。

承包人提交的竣工资料的费用承担：_____

承包方承担。

承包人提交的竣工资料移交时间：_____

提交《竣工报告》前备齐资料，监理师检查无误后签字确认。观感验收前提交建筑档案馆验收。建筑档案馆验收合格后进行竣工验收，竣工验收合格后 7 天内提交。

承包人提交的竣工资料形式要求：_____

纸质版四套，电子版一套。

（10）承包人应履行的其他义务：_____

严格执行建筑节能等法律规定，在施工过程中控制噪声、扬尘、注意环保、节约能源、杜绝浪费。

3.2 项目经理

3.2.1 项目经理：

姓　　名：＿＿＿＿＿＿＿＿＿＿＿＿＿＿

身份证号：＿＿＿＿＿＿＿＿＿＿＿＿＿＿

建造师执业资格等级：＿＿＿＿＿＿＿＿

建造师注册证书号：＿＿＿＿＿＿＿＿＿

建造师执业印章号：＿＿＿＿＿＿＿＿＿

安全生产考核合格证书号：＿＿＿＿＿＿

联系电话：＿＿＿＿＿＿＿＿＿＿＿＿＿

电子信箱：＿＿＿＿＿＿＿＿＿＿＿＿＿

通信地址：＿＿＿＿＿＿＿＿＿＿＿＿＿

3.2.2. 承包人对项目经理的授权范围如下：＿＿＿＿＿＿＿＿＿＿

本条对于发包人特别重要，一般应作如下规定：执行通用条款。补充约定如下：①代表承包人履行施工合同，②收、发工程联系单，与本工程相关的分包、采购、聘任合同的签订，③提交竣工验收申请，④签署最终结清证书。

关于项目经理每月在施工现场的时间要求：＿＿＿＿＿＿＿＿＿＿

一般约定 25 天。

承包人未提交劳动合同，以及没有为项目经理缴纳社会保险证明的违约责任：限期 3 日内补交，并承担违约金 1 万元，3 日内未能补交，承担违约金 5 万元，发包人有权要求更换项目经理，15 日内仍不能补交的，发包人有权解除合同，承包人承担拒绝履约的违约责任。

项目经理未经批准，擅自离开施工现场的违约责任：擅离 3 日内的，承担违约金 1 万元，5 日内未能返岗的，承担违约金 5 万元，发包人有权要求更换项目经理，15 日内仍不能返岗的，发包人有权解除合同，承包人承担拒绝履约的违约责任。

3.2.3 承包人擅自更换项目经理的违约责任：＿＿＿＿＿＿＿＿＿＿

发包人可以认可承包人更换的项目经理，但是承包人需承担违约金 5 万元，并承担因此导致的其他违约责任，发包人不认可承包人更换的项目经理，承包人坚持更换的，发包人有权解除合同，承包人需承担违约金 20 万元，并承担因此导致的其他违约责任。

3.2.4 承包人无正当理由拒绝更换项目经理的违约责任：＿＿＿＿＿＿＿＿

发包人有权解除合同，承包人需承担违约金 20 万元，并承担因此导致的其他违约责任。

3.3 承包人人员

3.3.1 承包人提交项目管理机构及施工现场管理人员安排报告的期限：＿＿＿＿

一般为进场前 7 日，且与投标文件一致。否则承包人承担合同价 5% 的违约金，同时发包人有权解除合同。

3.3.3 承包人无正当理由拒绝撤换主要施工管理人员的违约责任：＿＿＿＿

发包人有权解除合同，承包人需承担违约金 10 万元，并承担因此导致的其他违约责任。

3.3.4 承包人主要施工管理人员离开施工现场的批准要求：＿＿＿＿＿＿

发包人有权解除合同，承包人需承担违约金 10 万元，并承担因此导致的其他违约责任。

3.3.5 承包人擅自更换主要施工管理人员的违约责任：＿＿＿＿＿＿＿

发包人有权解除合同，承包人需承担违约金 10 万元，并承担因此导致的其他违约责任。

承包人主要施工管理人员擅自离开施工现场的违约责任：发包人有权解除合同，承包人需承担违约金 10 万元，并承担因此导致的其他违约责任。

3.5 分包

3.5.1 分包的一般约定

禁止分包的工程包括：<u>主体结构、关键性工作的范围。</u>

主体结构、关键性工作的范围：主体结构包括地基、基础和主体的施工，具体包括钢结构、墙体、梁、板、柱、楼梯和屋面等，关键性工作的范围包括模板工程、钢筋工程、混凝土工程和砌体工程等。

3.5.2 分包的确定

允许分包的专业工程包括：_____

除了禁止分包的工程以外均可分包。

其他关于分包的约定：_____

本条十分重要，例如：①发包人有权指定分包商；②本工程混凝土、真石漆、玻璃幕墙由发包人提供，价款通过购物发票确定；③承包商将工程分包，必须经过发包人同意；④分包商的工程量必须总监理师签署并加盖监理公司公章方才生效；⑤在发包人指定分包商、发包人提供建筑材料、承包商分包工程的情况下，承包人放弃主张工程配合费；⑥未经发包人同意，承包人将工程分包，发包人有权解除合同。承包人接到解除合同通知后于 15 日内撤出工程现场，同时承担 100 万元或者合同价 30% 的违约金。上述违约责任不足以弥补发包人损失的，承包人需承担赔偿经济损失的责任。

3.5.4 分包合同价款

关于分包合同价款支付的约定：_____

通过承包商结算或者直接与分包商结算。

3.6 工程照管与成品、半成品保护

承包人负责照管工程及与工程相关的材料、工程设备的起始时间：_____

一般为发包人向承包人移交施工现场之日起到发包人签署工程移交证书之日为止。

3.7 履约担保

承包人是否提供履约担保：_____

据实填写。

承包人提供履约担保的形式、金额及期限的：_____

如有担保，应为合同价的 10%，自发包人向承包人移交施工现场之日起到发包人签署工程移交证书之日为止。

4. 监理人

4.1 监理人的一般规定

关于监理人的监理内容：见《建设工程监理合同》。

关于监理人的监理权限：见《建设工程监理合同》。

关于监理人在施工现场的办公场所、生活场所的提供和费用承担的约定：执行通用条款。

4.2 监理人员

总监理工程师：

姓　　名：_____

职　　务：_____

监理工程师执业资格证书号：_____

联系电话：_____

电子信箱：_____

通信地址：_____

关于监理人的其他约定：_____。

4.4 商定或确定

在发包人和承包人不能通过协商达成一致意见时，发包人授权监理人对以下事项进行确定：

（1）例如确定替代材料或者工程设备的价格；

（2）例如变更工程量的价格；

（3）例如确定工程变更的工期调整。

5. 工程质量

5.1 质量要求

5.1.1 特殊质量标准和要求：_____

无特别约定时，执行通用条款。

关于工程奖项的约定：_____

例如：发包人拟报鲁班奖，如果获奖，发包人一次性奖励承包人 20 万元。

5.3 隐蔽工程检查

5.3.2 承包人提前通知监理人隐蔽工程检查的期限的约定：_____

执行通用条款。

监理人不能按时进行检查时，应提前执行通用条款小时提交书面延期要求。

关于延期最长不得超过：执行通用条款（小时）。

6. 安全文明施工与环境保护

6.1 安全文明施工

6.1.1 项目安全生产的达标目标及相应事项的约定：执行通用条款和承包人的投标文件。

6.1.4 关于治安保卫的特别约定：执行通用条款和承包人的投标文件。

关于编制施工场地治安管理计划的约定：执行通用条款和承包人的投标文件。

6.1.5 文明施工

合同当事人对文明施工的要求：执行通用条款和承包人的投标文件。

6.1.6 关于安全文明施工费支付比例和支付期限的约定：执行通用条款和承包人的投标文件。

7. 工期和进度

7.1 施工组织设计

7.1.1 合同当事人约定的施工组织设计应包括的其他内容：执行通用条款和承包人的投标文件。

7.1.2 施工组织设计的提交和修改

承包人提交详细施工组织设计的期限的约定：开工日期前 7 天。

发包人和监理人在收到详细的施工组织设计后确认或提出修改意见的期限：收到后 7 日之内。

7.2 施工进度计划

7.2.2 施工进度计划的修订

发包人和监理人在收到修订的施工进度计划后确认或提出修改意见的期限：收到后 7 日之内。

7.3 开工

7.3.1 开工准备

关于承包人提交工程开工报审表的期限：开工日期前 7 天。

关于发包人应完成的其他开工准备工作及期限：开工日期前 7 天。

关于承包人应完成的其他开工准备工作及期限：开工日期前 7 天。

7.3.2 开工通知

因发包人原因造成监理人未能在计划开工日期之日起 90 天内发出开工通知的，承包人有权提出价格调整要求，或者解除合同。

7.4 测量放线

7.4.1 发包人通过监理人向承包人提供测量基准点、基准线和水准点及其书面资料的期限：开工日期前 7 天。

7.5 工期延误

7.5.1 因发包人原因导致工期延误

（7）因发包人原因导致工期延误的其他情形：执行通用条款。

7.5.2 因承包人原因导致工期延误

因承包人原因造成工期延误，逾期竣工违约金的计算方法为：每日按合同价款的 0.05% 支付违约金。

因承包人原因造成工期延误，逾期竣工违约金的上限：无。

7.6 不利物质条件

不利物质条件的其他情形和有关约定：执行通用条款。

7.7 异常恶劣的气候条件

发包人和承包人同意以下情形视为异常恶劣的气候条件：＿＿＿＿＿＿＿

（1）每十年一遇的强降水；

（2）8 级以上的大风；

（3）连续三天 40 度以上的高温。

7.9 提前竣工的奖励

7.9.2 提前竣工的奖励：每提前一天，按合同价款的 0.05% 支付奖励。

8. 材料与设备

8.4 材料与工程设备的保管与使用

8.4.1 发包人供应的材料设备的保管费用的承担：＿＿＿＿＿＿＿

承包人不主张保管费。

8.6 样品

8.6.1 样品的报送与封存

需要承包人报送样品的材料或工程设备，样品的种类、名称、规格、数量要求：＿＿＿＿＿＿＿

见《样品报送表》。

8.8 施工设备和临时设施

8.8.1 承包人提供的施工设备和临时设施

关于修建临时设施费用承担的约定：＿＿＿＿＿＿＿

据实签订，没有特别约定的，执行通用条款。

9. 试验与检验

9.1 试验设备与试验人员

9.1.2 试验设备

施工现场需要配置的试验场所：＿＿＿＿＿＿＿＿＿

例如，工地实验室。

施工现场需要配备的试验设备：＿＿＿＿＿＿＿＿＿

例如，《拟配备本工程的实验和检测仪器设备表》。

施工现场需要具备的其他试验条件：＿＿＿＿＿＿＿＿

据实签订。

9.4 现场工艺试验

现场工艺试验的有关约定：＿＿＿＿＿＿＿＿

据实签订。

10. 变更

10.1 变更的范围

关于变更的范围的约定：执行通用条款。

10.4 变更估价

10.4.1 变更估价原则

关于变更估价的约定：执行通用条款。

10.5 承包人的合理化建议

监理人审查承包人合理化建议的期限：收到后 7 日内。

发包人审批承包人合理化建议的期限：收到后 7 日内。

承包人提出的合理化建议降低了合同价格或者提高了工程经济效益的奖励的方法和金额为：＿＿＿＿＿＿＿＿＿＿＿＿

据实签订。

10.7 暂估价

暂估价材料和工程设备的明细详见附件 11：《暂估价一览表》。

10.7.1 依法必须招标的暂估价项目

对于依法必须招标的暂估价项目的确认和批准采取<u>第 1 或者第 2 种</u>方式确定。

10.7.2 不属于依法必须招标的暂估价项目

对于不属于依法必须招标的暂估价项目的确认和批准采取<u>第 1 或者第 2</u>种方式确定。

第 3 种方式：承包人直接实施的暂估价项目

承包人直接实施的暂估价项目的约定：_____

据实签订。

10.8 暂列金额

合同当事人关于暂列金额使用的约定：_____

由发包人确定并按照发包人指令使用。

11. 价格调整

11.1 市场价格波动引起的调整

市场价格波动是否调整合同价格的约定：

因市场价格波动调整合同价格，采用以下第____种方式对合同价格进行调整：

第 1 种方式：采用价格指数进行价格调整。

关于各可调因子、定值和变值权重，以及基本价格指数及其来源的约定：<u>不适用</u>；

第 2 种方式：采用造价信息进行价格调整。

（2）关于基准价格的约定：_____。

专用合同条款①承包人在已标价工程量清单或预算书中载明的材料单价

低于基准价格的：专用合同条款合同履行期间材料单价涨幅以基准价格为基础超过_____%时，或材料单价跌幅以已标价工程量清单或预算书中载明材料单价为基础超过_____%时，其超过部分据实调整。②承包人在已标价工程量清单或预算书中载明的材料单价高于基准价格的：专用合同条款合同履行期间材料单价跌幅以基准价格为基础超过_____%时，材料单价涨幅以已标价工程量清单或预算书中载明材料单价为基础超过_____%时，其超过部分据实调整。③承包人在已标价工程量清单或预算书中载明的材料单价等于基准单价的：专用合同条款合同履行期间材料单价涨跌幅以基准单价为基础超过±_____%时，其超过部分据实调整。

第 3 种方式：其他价格调整方式：<u>不适用</u>。

12. 合同价格、计量与支付

12.1 合同价格形式

1. 单价合同。

综合单价包含的风险范围：_____

建筑材料价格在上下 15% 范围内的波动、政府主管部门定额和信息价的调整、建筑设备租金的上涨、运输费用增加等。

风险费用的计算方法：_____

风险费用为清单综合单价的 5%。

风险范围以外合同价格的调整方法：_____

（1）风险范围以外的合同价格，本合同条款有约定的，按照约定调整；（2）风险范围以外的合同价格，本合同条款没有约定的，根据工程所在地设区市政府主管部门或者其授权的部门发布的最新信息价格进行调整；（3）没有可以依据的价格信息的，按照合理的成本与利润构成的原则，由双方按照4.4 确定价格。

2. 总价合同。

总价包含的风险范围：除了工程变更，其他情形均不予以调价。

风险费用的计算方法：不适用。

风险范围以外合同价格的调整方法：不适用。

3. 其他价格方式：＿＿＿＿

12.2 预付款

12.2.1 预付款的支付

预付款支付比例或金额：不适用。

预付款支付期限：不适用。

预付款扣回的方式：不适用。

12.2.2 预付款担保

承包人提交预付款担保的期限：不适用。

预付款担保的形式为：不适用。

12.3 计量

12.3.1 计量原则

工程量计算规则：《全国统一建筑工程预算工程量计算规则》。

12.3.2 计量周期

关于计量周期的约定：按月计算。

12.3.3 单价合同的计量

关于单价合同计量的约定：执行通用条款。

12.3.4 总价合同的计量

关于总价合同计量的约定：执行通用条款。

12.3.5 总价合同采用支付分解表计量支付的，是否适用第12.3.4项〔总价合同的计量〕约定进行计量：适用。

12.3.6 其他价格形式合同的计量

其他价格形式的计量方式和程序：＿＿＿＿＿＿＿＿

12.4 工程进度款支付

12.4.1 付款周期

关于付款周期的约定：＿＿＿＿＿＿＿＿＿＿＿

工程进行到地上三层支付合同价款的 30%，主体封顶后支付至合同价款的 50%，工程竣工验收合格后支付到合同价款的 95%，缺陷责任期满后支付到合同价款的 100%（注意这里不能填写"执行通用条款"）。

12.4.2 进度付款申请单的编制

关于进度付款申请单编制的约定：执行通用条款。

12.4.3 进度付款申请单的提交

（1）单价合同进度付款申请单提交的约定：执行通用条款。

（2）总价合同进度付款申请单提交的约定：执行通用条款。

（3）其他价格形式合同进度付款申请单提交的约定：执行通用条款。

12.4.4 进度款审核和支付

（1）监理人审查并报送发包人的期限：执行通用条款。

发包人完成审批并签发进度款支付证书的期限：执行通用条款。

（2）发包人支付进度款的期限：执行通用条款。

发包人逾期支付进度款的违约金的计算方式：执行通用条款。

12.4.6 支付分解表的编制

2. 总价合同支付分解表的编制与审批：＿＿＿＿＿＿

3. 单价合同的总价项目支付分解表的编制与审批：＿＿＿＿＿＿

13. 验收和工程试车

13.1 分部分项工程验收

13.1.2 监理人不能按时进行验收时，应提前 48 小时提交书面延期要求。

关于延期最长不得超过：96 小时。

13.2 竣工验收

13.2.2 竣工验收程序

关于竣工验收程序的约定：＿＿＿＿＿＿＿＿＿＿＿

工程是否已经竣工由监理机构书面作出决定。

发包人不按照本项约定组织竣工验收、颁发工程接收证书的违约金的计算方法：执行通用条款。

13.2.5 移交、接收全部与部分工程

承包人向发包人移交工程的期限：执行通用条款。

发包人未按本合同约定接收全部或部分工程的，违约金的计算方法为：_____

承包人未按时移交工程的，违约金的计算方法为：_____

每拖延一日，按照 5000 元/天承担违约金。

13.3 工程试车

13.3.1 试车程序

工程试车内容：与承包人承保范围一致。

（1）单机无负荷试车费用由执行通用条款承担；

（2）无负荷联动试车费用由执行通用条款承担。

13.3.3 投料试车

关于投料试车相关事项的约定：执行通用条款。

13.6 竣工退场

13.6.1 竣工退场

承包人完成竣工退场的期限：竣工验收合格之日起 28 天之内或者实际竣工后 28 天之内。

14. 竣工结算

14.1 竣工结算申请

承包人提交竣工结算申请单的期限：执行通用条款。

竣工结算申请单应包括的内容：_____

《竣工结算报告》、竣工图、《施工合同》、有发包方、监理师签字的工程洽商变更单以及其他签证单、投标文件等结算需要的文件（此处不可填写"执行通用条款"）。

14.2 竣工结算审核

发包人审批竣工付款申请单的期限：_____

发包人对承包人的结算报告应当在 28 天之内完成审核；审核期间发包人

对承包人的结算报告有异议的，发包人应当书面提出异议并说明理由，承包人应当在收到书面异议之日起 28 天之内作出书面回复并提供相应作证资料，双方经过三轮申请和审核仍然不能协商一致的，提交约定的造价机构进行审核，双方有义务对造价机构审核结果签章确认。发包人审批竣工付款申请单的期限和承包人审核发包人书面异议的期限均不适用通用条款中的默示条款。

发包人完成竣工付款的期限：执行通用条款。

关于竣工付款证书异议部分复核的方式和程序：执行通用条款。

14.4 最终结清

14.4.1 最终结清申请单

承包人提交最终结清申请单的份数：八份。

承包人提交最终结算申请单的期限：执行通用条款。

14.4.2 最终结清证书和支付

（1）发包人完成最终结清申请单的审批并颁发最终结清证书的期限：执行通用条款。

（2）发包人完成支付的期限：执行通用条款。

15. 缺陷责任期与保修

15.2 缺陷责任期

缺陷责任期的具体期限：24 个月。

15.3 质量保证金

关于是否扣留质量保证金的约定：工程质量保证金。

在工程项目竣工前，承包人按专用合同条款第 3.7 条提供履约担保的，发包人不得同时预留工程质量保证金。

15.3.1 承包人提供质量保证金的方式

质量保证金采用以下第 （2） 种方式：

（1）质量保证金保函，保证金额为：＿＿＿＿

（2）5% 的工程款；

（3）其他方式：＿＿＿＿

15.3.2 质量保证金的扣留

质量保证金的扣留采取以下第 (2) 种方式：

（1）在支付工程进度款时逐次扣留，在此情形下，质量保证金的计算基数不包括预付款的支付、扣回以及价格调整的金额；

（2）工程竣工结算时一次性扣留质量保证金；

（3）其他扣留方式：＿＿＿＿

关于质量保证金的补充约定：＿＿＿＿

15.4 保修

15.4.1 保修责任

工程保修期为：执行通用条款。

15.4.3 修复通知

承包人收到保修通知并到达工程现场的合理时间：

（1）承包方的联系人为张三，电话为：＿＿＿＿＿＿＿ 李四电话为：＿＿＿＿＿＿＿。

（2）承包方的通讯地址为：与《协议书》一致。

（3）合理时间一般为收到书面通知的 48 小时内。

（4）紧急情况下可口头通知，承包方应立即到场，发包人在 24 小时内书面予以确认。

（5）承包方应将修复工程产生的工程量、材料、费用及时提交发包方，发包方收到后 28 天内审核完毕。双方对工程量和产生的费用无法达成一致的，由双方约定的审价机构进行审核，双方有义务对审价机构审核的结果签章确认。

16. 违约

16.1 发包人违约

16.1.1 发包人违约的情形

发包人违约的其他情形：＿＿＿＿＿＿＿＿＿

16.1.2 发包人违约的责任

发包人违约责任的承担方式和计算方法：

（1）因发包人原因未能在计划开工日期前 7 天内下达开工通知的违约责任：执行通用条款。

（2）因发包人原因未能按合同约定支付合同价款的违约责任：执行通用条款。

（3）发包人违反第10.1款〔变更的范围〕第（2）项约定，自行实施被取消的工作或转由他人实施的违约责任：执行通用条款。

（4）发包人提供的材料、工程设备的规格、数量或质量不符合合同约定，或因发包人原因导致交货日期延误或交货地点变更等情况的违约责任：执行通用条款。

（5）因发包人违反合同约定造成暂停施工的违约责任：执行通用条款。

（6）发包人无正当理由没有在约定期限内发出复工指示，导致承包人无法复工的违约责任：执行通用条款。

（7）其他：执行通用条款。

16.1.3　因发包人违约解除合同

承包人按16.1.1项〔发包人违约的情形〕约定暂停施工满执行通用条款天后发包人仍不纠正其违约行为并致使合同目的不能实现的，承包人有权解除合同。

16.2　承包人违约

16.2.1　承包人违约的情形

承包人违约的其他情形：承包方应当保证所雇佣的人员的工资按时发放，因为欠薪问题导致工人找发包人讨要甚至到政府部门集会、上访、游行示威的，视同承包方根本违约，发包方有权解除合同，承包方承担合同价款30%的违约金。

16.2.2　承包人违约的责任

承包人违约责任的承担方式和计算方法：

（1）非法转包或者违法分包工程，除解除合同外，承包方承担合同价款30%的违约金；

（2）违反16.2.1中第（2）项约定的，承包人承诺，除按照监理师通知整改合格外，应承担相应材料、设备30%的违约金；

（3）违反16.2.1中第（3）项约定的，承包人承诺，除按照监理师通知整改合格外，因此多支出的费用由承包人承担，造成工期延误的，执行关于工期延误的违约金条款；

（4）违反 16.2.1 中第（4）项约定的，承包人承诺，除按照监理师通知整改合格外，应承担相应材料、设备 30% 的违约金；

（5）导致工期违约，承包方承诺，每延误一天，按照 5000 元/天承担违约金，工期延误超过 56 天的，发包方有权解除合同；

（6）违反 16.2.1 中第（6）项约定的，承包人承诺，除按照发包方通知履行维修义务以外，无权要求返还质量保证金或者履约保证金；

（7）违反 16.2.1 中第（7）项约定的，承包人承诺承担相应合同价款 30% 的违约金，同时发包人有权要求继续履行；

（8）违反 16.2.1 中第（8）项约定的，承包人承诺，承担合同价款 10% 的违约金。

承包人违约，按照上述违约责任仍然无法弥补发包人损失的，承包人还应当赔偿发包人的其他实际损失和预期利益。

16.2.3 因承包人违约解除合同

关于承包人违约解除合同的特别约定：＿＿＿＿＿＿＿＿＿＿＿＿＿

（1）合同自解除合同的通知送达时生效。解除合同的通知须由发包人加盖公司公章并由法定代表人签字。解除合同的通知邮寄到本合同《协议书》确定的地址即为送达。《协议书》约定地址变更的，应及时书面通知发包人，没有按照约定履行通知义务的，发包人将解除通知邮寄到《协议书》确定的地址即为送达。

（2）合同自解除合同的通知送达后 14 天内，除发包人需要继续使用的材料、设备、临时工程、承包人文件和由承包人或以其名义编制的其他文件以外，承包人应当将人员机械材料等撤离施工现场。承包人承诺，每延误一天，按照 5000 元/天承担违约金。

合同自解除合同的通知送达后 28 天内，承包人应当将竣工后需要备案的工程资料完整地提交给发包方。承包方承诺，每延误一天，按照 1000 元/天承担违约金。

（3）自解除合同的通知送达后 7 天内，发包人与承包人开始核对工程量和工程款支付情况。双方将没有争议的部分签章确认，将有争议的部分提交共同选定的工程造价机构审核。工程造价机构审核后出具的报告双方应当认可。双方无法选定工程造价机构的，可以按照合同约定提起仲裁或者诉讼。

发包人继续使用承包人在施工现场的材料、设备、临时工程、承包人文件和由承包人或以其名义编制的其他文件的费用承担方式：＿＿＿＿＿＿＿＿

自解除合同的通知送达后 7 天内，双方协商相关材料、设备、临时工程的费用，协商不成，由造价机构审核或者由评估机构进行评估。

17. 不可抗力
17.1 不可抗力的确认

除通用合同条款约定的不可抗力事件之外，视为不可抗力的其他情形：注意一定要将政府行为作为不可抗力，因为建设工程活动自始至终由政府监督管理，从项目前期的项目建议书、可行性研究报告、项目立项、建设用地规划、土地招拍挂、建设规划，到项目准备阶段的项目报建、招标投标、施工许可证，再到施工阶段，直到工程验收。以及其他园林、绿化、市政、人防、消防、防雷、防震等，几乎全程处于政府管理监督之下。由于个别主管部门办事效率低下，很多手续不能及时办理。有些工程竣工时也没有《施工许可证》，这不可避免会导致工期延误、建设资金周转困难。如果工程因为政府原因，导致手续办不下来，延误工期，这种情况属于发包人责任。因此，作为发包人，一定要将政府行为作为不可抗力写进合同。

能够成为不可抗力的政府行为包括：政府对项目用地进行征收、政府叫停项目的建设活动、因重大政治活动、军事演习、体育赛事、雾霾天气导致工程停工、政府主管部门没有在规定时间内办理项目的批准手续、政府主管部门出台新规定对工程工期、工程款支付产生影响，等等。

由水电气热等自然垄断部门承担的配套工程建设进程也是发包人不能控制的，因此，因为水电气热等自然垄断部门导致的工期延误行为也应当写进不可抗力范围。

此外，应当设立不可抗力的兜底条款，即其他非发承包双方的原因，且发承包双方不能预见、不能避免和不能克服的事件，均为不可抗力。

还应当补充：发生不可抗力的情况下，双方各自承担各自的损失，双方互不承担责任。

17.4 因不可抗力解除合同

合同解除后，发包人应在商定或确定发包人应支付款项后____天内完成款项的支付。

18. 保险

18.1 工程保险

关于工程保险的特别约定：工程是高危行业，工地安全事故屡见不鲜，往往施工方人员出现伤亡后，施工人员以及家属要求发包人承担损失。也有工地封闭不严，外来的儿童偷入工地玩耍工程设备受伤，也有捡垃圾的人员偷入工地，失足摔下或者被悬置物伤到的情形，此时的赔偿问题往往会陷入争议，尤其是承包人又将工程转包给不具备施工资质的自然人，出现安全事故后往往无力承担、不愿承担甚至一跑了之。因此此处应约定承包人没有为所属人员办理工伤保险的违约责任，督促承包人为所属人员、设备办理相应的保险。

18.3 其他保险

关于其他保险的约定：即除了工程工伤以外的其他保险，例如意外伤害保险、大病医疗、人寿保险等。

承包人是否应为其施工设备等办理财产保险：执行通用条款（承包人义务）。

18.7 通知义务

关于变更保险合同时的通知义务的约定：执行通用条款。

20. 争议解决

20.3 争议评审

合同当事人是否同意将工程争议提交争议评审小组决定。

工程案件纷繁复杂，因此近年来工程领域启动多元化纠纷解决模式，例如 2016 年中国建筑业协会调解中心成立，2017 年北京建设工程造价管理协会经济纠纷调解中心成立，同年，中国建设工程造价管理协会经济纠纷调解中心成立，等等。截至目前，全国已经有 45 家行业性专业性调解组织，这些纠纷调解中心的成立有利于案件多元化解决。2017 年全国工程案件多元调解成功 63 812 件，多元加速裁模式取得初步成功。

此外，当事人也可以通过约定来选择解决纠纷的专家，以资将来出现纠纷时，不至于陷入旷日持久的争吵当中。

当事人选择争议评审人员后，一定要确定评审规则，否则不仅纠纷得不到解决，而且评审人员也会陷入争议。双方可以约定参照当地仲裁委员会规则来处理纠纷，也可以作出特别约定。

20.3.1　争议评审小组的确定

争议评审小组成员的确定：①争议评审小组成员的确定执行通用条款。②双方如对工程造价无法协商一致，由某某市某某造价咨询机构审核确定，双方应当对审核确定的结果签章确认，否则视为违约。③如需要对材料设备等进行评估，双方一致确定由某某市某某评估机构审核确定，双方应当对评估结果签章确认，否则视为违约。

选定争议评审员的期限：建议合同签订时选定，否则出现纠纷时再选定就比较困难了。

争议评审小组成员的报酬承担方式：执行通用条款。

其他事项的约定：应当对解决争议的时间等作出约定。

20.3.2　争议评审小组的决定

合同当事人关于本项的约定：应当约定当事人在争议评审小组做出的决定或者调解协议上签字确认的，决定或者调解协议对双方具有约束力。如果一方不执行，又选择仲裁或者诉讼解决纠纷的，如果败诉，应当承担争议评审小组成员的报酬以及另一方聘请律师、造价、工程质量或者司法鉴定机构的相应费用。

20.4 仲裁或诉讼

因合同及合同有关事项发生的争议，按下列第（ ）种方式解决：

（1）向某市仲裁委员会申请仲裁；

（2）向人民法院起诉。

从理论上讲，仲裁的优点是更民主、更透明、更便捷，因为仲裁程序允许当事人双方按照自己的意愿选择自己信任的仲裁员，而且仲裁是一裁终局，不像诉讼那样还有二审、再审程序。但实践中，也有很多案件久拖不决，甚至一个案子审理七八年，远远超过审限。因此，实践层面上，仲裁不一定比诉讼更及时、快捷。

因此出现纠纷时，选择仲裁还是诉讼，还是看当事人的具体情况，如果当事人所在地在北上广深等一线城市，笔者建议工程当事人首选仲裁，中国国际经济贸易仲裁委员会 2017 年受理案件 2298 个，个案标的过亿元的 117 件，案件总标的 719 亿元，北京市仲裁委员会 2017 年受理案件 3550 个，个案标的过亿元的 94 件，案件总标的 448 亿元。其他广州、上海、华南、深圳、武汉、重庆、湛江、厦门也都是全年受案百亿的仲裁委员会。中国国际经济贸易仲裁委不仅是世界受案标的排名第一的仲裁委员会，而且在世界享有很高声誉。因此如果当事人所在地在北上广深等一线城市，笔者建议工程当事人首选仲裁。

但是如果案件纠纷出现在经济不发达地区，那么笔者还是建议选择诉讼。因为法官比仲裁委员会成员审判经验更丰富，而且法院审理的案件更有利于案件的执行。

附件

协议书附件：

附件 1：承包人承揽工程项目一览表

专用合同条款附件：

附件 2：发包人供应材料设备一览表

附件 3：工程质量保修书

附件 4：主要建设工程文件目录

附件 5：承包人用于本工程施工的机械设备表

附件 6：承包人主要施工管理人员表

附件 7：分包人主要施工管理人员表

附件 8：履约担保格式

附件 9：预付款担保格式

附件 10：支付担保格式

附件 11：暂估价一览表

第六节　建设工程维修合同

某高校体育场舞台维修工程合同

委托单位：某高校（以下简称"甲方"）

施工单位：河北赛班商贸有限公司（以下简称"乙方"）

根据中华人民共和国有关法律、法规之规定，甲乙双方根据业务需要，为明确双方的权利和义务，经双方协商后，签订本合同。

第一章（工程概况）

1. 项目名称：某高校体育场舞台维修工程。

2. 项目说明：体育场舞台维修。

3. 项目时间：在收到甲方开工通知之日起 10 天内施工完成。

4. 项目承包方式：采用包工、包料、包安全、包工期方式。

5. 本项目磋商文件、响应文件均为合同的组成部分。

此处应当补充合同与本项目磋商文件、响应文件的优先顺序。例如，"当本项目有关文件内容发生冲突时，优先顺序如下：①补充协议或者甲方的工程变更指令；②维修工程合同；③甲方公示文件；④乙方的响应文件；⑤相关规范、标准；⑥施工图纸"。

第二章（施工工艺及相关事宜）

1. 该工程所用材料及施工质量均应符合国家或行业规范标准，所用工艺

全部严格按规范完成;

规范标准有很多,例如国家标准、行业标准、部门标准、企业标准等,所以工程所用材料及施工质量规范标准应当具体明确,否则可能因为各自采用的标准不同,或者在标准的理解和解释方面产生纠纷。

2. 遵守室内外施工的有关规定,安装中要严格管理、文明施工,规范工作人员的制作工序,杜绝一切安全隐患,并接受甲方现场管理人员的监督和管理;

3. 乙方须及时清运施工垃圾,保持现场整洁。

第四章(付款方式及说明)

1. 该工程工程款约 49 820 元,最终按委托第三方审计结果结算(固定总价)。工程款中包含设备费、主材、辅材、人工费、税金等一切与本工程有关的费用。

按照最高人民法院的司法解释,笼统约定最终按委托第三方审计结果结算(固定总价),可能对施工方没有约束力。应当补充两点:第一,双方承诺本项目工程款由某某审计事务所审计;第二,该工程工程款约 49 820 元,最终按委托第三方审计结果结算(固定总价)。第三方审计结果对甲乙双方具有约束力。

2. 本合同双方签订后,施工完毕经甲方验收合格后支付合同价的 85%,审计报告完成后一次性支付工程款。

3. 甲方付款前,乙方应向甲方开具等额税票。

4. 乙方账号:22587708189×××××;开户银行:某银行朝阳支行

第五章(验收标准和质量及违约责任)

1. 甲方按照双方合同中所规定的内容进行验收。

2. 如验收中出现工程质量问题,乙方应当在 3 个工作日内整改完成,当出现工程质量问题特别严重时,甲方有权解除合同,并要求乙方双倍赔付相应费用。如因此影响甲方正常使用,乙方仍需承担由此给甲方造成的损失。

3. 乙方交付的工程与设计方案不符,交付时甲方有权拒绝接受,乙方应在 3 个工作日内无条件更改解决,否则视乙方逾期交工,在正常使用的周期内,如发现因乙方原因造成的质量问题,甲方有权利要求乙方在 1 个工作日内无条件维修，直至达到正常使用，否则乙方除应双倍返还甲方该部分合同价款外，还需赔偿由此给甲方造成的损失。

4. 乙方完工后，尽快通报甲方有关人员进行实地现场验收。

5. 工程验收时，乙方应向甲方提供：资料清单及技术规格参数（含主材、辅材）、产品质量保证书及维保承诺等技术文件。

第六章（保质说明及增项说明）

1. 工程质量保质期 12 个月。质保期间甲方因火灾、水灾、地震等不可抗力原因及磕碰、私自拆卸、暴力冲突等人为性破坏造成的损毁，不在乙方质保范围。

保质期应当最少为 10 年，保修期应当为 2 年。保质期是指工程质量的合格状态，保修期是指施工人免费维修的时间，二者不能混同。就本项目而言，如果保质期仅为 1 年，显然太短了。其实该合同要表达的是保修期，或者缺陷责任期。

2. 乙方交工后，甲方在使用中如发现工程存在的一切工艺或材料质量问题，乙方一律无偿修复或更换。

3. 甲方在乙方制作中，如有新增加的项目及种类，甲乙双方要另行签订相关补充协议，以便乙方的工作能够合理安排。

第七章（合同变更及违约责任）

1. 合同生效后，甲乙双方若需变更合同内容，应采用书面形式，并经双方签字盖章确认。在甲乙双方未达成变更协议之前，仍以本合同为准。

2. 任何一方中途无故解除合同，则应向对方支付合同总额 10% 的违约金。

3. 因乙方原因未能在合同规定的时间内完成施工，每逾期一天，乙方向甲方支付合同总额万分之一/日的违约金，但累计违约金额不超过合同总额的百分之三。

首先本条违约金约定的比例偏低，每日 1‰ 只适合标的比较大的工程，而对于标的比较小的工程，日违约金应当 3‰ 左右，其次，"累计违约金额不超过合同总额的 3%"的约定相当于施工方的风险封顶了，失去了违约金约束乙方工期、质量等瑕疵行为的作用，不利于保护甲方责任。因此无论设计、勘察、施工、监理合同，一旦有其风险责任封顶的条款，一律将其删除。

4. 因乙方原因超过本合同约定进场时间 20 天，乙方仍未能开工，甲方有权解除本合同，同时乙方按本合同约定支付甲方合同总额 10% 的违约金。

5. 甲方解除合同通知到达乙方时，本合同解除。乙方应自合同解除后五日内撤出施工现场，否则每日支付甲方 1000 元违约金。

第八章（争议解决和其他说明）

1. 凡因本合同所发生的或与合同有关的一切争议，甲乙双方应按照有关法律、法规，通过友好协商解决，协商不成的提交某仲裁委员会裁决。若有违约并相应给对方造成直接经济损失的，违约方应承担全部违约责任。

2. 甲乙双方因不可抗力的影响无法履行合同时，履行合同的期限可相应推迟。不可抗力发生后，受影响方应立即将不可抗力发生的情况通知另一方，并在 7 日内出具权威机构的证明，同时应采取必要措施，以减少不可抗力所带来的影响，减少损失。任何一方因未及时采取相应措施致使损失增加的，增加部分的损失由其自行承担。

3. 本合同内容若与合同附件或补充协议不一致时，应遵循前法服从后法的原则，以最后签订的协议或附件内容为准。

4. 甲乙双方确认本合同内容中的地址、电话、开户银行、账号等准确有效，双方通知、文书、款项等送达上述地址、账户即为有效送达。一方变更地址、电话、开户银行、账号和法定代表人等信息必须通知对方，否则双方通知、文书、款项等送达上述地址、账户仍然为有效送达。

5. 本合同一式四份，甲方持叁份，乙方持壹份，具有同等法律效力。

6. 本合同以双方加盖公章之日起正式生效。

由于《民法典》关于合同法通则解释采用"认人不认章"的原则，所以合同一定要有双方法定代表人或者授权代表签字。只有章，没有签字，很可能会导致合同不成立。而有权签字的人签字后，即使不加盖公章，合同照样成立。

甲　　方：（盖章）　　　　乙　　方（盖章）：

电　　话：×××××××××　　电　　话：×××××××××

地　　址：某市长春东大街 55 号　地　　址：河北省某市富强大街 188 号

本合同双方签订于：　　　　年　　　月　　　日

第七节　建设工程造价咨询合同

近年来建设工程出现了多种投资方式，例如 PPP、EPC、BOD、BT、PPP+EPC 等，有些大型公用事业基础建设时间长、投资大、工艺复杂。而作为投资人，建设单位往往不具备造价控制的能力，因此产生聘请专业机构进行造价咨询的需要。这个业务主要针对大型建设项目，对于小型建设项目则必要性不大。这需要造价咨询单位具有相应咨询资质，具有足够的技术力量，并及时为投资人出具各阶段相应的咨询报告。

第一部分　协议书

某高校（以下简称"委托人"）与盛世腾龙项目管理集团有限公司（以下简称"咨询人"）经双方协商一致，签订本合同。

一、委托人委托咨询人为以下项目提供建设工程造价咨询服务：

1. 项目名称：某高校新校区三期工程建设项目

实验楼、研究生宿舍楼、体育馆、科研后勤综合服务楼、后勤综合服务楼。

2. 服务类别：见本合同专用条件第4条建设工程造价咨询业务范围。

引用其他条款既不明确，也很容易产生歧义。应正面直接界定咨询范围，这是工程咨询合同的核心条款。例如，是项目全过程咨询，还是造价咨询。不能含糊其词。

二、本合同的措辞和用语与所属建设工程造价咨询合同条件及有关附件同义。

三、下列文件均为本合同的组成部分：

1. 建设工程造价咨询合同执行中共同签署的补充与修正文件；

2. 建设工程造价咨询合同；

3. 本项目造价服务比选中选通知书；

4. 建设工程造价咨询合同专用条件；

5. 咨询人比选代理申请书。

6. 建设工程造价咨询合同标准条件；

四、咨询人同意按照本合同的规定，承担本合同专用条件中议定范围内的建设工程造价咨询业务。

五、委托人同意按照本合同规定的期限、方式、币种、额度向咨询人支付酬金。

六、本合同的建设工程造价咨询业务自本合同签订之日开始实施，委托人与施工中标单位签订施工合同后终结。

七、本合同一式八份，具有同等法律效力，双方各执四份。

委　托　人：（盖章）　　　　　咨　询　人：（盖章）

法定代表人：（签字）　　　　　法定代表人：（签字）

委托代理人：（签字）　　　　　委托代理人：（签字）

住　　　所：某市　　　　　　　住　　　所：某市中山东路西大街13号

开户银行：建行某　　　　　　　开户银行：民生银行石家庄中

五一路支行　　　　　　　　　　东路支行

账　　　号：134556733680505××××× 账　　　号：1002014210×××××

邮政编码：070000　　　　　　　邮政编码：050000

电　　　话：0313-×××××××　　电　　　话：0311-869××××

传　　　真：0313-×××××××　　传　　　真：0311-86×××××

电子信箱：456789××××@163.com 电子信箱：44750××××@qq.com

2014 年 12 月 25 日

第二部分　建设工程造价咨询合同标准条件

词语定义、适用语言和法律、法规

第一条　下列名词和用语，除上下文另有规定外具有如下含义：

1. "委托人"是指委托建设工程造价咨询业务和聘用工程造价咨询单位的一方，以及其合法继承人。

2. "咨询人"是指承担建设工程造价咨询业务和工程造价咨询责任的一方，以及其合法继承人。

3. "第三人"是指除委托人、咨询人以外与本咨询业务有关的当事人。

4. "日"是指任何一天零时至第二天零时的时间段。

第二条　建设工程造价咨询合同适用的是中国的法律、法规，以及专用条件中议定的部门规章、工程造价有关计价办法和规定或项目所在地的地方法规、地方规章。

第三条　建设工程造价咨询合同的书写、解释和说明，以汉语为主导语言。当不同语言文本发生不同解释时，以汉语合同文本为准。

咨询人的义务

第四条　向委托人提供与工程造价咨询业务有关的资料，包括工程造价咨询的资质证书及承担本合同业务的专业人员名单、咨询工作计划等，并按合同专用条件中约定的范围实施咨询业务。

第五条　咨询人在履行本合同期间，向委托人提供的服务包括正常服务、附加服务和额外服务。

1. "正常服务"是指双方在专用条件中约定的工程造价咨询工作；

2. "附加服务"是指在"正常服务"以外，经双方书面协议确定的附加服务；

3. "额外服务"是指不属于"正常服务"和"附加服务"，但根据合同标准条件第13条、第20条和22条的规定，咨询人应增加的额外工作量。

第六条　在履行合同期间或合同规定期限内，不得泄露与本合同规定业务活动有关的保密资料。

委托人的义务

第七条　委托人应负责与本建设项目工程造价咨询业务有关的第三人的协调，为咨询人工作提供外部条件。

第八条　委托人应当在约定的时间内，免费向咨询人提供与本项目咨询业务有关的资料。

第九条　委托人应当在约定的时间内就咨询人书面提交并要求做出答复的事宜做出书面答复。咨询人要求第三人提供有关资料时，委托人应负责转达及资料转送。

第十条　委托人应当授权胜任本咨询业务的代表，负责与咨询人联系。

咨询人的权利

第十一条　委托人在委托的建设工程造价咨询业务范围内，授予咨询人以下权利：

1. 咨询人在咨询过程中，如委托人提供的资料不明确时可向委托人提出书面报告。

2. 咨询人在咨询过程中，有权对第三人提出与本咨询业务有关的问题进行核对或查问。

3. 咨询人在咨询过程中，有到工程现场勘察的权利。

委托人的权利

第十二条　委托人有下列权利：

1. 委托人有权向咨询人询问工作进展情况及相关的内容。

2. 委托人有权阐述对具体问题的意见和建议。

3. 当委托人认定咨询专业人员不按咨询合同履行其职责，或与第三人串通给委托人造成经济损失的，委托人有权要求更换咨询专业人员，直至终止合同并要求咨询人承担相应的赔偿责任。

咨询人的责任

第十三条　咨询人的责任期即建设工程造价咨询合同有效期。如因非咨询人的责任造成进度的推迟或延误而超过约定的日期，双方应进一步约定相应延长合同有效期。

第十四条　咨询人责任期内，应当履行建设工程造价咨询合同中约定的义务，因咨询人的单方过失造成的经济损失，应当向委托人进行赔偿。累计赔偿总额不应超过建设工程造价咨询酬金总额（除去税金）。

第十五条　咨询人对委托人或第三人所提出的问题不能及时核对或答复，导致合同不能全部或部分履行，咨询人应承担责任。

第十六条　咨询人向委托人提出赔偿要求不能成立时，则应补偿由于该赔偿或其他要求所导致委托人的各种费用的支出。

委托人的责任

第十七条　委托人应当履行建设工程造价咨询合同约定的义务，如有违反则应当承担违约责任，赔偿给咨询人造成的损失。

第十八条　委托人如果向咨询人提出赔偿或其他要求不能成立时，则应补偿由于该赔偿或其他要求所导致咨询人的各种费用的支出。

合同生效、变更与终止

第十九条　本合同自双方签字盖章之日起生效。

第二十条　由于委托人或第三人的原因使咨询人工作受到阻碍或延误以

致增加了工作量或持续时间，则咨询人应当将此情况与可能产生的影响及时书面通知委托人。由此增加的工作量视为额外服务，完成建设工程造价咨询工作的时间应当相应延长，并得到额外的酬金。

第二十一条　当事人一方要求变更或解除合同时，则应当在 14 日前通知对方，因变更或解除合同使一方遭受损失的，应由责任方负责赔偿。

第二十二条　咨询人由于非自身原因暂停或终止执行建设工程造价咨询业务，由此而增加的恢复执行建设工程造价咨询业务的工作，应视为额外服务，有权得到额外的时间和酬金。

第二十三条　变更或解除合同的通知或协议应当采取书面形式，新的协议未达成之前，原合同仍然有效。

咨询业务的酬金

第二十四条　正常的建设工程造价咨询业务，附加工作和额外工作的酬金，按照建设工程造价咨询合同专用条件约定的方法计取，并按约定的时间和数额支付。

第二十五条　如果委托人在规定的支付期限内未支付建设工程造价咨询酬金，自规定支付之日起，应当向咨询人补偿应支付的酬金利息。利息额按规定支付期限最后一日银行活期贷款乘以拖欠酬金时间计算。

第二十六条　如果委托人对咨询人提交的支付通知书中酬金或部分酬金项目提出异议，应当在收到支付通知书两日内向咨询人发出异议的通知，但委托人不得拖延其无异议酬金项目的支付。

第二十七条　支付建设工程造价咨询酬金所采取的货币币种、汇率由合同专用条件约定。

其　　他

第二十八条　因建设工程造价咨询业务的需要，咨询人在合同约定外的外出考察，经委托人同意，其所需费用由委托人负责。

第二十九条　咨询人如需外聘专家协助，在委托的建设工程造价咨询业务范围内其费用由咨询人承担，在委托的建设工程造价咨询业务范围以外经委托人认可其费用由委托人承担。

第三十条　未经对方的书面同意，各方均不得转让合同约定的权利和义务。

第三十一条 除委托人书面同意外，咨询人及咨询专业人员不得接受本建设项目工程造价咨询合同约定以外的与工程造价咨询项目有关的任何报酬。

咨询人不得参与可能与合同规定的与委托人利益相冲突的任何活动。

合同争议的解决

第三十二条 因违约或终止合同而引起的损失和损害的赔偿，委托人与咨询人之间应当协商解决，如未能达成一致，可提交有关主管部门调解，协商或调解不成的，根据双方约定提交仲裁机关仲裁，或向人民法院提起诉讼。

第三部分　建设工程造价咨询合同专用条件（节选）

第二条 本合同适用的法律、法规及工程造价计价办法和规定：

适用《工程造价咨询业务工作规程》，依据《建设工程工程量清单计价规范》（GB50500-2013）、《建设工程量清单编制与计价规程》[DB13（J）/150-2013]、2012年河北省建筑工程计价依据及相应的费率标准。

第三条 合同文件应能互相解释，互为说明。除本合同专用条款另有约定外，组成本合同的文件及优先解释顺序如下：

1. 建设工程造价咨询合同执行中共同签署的补充与修正文件；

2. 建设工程造价咨询合同；

3. 本项目造价服务比选中选通知书；

4. 建设工程造价咨询合同专用条件；

5. 咨询人比选代理申请书。

6. 建设工程造价咨询合同标准条件；

当合同文件内容出现含糊不清或不相一致时，应在不影响造价咨询服务正常进行的情况下，由委托人和受托人协商解决。双方协商不成时，按本合同专用条件第32条关于争议的约定处理。

第四条 建设工程造价咨询业务范围：

"建设工程造价咨询业务"是指以下服务类别的咨询业务：

（A类）建设项目可行性研究投资估算的编制、审核及项目经济评价；

（B类）建设工程概算、预算、结算、竣工结（决）算的编制、审核；

（C类）建设工程招标控制价、投标报价的编制、审核；

（D类）工程洽商、变更及合同争议的鉴定与索赔；

（E 类）编制工程造价计价依据及对工程造价进行监控和提供有关工程造价信息资料等。

本工程造价咨询服务为工程量清单的编制及招标控制价的编制工作。

第八条　双方约定的委托人应提供的建设工程造价咨询材料及提供时间：

提供资料：施工图纸等相关资料。

提供时间：签订合同后 3 日内。

第九条　委托人应在 3 日内对咨询人书面提交并要求做出答复的事宜做出书面答复。

专用条款中，应约定咨询人提供相应咨询报告的具体时间，否则很可能使所作的咨询失去意义。笔者就经历过某造价咨询公司在房开公司竣工验收并交付房屋之后，才交付咨询报告的案例。

专用条款中，应约定咨询人提供相应咨询报告的具体形式，否则双方可能因此产生纠纷。笔者就经历过某造价咨询公司为某房开公司提供造价咨询，但咨询公司以电子版形式提供咨询成果，房开公司表示对此不能接受。因为房开公司不仅需要造价公司提供的纸质版，而且需要造价咨询公司在纸质版咨询报告上加盖公章、造价咨询专用章以及造价咨询人员的执业专章。

咨询人常常认为只要提供造价咨询的电子版报告，就算完成工作任务，委托人就应当支付咨询费。而委托人往往认为需要提供签章的纸质咨询报告，才达到合同约定的付款节点。

所以，提供咨询报告的具体时间和具体形式都必须明确约定，不能含糊其词。

第十四条　咨询人在其责任期内如果失职，同意按以下办法承担因单方责任而造成的经济损失。

赔偿金＝直接经济损失×酬金比率（扣除税金）

第二十四条　委托人同意按以下的计算方法、支付时间与金额，支付咨询人的正常服务酬金：

1. 项目招标控制价编制服务酬金计算方法：服务酬金＝承揽工程项目招标控制价总额×3‰；

2. 支付方式：无预付款，无违约情形下工程施工招投标活动结束并签订《建设工程施工合同》后支付服务酬金的 80%，三个月后支付剩余的 20%。

委托人同意按以下计算方法、支付时间与金额，支付附加服务酬金：无

委托人同意按以下计算方法、支付时间与金额，支付额外服务酬金：无

第二十七条 双方同意用人民币支付酬金，按＿＿＿＿汇率计付。

第三十二条 建设工程造价咨询合同在履行过程中发生争议，委托人与咨询人应及时协商解决，如未能达成一致，可提交有关主管部门调解，协商或调解不成的，按下列第一种方式解决：

（1）提交某仲裁委员会仲裁；

（2）依法向人民法院起诉。

第三章　高校物资采购合同

第一节　高校采购项目委托代理协议

甲方：某高校

乙方：某市欣欣项目管理咨询有限公司

根据《中华人民共和国政府采购法》和《某省政府采购管理办法》，甲方自愿将本单位政府采购项目：某高校增设视频监控项目（项目编号：ZKGJKLUL-Z-202254577）委托给乙方组织实施采购。乙方愿意接受甲方委托，按照政府采购的有关规定，在甲方委托范围内依法组织政府采购工作。经甲乙双方协商一致，现就有关事项达成如下协议。

第一条　委托项目基本情况

1. 项目编号：ZKGJKLUL-Z-202254577

2. 项目名称：某高校增设视频监控项目

3. 采购方式：竞争性磋商

所称政府采购，是指各级国家机关、事业单位和团体组织，使用财政性资金采购依法制定的集中采购目录以内的或者采购限额标准以上的货物、工程和服务的行为。

所称采购，是指以合同方式有偿取得货物、工程和服务的行为，包括购买、租赁、委托、雇用等。

工程，是指建设工程，包括建筑物和构筑物的新建、改建、扩建、装修、拆除、修缮等。

所称服务，是指除货物和工程以外的其他政府采购对象。

根据《政府采购法》第 30 条："符合下列情形之一的货物或者服务，可以依照本法采用竞争性谈判方式采购：（一）招标后没有供应商投标或者没有合格标的或者重新招标未能成立的；（二）技术复杂或者性质特殊，不能确定详细规格或者具体要求的；（三）采用招标所需时间不能满足用户紧急需要的；（四）不能事先计算出价格总额的。"

4. 项目建设内容及技术要求：<u>详见竞争性磋商文件</u>

竞争性磋商文件应当作为合同的组成部分，作为合同的附件，与合同装订在一起。

5. 预算金额：<u>265 785 元</u>

第二条　甲方委托乙方的具体事项

1. 编制、发售、解释采购文件；

2. 在"中国招标投标公共服务平台"上发布采购信息公告；

3. 供应商资格预审；

本条是重大风险条款，因为如果乙方履责懈怠，可能会使合格的供应商落选，或者不合格的供应商入围。在这种情况下，有异议的供应商将对甲方进行投诉。如果投诉成功，而合同已经履行中，那么甲方就进退两难。因此甲方要监督乙方供应商资格预审的过程，防止因为预审有问题而被投诉。毕竟采购合同是甲方和供货方签订，这个风险是由甲方来承担的。

4. 制定评审方法、步骤、标准（如甲方有特别要求的，执行甲方制定的评审方法、步骤、标准）；

5. 依法抽取专家组建评审委员会（磋商小组）；

6. 落实评审地点，主持评审活动，并做好评审记录；

7. 组织评审工作；

8. 整理评审报告送采购人及有关部门；

9. 在"中国招标投标公共服务平台"上发布中标、成交公告，发送中标（成交）通知书；

哪个供应商中标，应当由甲方来决定。否则甲方就被架空，乙方就获得了权力寻租的空间，且风险由甲方承担。这是一个原则性的问题，决定中标的权利不可假手于人。

10. 答复供应商的询问和质疑；

11. 采购活动有关文件报送备案及存档；

12. 邀请有关部门现场监督（视具体采购事项提出）；

13. 组织履约联合验收事项（视具体采购事项双方约定）；

14. 法律法规规定的其他事项。

第三条　甲方的权利和义务

1. 甲方指定一名采购人代表，代表甲方与乙方处理政府采购过程中的有关事宜。

2. 甲方应向乙方提供委托项目的用户需求书，包括详细的建设内容、相关要求和服务内容等书面材料。

3. 甲方有权对乙方编制的采购文件予以审核并盖章确认。

4. 甲方有权就委托的项目提出合法、合理的要求，但不得指定供应商或指定品牌，不得提出含有倾向性、限制性或者排斥潜在供应商的要求。

5. 甲方依据有关规定可派一名采购人代表参加评审委员会，但不得非法干预、影响评审方法的确定、评审过程和结果。

6. 甲方有权按照评审报告中推荐的中标（成交）候选供应商顺序确定中标（成交）供应商。

7. 甲方有权对乙方组织的采购活动进行监督。

8. 甲方有义务保守采购活动中的商业秘密。

9. 甲方应严格遵守相关法律法规和各项政府采购制度。

根据《政府采购法》第38条，采用竞争性谈判方式采购的，应当遵循下列程序：

（1）成立谈判小组。谈判小组由采购人的代表和有关专家共3人以上的单数组成，其中专家的人数不得少于成员总数的2/3。

（2）制定谈判文件。谈判文件应当明确谈判程序、谈判内容、合同草案的条款以及评定成交的标准等事项。

（3）确定邀请参加谈判的供应商名单。谈判小组从符合相应资格条件的供应商名单中确定不少于三家的供应商参加谈判，并向其提供谈判文件。

（4）谈判。谈判小组所有成员集中与单一供应商分别进行谈判。在谈判中，谈判的任何一方不得透露与谈判有关的其他供应商的技术资料、价格和其他信息。谈判文件有实质性变动的，谈判小组应当以书面形式通知所有参加谈判的供应商。

（5）确定成交供应商。谈判结束后，谈判小组应当要求所有参加谈判的供应商在规定时间内进行最后报价，采购人从谈判小组提出的成交候选人中根据符合采购需求、质量和服务相等且报价最低的原则确定成交供应商，并将结果通知所有参加谈判的未成交的供应商。

第四条　乙方的权利和义务

1. 乙方应接受甲方监督，维护甲方和供应商的合法权益。

2. 乙方应根据甲方要求为甲方提出科学的采购方案。

3. 乙方应根据甲方要求编制采购文件，并报甲方确认。

4. 乙方应满足甲方的合法、合理要求，但对违法违规以及无理的要求应予拒绝。

5. 乙方可以依据需要或根据规定，就采购文件征询有关专家或者供应商意见。

6. 乙方应当依法组建评审委员会。

7. 乙方应依法及时答复甲方委托范围内的供应商的询问和质疑。

8. 乙方应当保守采购活动中的商业秘密。

9. 乙方可依法收取采购代理服务费用。

10. 乙方应严格遵守相关法律法规和各项政府采购制度。

第五条　委托协议的变更和终止

甲乙双方在协商一致的情况下，可以在采购法和合同法许可范围内对委托协议内容作出变更，如作出变更的应当签订补充协议，如发生了不可抗力或重大变故等原因，致使采购项目发生更改或取消的，应签订补充协议或终止本协议。

第六条　有关费用

1. 乙方承担组织项目采购活动的全部费用。

2. 乙方参照计价格［2002］1980 号文件规定向中标人收取招标代理服务费。

第七条　违约责任

甲乙双方应遵守有关法律、法规、规章的规定和本协议的约定，否则，将承担相应的法律责任。因违约造成经济损失的，依据《政府采购法》《政府采购法实施条例》以及相关法律规定由违约方承担相应责任。

本合同违约责任部分约定过于笼统，应当对乙方主要违约行为采用列举式作出约定，对其他未约定内容作出概括性约定。例如乙方在供应商资格预选环节出现失误，导致不合格供应商中标并进入履行合同阶段。合格供应商向甲方以及政府采购平台投诉并被证明投诉正确。在这种情况下，乙方对甲方全部损失承担违约责任。包括但不限于采购标的、违约金，还应包括诉讼费、保全费、律师代理费、公证费、鉴定费等一切已经发生的费用以及履约后能够获得的利益。

第八条　其他

1. 本协议自甲乙双方盖章之日起生效。本协议一式四份，甲方二份，乙方二份。

2. 其他未尽事宜由双方协商后解决。

3. 签订地点：某高校

甲方：（盖章）　　　　　　　　　乙方：（盖章）

年　　月　　日　　　　　　　　　年　　月　　日

第二节　高校设备采购合同

高校属于事业单位，设备物资的采购不仅适用《民法典》，而且受《政府采购法》的规制，由于后者是特别法，因此当适用的法律规范出现冲突时，按照特别法优先原则，优先适用《政府采购法》。高校教职员工最容易忽略的法律知识就是采购的方式，即规定数额的采购必须通过招标、比选、竞争性磋商等形式，由省集中采购中心统一采购。一般而言，县级单位 30 万元以上、厅局级单位 40 万元以上、省部级单位 50 万元以上的采购项目都必须进行招标、比选、竞争性磋商等。如果不懂这一点，没有办理必要的批准手续，或者没有采用《政府采购法》规定的签约形式，经办人将犯下严重的错误。另外，不同于普通民事合同，通过政府集中采购的合同不得随意变更，这一点即使是有些律师也不知道。在普通民商事合同，只要双方合意，合同就可以变更内容或者主体转让，但是高校的政府集中采购合同却不一样。《政府采购法》第 50 条规定："政府采购合同的双方当事人不得擅自变更、中止或者终止合同。政府采购合同继续履行将损害国家利益和社会公共利益的，双方当事人应当变更、中止或者终止合同。有过错的一方应当承担赔偿责任，双方都有过错的，各自承担相应的责任。"也就是说，只有损害国家利益和社会公共利益的时候，合同才能变更，否则必须全面适当地履行合同。

如果在履行中，乙方或者双方变更了合同，例如产品的规格、型号、参数、标准等，那么，依据《民法典》第 153 条以及《政府采购法》第 50 条的规定，该变更行为因违反强制执行法律法规的规定而无效。随之而来的后果是约定的违约金条款也导致无效，双方只能根据《民法典》第 157 条的规定："民事法律行为无效、被撤销或者确定不发生效力后，行为人因该行为取得的财产，应当予以返还；不能返还或者没有必要返还的，应当折价补偿。有过错的一方应当赔偿对方由此所受到的损失；各方都有过错的，应当各自承担相应的责任。法律另有规定的，依照其规定。"来追究民事责任。并根据《政府采购法》第八章追究直接责任人的行政责任。

甲　　方：某高校　　　　　　　　合同编号：
乙　　方：某市乐乐科技有限公司　签订地点：某高校
采购类别：政府采购　　　　　　　签订时间：2024 年 2 月 1 日

经中国河北政府采购网于 2024 年 1 月 11 日通过公开招标方式，确定乙方为本项目成交供应商。甲乙双方依据《政府采购法》《民法典》、招标文件 HB2024000××××× 要求和成交人的承诺，双方本着平等互利，等价有偿，诚实信用的原则，在公开招标基础上就甲方向乙方购买以下产品事宜达成如下协议：

一、产品名称、品牌、型号、数量及金额

项目名称	规格型号	数量	单价（元）	金额（元）	备注
某高校通用办公教学设备、软件及家具购置项目（A 包括通用教学设备）	详见附件 1	1 批	/	522 280	无
合计（大写）：伍拾贰万贰仟贰佰捌拾元整					

二、质量要求、技术指标、供方对质量负责的条件和期限

1. 乙方须保证提供的设备全部为原厂原装全新产品，以达到招标文件规定的质量和性能，并符合现行的国家标准或行业标准，否则甲方有权提出退换。

补充：乙方声明乙方对所出售设备具有完整所有权，如果乙方出卖该设备时没有获得所有权或者处分权，买方有权解除合同。

2. 产品原包装不能破损，包装箱内随机附带的技术资料（中文和英文产品说明书、保修卡、合格证等）以及所有附件应齐全；进口设备还需提供合法的设备进口审批相关手续，否则甲方有权提出退换。

本条可将甲方有权提出退换改为"甲方有权提出退换，经二次退换仍不能达到甲方要求时，甲方有权解除合同"。

3. 所有产品至设备验收之日起免费保修三年，软件终身免费升级。产品使用者需正确使用产品，因不正确使用造成的故障损坏由使用者自行承担。

"所有产品至设备验收之日起免费保修三年"这句话，容易导致歧义，应当改为"所有产品从设备验收之日起免费保修三年"。同时去掉"产品使用者需正确使用产品，因不正确使用造成的故障损坏由使用者自行承担"这句话。

4. 乙方负责免费为甲方培训 3 名～5 名工作人员（如需），确保工作人员能够熟练使用所有设备。

5. 售后服务承诺：

（1）提供的所有产品必须是原厂生产（附产品合格证）且全新、配套的、符合国家质量监测标准的商品；

（2）所提供的产品开箱后，发现有任何问题（包括外观损伤），必须以使用方能接受的方式加以解决；

（3）明确售后服务能力，维护响应时间（要求 2 小时内响应，24 小时内到达现场并排除故障）等；

（4）所有产品从设备验收之日起免费保修 3 年，软件终身免费升级，超出部分按照厂家声明为准。超出规定期限的质保服务须生产企业或其维修机构做出文字承诺，在质保期外，提供设备的更换、维修只收取零配件成本费用，不收取人工技术费用；

（5）在设备的设计使用寿命期内，供应商应能保证使用方更换到原厂正宗的零部件，确保设备的正常使用。

（6）因产品质量发生的伤亡情况，由中标供应商负责赔偿；

三、供货时间、地点、方式

1. 自合同签订之日起 30 个工作日内交付、调试完成。无质量问题进行验收，标的物所有权自货物送到甲方指定地点并验收合格起转移。

2. 合同中所要求的设备配件必须齐全，否则按市场价值抵扣货款。因配件不齐导致产品无法使用并不能实现合同目的时，甲方有权拒绝接收货物并追究乙方违约责任。

四、运输方式及费用负担

所有运保费、税金、安装调试、布线等耗材费用、施工费用、培训费及由此引发的差旅等费用均由乙方承担。

五、验收标准、方法及提出异议的期限

1. 产品送到指定地点后需通知甲方进行实物验收，在甲方使用部门监督下拆箱，按双方约定的标准验收产品。

验收标准决定设备能否顺利验收，因此不能敷衍。一定要明确。如果设有国家标准，应当注明标准的颁布单位，标准文号。也可以在合同附件中注明。

2. 安装、调试完毕后由甲方组织有关部门和人员进行技术验收。

3. 甲方在验收时对不符合招标文件要求的货物有权拒绝接收，必要时，提交质量技术监督部门鉴定，费用由乙方承担，并追究违约责任。

六、结算方式及期限

全部货物经采购人验收合格后付款。

应当明确设备款为含税价，付款前乙方应当提供等值增值税发票（如果需要专票，应特别声明）。

七、不可抗力

1. 因台风、地震、水灾以及其他非甲、乙方责任造成的，不能预见、也不能克服的客观情况为不可抗力。

2. 遇有不可抗力的一方，应立即将事件情况通知对方，并在 3 天内提供事件详情以及合同不能履行，或部分不能履行，或需要延期履行的理由的有效证明文件，按事件对履行合同的影响程度，由双方协商决定是否解除合同、部分免除履行合同的责任或延期履行。

3. 遇有不可抗力，一方免除不可抗力造成损失的赔偿责任。

八、违约责任

甲乙双方均应遵守本合同，如有违约，将赔偿因违约给对方造成的经济损失，并向对方支付本合同总额 5% 的违约金。若因乙方原因在合同规定期限内无法交货，甲方有权终止合同，并请示政府采购监管部门取消成交资格，经双方协商同意乙方继续履行合同，将在延迟交货期内每天按合同总额 3‰ 的标准收取违约金，并提请政府采购监管部门将其列入不良行为记录。因不可抗力所导致的交货及付款延迟等按照《民法典》有关条文及本合同第 7 条处理。

九、解决合同纠纷方式

双方本着友好合作的态度，对合同履行过程中发生的违约行为进行及时的协商解决，如不能协商解决可提交某仲裁委员会裁决。

十、其他

1. 本项目的招标文件、投标文件、附件等是本合同的组成部分，与合同具有同等的法律效力。

2. 本合同共 14 页，一式 4 份，甲乙双方、某市政府采购中心及政府采购监督管理部门各执一份，具有同等法律效力。从双方签订之日起开始生效，其他未尽事宜以招、投标文件及澄清记录为准。

甲　　方：某高校（单位签章）

法定代表人：

委托代理人：

联系电话：18532456××××

单位地址：河北省某市富强大街××××号

开户银行：

账　　号：

乙　　方：某市乐乐科技有限公司　　（单位签章）

法定代表人：

委托代理人：

联系电话：13932222××××

传　　真：无

单位地址：某省某市桥东区林园北街 8 号

开户银行：某银行下东营支行　　　　账　　号：07403551000××××

第三节　图书、教材、期刊订购合同

甲方：　　某高校　　（使用单位）

乙方：　河北文曲文化传播有限公司

经某市君泽招标代理有限公司于 2022 年 5 月 7 日通过比选，确定乙方为项目中选单位。为了保护供需各方合法权益，根据《招标投标法》《民法典》等相关法律、法规的规定，并严格遵循本项目比选文件的相关规定，经甲乙双方协商一致，订立本合同。

一、项目清单及合同总体优惠率（详见报价表，附后）

1. 项目编号：HTZB（2022）-00-0010 。

2. 项目名称：<u>某高校 2022—2024 学年教材采购项目</u>。

3. 具体内容：<u>　教材采购　</u>。（详见乙方报价表）

4. 总体优惠率：<u>　23%　</u>。

二、协议期限、交货时间、地点

1. 协议期限：2022 年 5 月至 2024 年 5 月。

高校与校外企业签订合同，最好一年一签。因为是买方市场，所以一年一签能够掌握主动权，相对人为了续约，需要好好变现。这一点非常重要。

2. 交货时间地点：乙方应于 2022 年 7 月 30 日之前将所购教材运送到某高校教材文印中心书库，并按照甲方指定位置整齐上架或码放成垛。

《民法典》第 606 条规定："出卖人出卖交由承运人运输的在途标的物，除当事人另有约定外，毁损、灭失的风险自合同成立时起由买受人承担。"所以，应当在此约定本合同项下标的物不属于在途标的物。货物到达交货地点之前的毁损、灭失责任由乙方承担。

3. 交付方式：由乙方负责将甲方所订教材送到指定地点，运送过程中发生的运输、装卸等所有费用由中选人承担。

应将此处的"中选人"改为乙方。以免发生纠纷时做歧义解释。

二、付款方式及期限

1. 验收：教材运到后。甲乙双方根据比选文件共同验收教材品种、数量和质量，由甲方签字后交乙方备存，并作为结账的依据。

甲方应当制定教材验收标准并向乙方公示，货到后双方按照已经明确的质量验收标准来审核、检验、接受标的物。

本条中，乙方应当声明其对本合同项下标的物不仅享有所有权，而且该标的物不存在知识产权纠纷，也不存在抵押权、质权等权利负担。

2. 支付：甲方在交货地点对教材验收合格后 3 个月内，按照教材定价的

77%实洋以转账方式支付教材总额95%，其余5%作为质保金于验收合格12个月后结清。

3. 开票：乙方应在甲方支付书款之前，按照甲方要求向甲方开具并提交相应票据，否则无权向甲方主张书款。

与合同交货和付款的主义务相比，开票属于从义务。一般而言，从义务不能对抗主义务，但是如果双方对此作出特别约定时，该约定就能够约束双方当事人。在图书订购合同中，有必要对开票义务作出特别约定，以激励卖方全面、适当地履行义务。

四、售后服务

1. 质保期：1年。

2. 专职人员。中选人派专人对教材工作的各个环节进行沟通和协调。中选人负责春秋两季教材的收款、结算、入库、分类、点验、发放等工作，无条件对建档立卡等特殊情况的教材实行先发放后结算并承担所有费用。比选人负责协调、组织和教材统计。

本合同通篇使用比选人和中选人来称谓合同双方，这样容易产生歧义。应当全部换成甲方（买方）和乙方（卖方），或者用单位实名也可以。

3. 保证货源。中选人须保证比选人所征订教材的及时到位。若不能按要求及时供应的教材需提前同比选人协商，调换教材品种及其数量。否则，因此而造成教材不能按时到位的，结账时比选人将自动扣除中选人未供货码洋10%的违约金。

4. 中选人所供应的教材中如出现盗版，比选人将无条件退货。中选人按所供盗版教材总码洋的10倍向比选人支付违约金，并赔偿比选人因此遭受的全部损失。由此造成的一切法律后果由中选人承担。

5. 教材品种和质量保障，中选人应严格按照比选人所提供的教材订单及时组织货源，并在接到订单3日内将采购信息反馈给比选人，以便比选人及时对订单做出调整。中选人所供教材必须符合国家新闻出版部门认定的正版教材，且为当年最新版本。保障供货教材期间无差错。若有倒装、缺页等质量问题，应在 3 日内免费退换。

6. 中选人必须按照比选人规定时间内提供订单上的全部教材（不可抗力事情除外）。为拖延时间而假托出版社临时无货者，每种教材违约金 1000 元。由于中选人漏订、迟订等原因影响教学的，由中选人赔偿比选人所订教材书款 10 倍的违约金。

7. 无条件保证补订教材供应。补订教材的折扣率与中标折扣率一致，且必须在 1 周内到货，相关费用均由中选人承担。

8. 教材发放完毕后，中选人派专人尽快办理退书事宜，搬运及运输费用由中选人承担。

9. 中选人免费为比选人提供每学期教材征订目录（电子版或纸质版），目录套数按学校需求而定。

（注：《中国近现代史纲要》《思想道德修养与法律基础》《马克思主义基本原理概论》《毛泽东思想和中国特色社会主义理论体系概论》教材按书原订价结算。）

五、乙方严格遵守售后服务承诺

六、相关权利及义务

1. 甲方在验收时对不符合比选文件要求的货物有权拒绝接收和追究违约责任。

2. 甲方和某鸿涛招标代理有限公司对乙方的技术及商业机密予以保密。

3. 乙方有权按照合同，要求及时支付相应合同款项。

4. 乙方有义务按比选文件中的售后服务承诺提供良好的服务。

七、违约责任

甲乙双方均应遵守本合同，如有违约，将赔偿因违约给对方造成的经济损失，并向对方支付本合同总额 10% 的违约金。若因乙方原因在合同规定期限内无法交货，甲方有权终止合同，并请示参加本次采购活动监管部门取消成交资格，不予退还投标保证金或经双方协商同意乙方继续履行合同，除不予退还投标保证金外，还将在延迟交货期内每天按合同总额 3‰ 的标准收取违约金，并提请参加本次采购活动监管部门将其列入不良行为记录。因不可抗力所导致的交货及付款延迟等按照《合同法》有关条文及本合同第 8 条处理。

《合同法》应改为《民法典》。

八、不可抗力

甲方由于不可抗力的原因不能履行合同时，应及时向对方通报不能履行或不能完全履行的理由；乙方由于不可抗力的原因不能履行合同时，应在交货时间到期以前及时向对方通报不能履行或不能完全履行的理由；在取得有关主管机关证明以后，可以签订延期履行、部分履行补充合同或者不履行合同，并根据情况可部分或全部免予承担违约责任。

九、争议

双方本着友好合作的态度，对合同履行过程中发生的违约行为进行及时的协商解决，如不能协商解决，提交某仲裁委员会裁决。

十、其他

1. 本合同共四页，一式六份，甲乙双方、某招标代理有限公司各执两份，具有同等法律效力；

2. 本合同自双方签字盖章之日起生效。

本条应补充第 3 款即 "3. 本项目的比选文件、比选申请书等是本合同的附件，与合同具有同等的法律效力。如出现解释不清现象，各文件的解释顺序为：本采购合同、比选公告、中选通知书、比选申请书、其他比选文件。"

3. 其他未尽事宜，由双方友好协商解决，并参照《民法典》有关条款执行。

附：乙方报价表。

甲方：（单位盖章）某高校　　乙方：（单位盖章）河北文曲文化传播有限公司

法定代表人（签字）：_____　　法定代表人（签字）：_____

授权代表（签字）：_____　　授权代表（签字）：_____

地　　址：河北省某市长春东大街55号　　地　　址：河北省某市中山西路888号

开户银行：工行某桥东支行　　开户银行：河北银行股份有限公司西城支行

账　　号：<u>0412000000000×××××</u>　　账　号：<u>01411100×××××</u>

电　　话：<u>0311-4000000××</u>　　电　话：<u>0311-850055××</u>

签订地点：某高校

2022 年 5 月 19 日

第四章　高校服务采购合同

第一节　互联网服务采购合同

软件技术服务售后协议

甲方：某高校

乙方：某市科马斯软件股份有限公司

应当标注乙方的统一社会信用代码、法定代表人、公司住址、联系电话、银行账号、开户行等信息。

鉴于：甲乙双方已签订的"<u>科马斯现代教务管理信息系统</u>"销售及服务合同（以下简称"原合同"），为进一步促进教务软件的正常运行与升级完善，经双方友好协商，双方在运行维护、技术支持、改进完善、技术升级等相关售后服务事宜达成如下补充协议：

对于原合同的"补充合同"，一定要结合原合同来审查，重点审查原合同在履行期限、价款支付、结算条件的衔接问题。

第一条　运行维护与技术支持

1. 为促进甲方高效地使用本软件系统，乙方在售后服务期间应及时对甲方相关人员进行必要的经常性的使用指导和技术培训。

2. 乙方提供原系统正常、合理的系统升级。

3. 甲方应协助乙方完成上述工作，并确定系统管理员负责本系统在正常运行过程中的协调工作，主动与乙方联系及沟通系统的相关问题。

第二条　改进完善与技术升级

1. 为保证甲方能在更广、更深的层次上使用本软件系统，乙方在售后服务期间定期地对系统进行改进完善和技术升级。

2. 对于甲方提出的功能需做调整的，经双方确认以后，乙方应认真研发，并与甲方另行协商适当的服务费用。

3. 对于超过系统原合同功能的需求应在技术可行、工作合理的范围内进行，对升级的内容甲方应向乙方完整、准确地表达，并及时与乙方沟通运行效果。

第三条　服务费用

1. 本协议约定的售后服务为收费服务，服务费用分正常服务费和开发服务费两部分。具体：

（1）正常服务费主要对应系统日常的运行维护和技术支持，本协议生效后，乙方收费人民币肆万 元整（￥　40 000 元），甲方应于2019 年 10 月 1 日之前一次性付清，付清后方开展服务（以上费用公司均开正规发票）。

40 000 元应当注明（含税价），以避免纠纷。

（2）开发服务费主要对应系统特别的修改和升级，由于此项服务在技术和投入上的特殊性，乙方应收取适当的费用，费用数额由甲乙双方另行协商确认。

应当明确系统特别的修改和升级，否则收费容易产生歧义。

2. 乙方收款账户（乙方通知采取其他方式付款的除外）：

户名：某软件股份有限公司，开户行：建设银行杭州高新支行，账号：3300161600000××××××。

第四条　通知和送达

1. 涉及本合同权利义务变化的或其他必要通知，应以书面形式当面或邮寄送达，收到方应签收。如无法向对方直接送达或收到方不予签收，也可通过电话、短信、电子邮件方式通知、送达。如果以特快专递或者挂号信形式寄送的，自发出之日起第四日视为送达之日。

本处应当补充：2. 本合同下述的地址、电话、传真为双方通知送达的地址、电话、传真，如果任何一方变更，应在变更后 3 日内书面通知对方，否则任何一方通知送达前述地址，即视为被送达方收到，由此引发的法律后果由被送达人承担。

第五条　争议解决方式

双方因合同问题产生争议应通过协商解决，协商不成的，提交某仲裁委员会裁决。

第六条　其他约定

1. 本补充协议未涉及的其他事项（包括知识产权、违约、争议、终止等）按原合同所对应的条款执行，本补充协议一经生效，与原合同有同等的法律效力。

2. 本补充合同有效期　2　年，服务时间为：2019 年 9 月 1 日到 2021 年 8 月 31 日。

3. 本补充协议对相关知识产权的权利归属不产生任何约束力。

4. 本协议一式三份，甲方执二份，乙方执一份，具有相同法律效力。

【以下无正文】

甲方：某高校　　　　　　　　　乙方：科马斯软件股份有限公司

地址：河北省某市经济技术开发区　地址：杭州市西湖区紫霞街 888 号

法定代表人：李某忠　　　　　　法定代表人：李某达

委托代理人：　　　　　　　　　委托代理人：

联系电话：0311-418××××　　联系电话：0571-8990××××

附件 1：

服务类型	服务内容	收费标准（单位：元）	服务 A 包 2 万元/年
咨询服务	公司官方网站提供相关知识服务	免费	享受
	产品发展趋势咨询服务	免费	享受
	系统部署架构及数据库安装规划咨询	免费	享受
系统升级	非个性化、非结构化的升级服务	免费	享受

服务类型	服务内容	收费标准 （单位：元）	服务 A 包 2 万元/年
远程技术支持 （电话、QQ、 Email）	系统错误性故障排除服务	20 000/年	享受
	客服系统账号（资料下载，需求提交）		享受
	系统使用问题解答		享受
	系统 bug 提醒与修复		享受
	系统巡检巡查		享受
	管理员来公司培训交流（需提前预约）		享受
数据清洗	业务数据处理（如院系合并拆分、专业班级变更、课程代码变更、教师职工号变更等）	10 000/次	享受

第二节　洗衣机服务采购合同

某高校自助洗衣机服务项目合同

甲方：某高校

乙方：河北友梅科技有限公司

甲方就某高校洗衣机服务项目进行公开招标，根据招标结果确定乙方为中标单位。甲乙双方根据招投标文件内容，进一步就有关细节平等友好协商，最终达成本合同。

一、设备投放与服务价格

乙方向甲方的学生公寓洗衣房投放洗衣机100台。机器品牌为美的牌，型号为MG80-GF05DW，洗衣机服务单价为：单脱水1元/桶、快洗3元/桶、标准洗4元/桶、大物洗5元/桶。

应当补充洗衣机购买日期和价格，并相应合同和票据。

二、合同期限

1. 设备安装、调试期限

2019年9月1日前完成全部设备的安装调试。

2. 运行服务期限

合同期限共<u>5</u>年，自<u>2019</u>年<u>9</u>月<u>1</u>日起至<u>2024</u>年<u>8</u>月<u>31</u>日止。

对于甲方而言，由于属于买方市场，因此合同尽量一年一签。如果不方便更换交易对象，也是三年一签，这样保留更换合作伙伴的主动权。也能对乙方的服务构成一定的约束。

三、费用支付

1. 支付额度

（1）乙方每年每台洗衣机向甲方支付管理费人民币<u>600</u>元（大写陆佰元整）。乙方投放洗衣机数量为<u>100</u>台，每年向甲方支付管理费人民币<u>60 000</u>元（大写陆万元整）。

（2）乙方按政策规定水电费标准，采用预付费充卡的方式向甲方缴纳洗衣水电费用。

2. 支付办法

每年的管理费采用预付费的方式，在每个合同年度开始之前（每年8月31日前）预先支付下一年度的管理费，管理费一次性付清。账户为甲乙双方约定的对公账户，并出具正规票据。

四、甲方权利与义务

1. 甲方为乙方提供场地，提供洗衣房现有的水电设施。

2. 甲方为乙方的车辆通行、人员作业、投诉咨询、故障报修提供便利条件，但不承担具体责任与费用。

3. 甲方有权监督乙方的施工，并就安装位置与线路进行协商。实际运行中甲方可根据实际需要要求乙方增加、挪动、改造设备或管线，相关费用由乙方承担。

4. 甲方有权对乙方服务的过程与结果进行有效性监督，其结论将作为合同执行、改进与中断的依据。

5. 甲方不为乙方的洗衣相关配套服务提供场地、人员支持，也不承担相关责任。

6. 若发生恶性事故且不能妥善处置，甲方有权扣押乙方设备，用于学生损失的赔偿。

7. 合同期内，如乙方无重大过错（引发严重投诉、出现安全事故、拒绝整改等），甲方不得自营或以校方名义允许第三方在学校内经营以营利为目的洗衣业务。

8. 甲方有权根据学生需求要求乙方随时增加设备及其他合理化要求。

五、乙方权利与义务

1. 乙方具备洗衣服务相关资质，并按期对相关资质进行年检，且配合相关部门监管。

2. 乙方至少指派一名项目负责人，专职负责管理自助洗衣系统运营，必须保证良好的售后服务，定期消毒、及时维修，作详细记录。

3. 乙方投入的机器设备、管线属于乙方所有。乙方须提供设备选型、配置、价格及安装施工方案，对洗衣机安装进行专业设计，设计方案报甲方审批，甲方审批通过后乙方才可以施工。

4. 乙方负责施工及设备使用的一切安全，并承担施工费用及由于设备本身安全、质量问题造成的一切后果。

5. 洗衣机须按甲方要求安装在学生公寓楼内固定位置，未经甲方允许，不得随意移动。

6. 乙方须对洗衣机进行每周一次的清理消毒操作、排水通道清理及设备检查，保证机器的安全、卫生、整洁和正常使用。

7. 在服务期内乙方须自行承担设备的所有保洁、保养、维护、维修、更换工作。保障学生洗衣过程中出现故障和纠纷能及时排除、妥善解决。不得与学生发生谩骂甚至肢体冲突。

8. 乙方须按时对自助洗衣系统进行及时维修，接到报修后10分钟内响应，甲方报修后如报修时间为17：00前，乙方需在2小时内到现场进行维修，如报修时间为17：00后，乙方需在次日上午10：00前进行维修。一般故障维修在2小时内解决，特殊故障在报修后的24小时内完成维修工作，24小时内无法解决的，立即免费更换新的设备（包括更换配件和整机更换）。

9. 乙方必须保证水电的合理利用，杜绝浪费。

10. 机器购置、运输、安装（含人工、材料）、维修、消毒、保洁均由乙方自行负责，费用乙方自理。作业时需要遵守以下事项：

（1）安装设备的位置以及管线的铺装需得到甲方同意。

（2）所用管线的原材料必须符合安全环保的要求。

（3）作业人员须有资质能力，设计与施工做到安全、便捷、美观，不得为学生偷电、使用大功率电器留下可乘之机。

（4）作业不得妨碍学生的正常生活起居，不得影响通行及消防作业，不得有窥探隐私、骚扰学生及其他违法行为。

（5）人员、车辆进出校园、公寓必须遵守甲方的管理规定，按照规定程序办理手续。严禁出现与师生员工打架、对骂及其他违法行为。

（6）乙方按照国家法律法规自行负责所用人员的管理，严禁出现恶意讨薪、追债、自残自杀等恶性行为。

（7）设备维修应及时，不得影响学生正常使用。线路改装需通过甲方同意。

11. 面向学生所必需的提示、说明（价格、安全操作流程、洗衣量、机器状态、投诉沟通、消毒情况、疑难提醒、配套服务、禁止使用说明等），乙方必须明确公示，并做出承诺。

12. 乙方自行负责结算系统的投入与维护，确保资金的安全以及结算的便捷。乙方不得出现余额、押金不退还的情况，不得有欺诈行为。乙方在合同有效期间不得调整洗衣机的使用费用，如市场出现严重通货膨胀、物价飙升的情况，必须经甲乙双方协商、论证后方可调整，并作为补充合同条款。

13. 乙方负责洗衣机及相关附属设施的安全运营，保证投放的设备的使用安全性，如发生安全事故乙方负全部责任。

14. 合同期内，如遇省市相关职能部门检查，要积极配合检查，如出现问题由乙方负责。

六、相关事宜

合同期内，如遇战争、动乱、洪水、地震等不可抗力的灾害等因素，造成合同不能履行，不视为违约，双方可通过协商解决。合同到期后，同等条件下乙方享有优先权续签本项目合同。

发生不可抗力的情况下，不是双方协商解决，而是可以解除合同。当然由于甲方属于事业单位，上级主管部门或者国家政策也可能导致合同不能履行。所以本条内，导致合同解除的因素中，应当补充上级主管部门的决定或者国家政策规定等。

七、违约责任

1. 合同期内，甲乙双方不得无故单方强行终止服务或终止合同，若单方提出终止合同，应提前一个月书面通知对方，并给予对方补偿。

2. 合同期内，因乙方管理不当或失职，导致乙方工作人员之间、学生之间、乙方工作人员与学生之间发生严重群体性事件，并造成严重后果或影响的，或出现严重火灾、水患、漏电、盗窃等事件的，甲方有权终止本合同，并追究乙方的违约责任，因乙方管理不当或失职，造成学生或乙方工作人员伤亡事件的，由乙方承担相应的法律责任，造成学生或甲方财产损失，由乙方承担赔偿责任。

此处应当补充解除或者终止合同的程序，即出现合同终止或者解除情形时，双方书面或者电子形式（微信、QQ、电子邮箱）通知对方。通知到达对方在招标或者合同中留下的地址、微信、电子邮箱中即为生效。

3. 如乙方未能按本合同规定时间付款，自拖欠应付款之日起，乙方自愿每日按照标的额千分之三支付给甲方违约金。

4. 本合同终止或解除情况发生后，乙方应在 7 个工作日内自行撤离全部洗衣设备，按期搬离所在宿舍楼洗衣房，交付甲方现有基础设施。如乙方未按照约定期间搬离设施，甲方将雇人搬离乙方设备另行存放，由此产生的搬运费用和存放费用由乙方支付。雇人搬运、存放乙方设备产生的设备损失，乙方承诺独自承担。

本合同终止或解除情况发生后，乙方如果没有在前款约定的时间内撤场，每拖延一日，乙方自愿支付给甲方违约金 2000 元。

八、在本合同期内，如出现不可预见的问题而发生矛盾或争执，双方本着客观、公正、合理的原则协调解决。如协商不成，双方均可向学校所在地人民法院提起诉讼。

如果乙方不是本地企业，那么一定要将司法管辖权争取到本地。由于司法管辖中，当事人可以提出管辖权异议，因此最佳方式为"协商不成时，提交某仲裁委员会裁决"。

九、本合同未尽事宜通过双方协商解决，经协商签订的各种补充合同与本合同具有同等法律效力。

十、本合同一式四份，具有同等法律效力。

十一、本合同经双方法人代表或其委托代理人签字并加盖公章即为生效，合同一式四份，其效力相同。

甲方：   乙方：
甲方法定代表人或代理人签字：   乙方法定代表人或代理人签字：
　年　月　日   　年　月　日

附件一：乙公司营业执照复印件
附件二：乙公司代表的授权委托书
附件三：甲方代表的授权委托书

第三节　校园绿化养护合同

某高校绿化养护管理项目合同

甲方：<u>某高校</u>（以下简称"甲方"）

乙方：<u>昌乐县莽苍苍绿化工程有限公司</u>（以下简称"乙方"）

为规范校园绿化养护管理，进一步提高校园绿化养护管理质量和水平，甲方经省政府采购办公室审批委托招标代理机构通过公开招标的方式将2016年绿化养护管理项目承包给乙方。

为明确甲乙双方的权利义务，依据《合同法》及相关法律、法规规定，遵循自愿、平等和守信的原则，甲、乙双方根据2016年6月3日，编号为<u>Z130000000000×××的某高校2016年绿化养护管理项目</u>招标文件的要求和招标结果，协商一致，订立本合同。

一、项目概况

1. 项目名称：<u>某高校 2016 年绿化养护管理项目</u>

2. 养护管理区域：<u>某高校校园内（详见招标人提供《绿化养护区域示意图》）</u>

3. 养护管理期限：<u>一年</u>

应于此处补充一条，即双方联系人以及授权范围，甲方联系人有权代表甲方检查、控制工期质量，对单笔 5000 元的工程变更以及外购水费有权签字认可，但签字额度总数不超过 10 万元。乙方代表有权代表乙方组织养护、现场协调、控制工期，提交工作量表，申请支付合同约定的各个节点的费用等。

二、养护内容与质量要求

1. 已植绿化区域内的乔灌木、花卉、草坪、地被类的修剪、施肥、浇灌、除草、病虫害防治、越冬防护、绿化环境维护及甲方要求的其他养护管理内容，绿化范围内补植乔灌木、花卉的养护管理，绿化养护范围由招标人划定。

2. 绿化养护质量要求：按招标文件规定及招标结果约定。

当合同由多个部分构成时，一定要明确各个组成部分的优先顺序，否则出现相互矛盾或者含糊不清的约定时，双方就会各执一词。就本合同而言，优先顺序应为：绿化养护管理项目合同、中标通知书、招标文件、投标文件、《绿化养护区域示意图》、国家标准规范等。

3. 苗圃内树苗养护管理：按招标文件规定及招标结果约定。

三、承包费

1. 工程总承包费：<u>¥500 000</u> 元（大写：伍拾万元整）

2. 总承包费除包含人工费、机械费、劳务费、税金及政策性文件规定的各项应有费用外，还包含全年养护所需的机械设备维修保养费、机械燃油费、肥料及病虫害防治药剂费、越冬防护材料费、枯死苗木的补种费等乙方承诺承担的一切费用。

应当在人工费之后，用列举式补充"材料费""措施费"等，辅以最后一句话中"一切费用"作为兜底条款。

3. 承包费中需说明的情况：

（1）承包费中不含施工用水，施工用水全部由甲方提供，若遇到用水高峰期时出现用水紧张或水压不够等情况，发生外购水时，外购水费按实际发生结算，结算价格、数量需经甲方认定；

（2）承包方提供经甲方确认的投标报价及工程量清单作为合同附件，其总报价及清单单价作为投标文件报价部分。

四、承包费支付方式

1. 付款方式：按季度支付，采购人每季度末付给中标人一次费用，每次付款由河北省省级政府采购中心出具相关手续后，根据采购人所提交的相关证明，省级支付中心支付合同款项。

2. 外购水费：按实际发生量，经甲方认定价格、数量后据实结算。

3. 工程最终承包价以工程审计为准，视苗木的成活和补种情况支付承包价余款（合同审定价扣减已付承包款）。

五、工程内容及要求

1. 绿化养护范围、工程量按招标文件工程量清单内容和《绿化养护区域示意图》。

2. 发生招标工程量清单以外的工程量变更及现场签证的，招标清单有相同项的按投标清单单价计算，招标清单没有相同项的参照相似项单价计算，没有相似项的，双方另行协商。

3. 承包方式：包工包料。

4. 乙方不得以任何形式转包，如发现转包，甲方有权终止合同，由此造成的一切损失由乙方承担。

此处应当补充：乙方如果将一定的工作进行分包，必须征得甲方同意。否则甲方有权拒付全部承包费。

5. 甲方指定范围的全年绿化养护，含修剪、除草、病虫害防治、施肥、移植、补植（种）、浇水、越冬防护等。

六、甲方的权利和义务

1. 提供校园绿化养护区域示意图。

2. 对乙方的日常养护管理工作进行监督、指导，并进行不定期巡查、考核。

3. 按约定的时限和方式向乙方支付承包费。

4. 提供绿化养护管理用水。

七、乙方的权利和义务

应当在此补充一条：乙方应当向甲方提供全部在甲方校园工作人员的名单、身份证号以及打卡记录，保证及时发放工人工资、缴纳各种社会保险费，定期对员工进行业务、安全生产、文明施工等进行培训。

1. 依据《园林绿化三级养护质量标准》、投标文件服务承诺及合同条款规定控制绿化养护行为及质量。

2. 接受甲方对绿化养护的监督、指导，及时完成甲方交办的公共绿化养护突击任务。

3. 养护期间至少配备项目负责人、技术负责人及司机各1名，一般养护人员按3000平方米/人计，项目组成人员与招标人无任何劳务关系。乙方指派的项目负责人全年出勤率达60%以上、技术负责人全年出勤率达95%以上，全年日派工数为投标计划数的90%以上。技术负责人和司机不得兼任甲方以外的任何单位和个人的绿化养护任务。

4. 负责甲方安排的指定养护区域内的绿化修复任务并实施养护。

5. 绿化养护范围内苗木成活率达到95%以上，枯死苗木按原种类、规格补种，补种苗木采购费、种植人工费等补植费用由乙方承担。新补种苗木的养护按一年期顺延，直至成活。

6. 养护人员上岗时须穿戴园林专业工作服。

7. 负责浇灌用水节约管理，浇水时必须有养护工作人员在场，防止人为浪费水现象发生。

因为浇灌用水由甲方提供，外购用水由甲方付费，所以乙方作业人员有可能不考虑灌溉用水的节约问题。所以甲方应当建立灌溉用水的监督措施。首先是限制粗口径水管不分昼夜地大水漫灌，其次要对外购用水的数量进行准确计量，防止乙方虚估冒算。

8. 负责养护作业人员的日常管理，对发生的各类事故纠纷，由乙方自行处理并承担全部责任。

9. 遇到突发事件或自然灾害，必须服从甲方指挥并主动配合。

八、甲方现有的绿化养护设备（如洒水车、剪草机、打药机等）、设施提供乙方使用，乙方负责保管和维修，合同期满后及时交还甲方，如损坏或丢失，由乙方负责赔偿。绿化养护需要的其他设备由乙方自备。

九、履约保证金的缴纳：按招标文件规定及招标结果约定。

十、由于乙方养护不到位等原因导致未达到《园林绿化三级养护质量标准》及本合同规定工程要求的，由乙方负责恢复，费用由乙方承担。

十一、合同终止条款：

有下述情形之一的，甲方有权单方取消乙方承包资格，并在两年内拒绝乙方参加甲方组织的绿化养护投标。乙方接甲方通知后必须在 7 日内无条件退出承包。甲方有权扣除剩余未支付乙方的工程款。

1. 甲方依据《园林绿化三级养护质量标准》不定期进行考核并提出整改意见，乙方在规定整改时限内考核仍不合格的。

2. 因乙方行为发生劳动争议，影响绿化养护工作正常进行的。

十二、乙方因严重违约，甲方通知乙方解除合同并退场，乙方应在接到退场通知 7 日内无条件退场，逾期乙方按 3000 元/日交纳违约金。

十三、本合同如遇不可抗力等原因无法继续履行时，双方协商解决。

十四、本合同未尽事宜，双方协商决定。甲乙双方出现争议，协商不成时，提交某仲裁委员会裁决。

十五、本合同经双方法人代表或其委托代理人签字并加盖公章即为生效，合同一式六份。双方各执三份，其效力相同。

下列文件为本合同不可分割部分：

1. 招标文件

2. 投标文件

3. 投标人所做的其他承诺

甲方：（盖章）　　　　　　　　　　乙方：（盖章）

法人代表（或委托代理人）：　　　法人代表（或委托代理人）：

电话：　　　　　　　　　　　　　电话：

开户银行：　　　　　　　　　　　开户银行：

账号：　　　　　　　　　　　　　账号：

日期：2016 年 6 月 28 日

第四节　物业服务合同

甲方（委托人）：某高校

乙方（委托人）：某市德勤物业服务有限公司

某高校（甲方）物业所需物业管理服务于 2023 年 9 月 5 日以公开招标方式进行采购。经评标委员会确定某德勤物业服务有限公司（乙方）为保洁服务供应商。

语句不够简洁，也不通顺，可以修改为："2023 年 9 月 5 日，甲方通过公开招标确定乙方为保洁服务供应商。"

甲乙双方根据《政府采购法》《民法典》及其他法律、法规的规定，并按照公正、平等、自愿、诚实信用的原则，在协商一致的基础上，就甲方将某高校校区及家属区物业委托于乙方实行物业管理的相关事宜，达成以下条款，签署本合同，以资共同守信。

语句不够简洁，有些表达得不够准确。可以修改为："根据《民法典》《政府采购法》，甲乙双方在协商一致的基础上，约定各方的权利和义务如下：……"

相关名词解释：

1. 产权人：产权所有人（也就是产权拥有者），法律上认定的是财产（动产与不动产）登记的合法拥有者，即物业的业主，这里指某高校。

产权是英美法系的概念，大陆法系只有所有权的概念，没有产权这个概念。受大陆法系的影响，在我国产权人不是一个法律概念，而是一个经济学概念。在合同中使用产权人这个概念不准确，应当改为所有权人。

2. 物业管理服务：以物业为标的所进行的服务活动。

3. 物业使用人：享受物业管理服务的主体，指房屋的实际使用人。

4. 物业管辖区：即甲方所划定的需要乙方实施物业管理的辖区。

5. 建筑物本体：建筑物自身的结构、装修和设备。

应当补充构筑物，即不以居住为目的的人工建造物，例如围墙、栅栏、大门、水塔、烟囱、雕塑、喷水池、水渠、桥梁、长廊等。这些东西高校里都有，都是物业公司应当提供服务的范围。

6. 物业管理标的物：合同当事双方权利和义务所共同指向的实施物业管理服务的所有建筑物本体、建筑物本体以外的区域内外环境（包括室内卫生间、洗漱间、楼宇大厅玻璃、楼内墙面及吊顶及周边附属设施等）。

此处漏掉了高校校园中的构筑物，例如鲁班雕像、梁思成雕像等。

7. 物业管理档案：档案管理原则、内容及标准等请参见《档案法》《物业管理条例》。

8. 相应损失：直接损失及经第三方认定的附带的或间接的损失（包括但不限于守约方为维护合法权益所支出的诉讼费、律师费、交通费等）。

9. 履约保证金：为确保履行合约而由中标方存放于河北省省级政府采购中心指定账户内的押金（合同总金额的8%），是一种财力担保，具有独立性。功能在于中标方违约时，赔偿招标人的损失，也即如果中标方违约，将丧失收回履约保证金的权利，且并不以此为限。

第一条　总则

本合同由合同文本及其附件和下列文件组成：

1. 中标通知书；

2. 招标文件及其附件；

3. 乙方投标文件及其附件。

以上文件内容如与本合同有冲突的，以本合同约定为准。

二、合同文件的优先顺序

组成合同的各项文件应互相解释，互为说明解释合同文件的优先顺序如下：

1. 合同文本及其附件；

2. 中标通知书；

3. 招标文件及其附件；

4. 乙方投标文件及其附件；

上述各项合同文件包括合同当事人就该项合同文件所作出的补充和修改，属于同一类内容的文件，应以最新签署的为准。

三、合同金额

合同金额：¥2 500 000 元

大写金额：贰佰伍拾万元整。

应当补充约定此费用是否含税，付费的前提条件以及付费的节点。还有甲方对发票的要求，例如开具时间，要求是普通发票还是专门发票。

四、物业基本情况

物业名称：某高校 2023 年校园保洁外包服务

服务内容：详见招标文件及附件

建筑面积：30 万平方米

五、乙方提供服务的主体为甲方和物业使用人，甲方和物业使用人均应对履行本合同承担相应的责任。

物业管理服务内容、要求及标准。

（详见附件一）

特别委托事项

乙方承诺合同期内须无条件配合甲方按照政府或上级部门要求推进生活垃圾分类工作。

乙方有义务在重大活动、节日期间，保障学校重大活动、节日的保洁及其他工作，为重要会议、庆典等活动提供物品搬运、会场布置、现场服务、撤场清场等工作。对于临时工作安排，乙方应服从学校调度、积极配合，属于物业服务范围的，做好保障服务。

乙方承诺合同期内在不增加任何费用的前提下完成学校疫情防控工作（秩序维持、卫生整治、消杀、通风等），消杀药品及设备由学校提供。

委托管理期限

某高校校区及家属区物业管理服务期限为：2023 年 9 月 15 日至 2024 年 9 月 14 日（自合同签订之日起 12 个月，合同期满自行终止）。

物业管理服务质量

质量标准

乙方须按甲乙双方约定，实现管理目标；具体物业管理服务质量标准见招标文件。

执行检查

1. 甲方对乙方物业管理工作每月进行考核评价，成绩达到 85 分以上（含 85 分）为合格，如未合格则必须接受限期整改，限期整改不合格甲方将对乙方应做出相应的经济处罚。（物业管理考核内容详见附件二）

2. 甲方在乙方承接物业管理标的物的当月不进行考核评价，乙方需按照约定提供服务。

第六条　物业管理服务费及结算办法、双方费用分配

一、物业管理服务费

物业管理服务费合计为人民币 2 500 000 元/年，大写：贰佰伍拾万元整。

二、物业管理服务费用结算办法

1. 依照招标文件付款方式支付。项目签订合同并履行 3 个月后，甲方支付合同价款的 25%，项目合同履行 6 个月后，甲方支付合同价款的 25%，待全部项目完成并验收合格后甲方支付剩余全部合同价款。乙方于约定支付期内开具发票，甲方在收到发票后 15 个工作日内支付相应物业管理服务费，甲方以银行转账的方式将款项付至发票上列明的银行账户。若甲方不能按期支付物业管理服务费，应事先向乙方作出书面说明，并在应付日后 30 日内付清。逾期乙方有权追究甲方责任。因乙方原因导致迟延支付的情况除外。

2. 甲方委托乙方提供合同约定外的其他服务项目，所涉及的费用由双方另行议定并书面确认后甲方另外支付。

3. 在本合同服务期限及服务范围内，若甲方配合政府职能部门将两个家属院移交到相应管理部门，则该部分服务费（14.7 万元）依据招投标文件、合同约定情况，按照服务时间比例进行扣除。

三、材料、物品及设备的提供

本条明确划分双方为提供物业管理服务所需的材料、物品及设备的责任。

乙方将自行承担费用。提供服务人员根据本合同开展保洁服务所必需使用的设备、材料、物品。该设备、材料、物品的成本已包含在物业管理服务费用金额内。

第七条　双方权利义务

一、甲方权利义务

1. 代表和维护产权人、使用人的合法权益。

2. 审定乙方拟定的物业管理制度、物业管理运行方案及物业管理服务年度计划。

3. 监督乙方管理工作的实施及制度的执行情况（包括乙方服务人员、设备及服务提供情况），就物业管理的有关问题向乙方提出意见和要求。

4. 负责收集、整理物业管理所需全部图纸、档案、资料，并于合同生效后及时向乙方移交。

5. 负责根据物业实际管辖情况对物业量与经费进行增减，并对校区物业进行区域化调整，增减或调整后与乙方签订补充协议。

6. 负责为乙方免费提供物业服务所需的水、电、暖气等能源（乙方物业范围外服务所产生的费用除外）。

7. 在合同生效日起免费向乙方提供必需的物业办公用房和仓库用房，其他物业用房由双方协商解决。

8. 协助乙方做好物业管理工作和相关的宣传教育、文化活动。

9. 负责协调物业管理工作中乙方与相关部门之间的关系，以便于物业管理工作的正常开展。

10. 配合乙方做好师生遵守本物业项目相关管理制度的协调工作。

11. 甲方有权对乙方工作人员的资历水平实施监督并要求乙方更换多次违

规或不能按约定履行工作职责的有关人员，包括项目经理。

12. 依据双方签订的合同的相关规定，支付乙方物业管理服务费用。

13. 协调、处理本合同生效前和履行中所发生的管理遗留问题。

二、乙方权利义务

1. 乙方应达到招标文件及其附件、投标文件、合同文本及其附件、书面承诺等有效书面材料中的相关标准和要求。

2. 负责物业管辖区内所有建筑物本体内的本合同及附件约定的综合管理、保洁等工作（物业服务内容详见招标文件）。

3. 在物业管理职责范围内，乙方负责完成项目约定的物业管理服务，同时在物业使用过程中，发现并及时排除安全隐患和险情，将检查结果编写检查报告提交甲方。检查中发现房屋本体及设施设备质量问题及时呈报给甲方，由甲方编制修缮方案并实施。

4. 对甲方组织的大型活动及重要接待等常规性或临时性的任务予以积极响应并配合完成。

5. 配合甲方做好学生教育、生活和学习等方面的管理工作。

6. 负责建筑物内一般性公共秩序的维护工作。重大或突发事件发生时，应当及时向学校保卫部门或公安部门报告，并全力协助有关部门做好物业管辖区域内的公共秩序维护、救助、安全防范及调查等工作。

7. 根据相关法规和政策，结合实际情况，制定本项目管理制度，经甲方审定后组织实施。

8. 负责编制物业管理年度管理计划、用工计划、材料配备计划、资金使用计划及决算报告、物业维修养护建议等，经甲方审定后组织实施。

9. 负责建立健全物业管理档案（参见相关名词解释），对甲方所提供的物业档案资料负有保密义务，未经甲方许可严禁向第三方泄露或用于物业管理以外的其他用途。

10. 认真履行约定的物业服务标准，确保服务质量。

11. 必须爱护学校的各种设施设备，并协助甲方实现节能目标，在存量不变、未发生增量的情况下达到甲方现有节能水平与承诺的服务水平。

12. 向甲方和物业使用人事先告知物业使用的有关规定。如甲方和物业使用人需要对物业进行拆改或装修，应事先告知有关限制条件，订立书面约定，并负责监督。

13. 未征得甲方同意的情况下，不得将本项目的物业管理责任转让给第三方。

14. 不得将物业用房挪作他用，不得擅自占用公用设施或改变其使用功能，如需在本物业内改、扩建或完善配套项目，须经甲方书面同意并报请有关部门批准后方可实施。

15. 根据需要，经甲方许可，乙方可委托有相关资质的专业企业承担本物业项目的专项服务。

16. 根据本合同规定，向甲方收取物业管理服务费。

17. 未经甲方许可，乙方不得利用所管物业进行经营活动。

三、乙方员工

1. 管理人员：乙方在甲方认同的条件下向甲方派驻履行物业管理服务所合理需要的管理人员。其中一人为项目经理，由他（她）协调对服务人员（定义如下）培训及管理并作为乙方的主要代表与甲方接洽并负责日常管理服务的履行（人员配置详见附件三）。

乙方项目经理应当有乙方签章的任命书或者委任状，乙方应将该任命书或者委任状原件或者签章的复印件在甲方备案。这样约定的目的是，当甲方向乙方下达重要指令甚至解除合同的通知时，能够保证该通知及时送达并发生法律效力。

2. 服务员工：所有服务人员年龄符合国家相关规定。乙方还需培训、管理、指导所有服务人员（以下简称"服务人员"）。

乙方全部员工的名字、相片、地址、联系方式应当报甲方备案，并应遵守甲方的规章制度。这样约定的理由是维护校园的安全稳定，防止居心叵测的人员假借乙方员工名义混入校园。也能够约束乙方员工在校园对甲方财物、员工构成侵权时，便于管理并追究法律责任。

3. 乙方为雇主：上文 1 及 2 中提及的人员均为乙方员工，并经乙方严格培训后上岗。乙方应合法用工，并将承担他们的工资和其他与其工作有关的员工福利及适用法律所要求缴纳的社会保险。因本合同引发的员工的劳资纠纷，由乙方承担全部的后果和责任。

应改为："3. 乙方作为用人单位的劳动法责任"。

4. 乙方雇员更换：如果甲方基于乙方服务人员在物业管辖区提供服务时有违法行为或者违反了甲方公布的物业管辖区规章制度或者服务质量差，甲方有权追究相关责任并要求撤换该人员。乙方在收到该通知后，应立即提供替换人员。

第八条　违约责任

1. 乙方中标后不得以任何形式、理由转让管理权，如经发现，甲方有权取消中标单位资格并解除委托合同，由此引发的一切相关法律、经济责任全部由乙方承担。

2. 甲方无正当理由拒绝乙方服务，致使乙方不能按期完成服务内容并收到合同款的，甲方向乙方偿付合同总额8%的违约金。

3. 甲方无正当理由逾期支付合同款的（以银行开出的汇票或支票日期为准），每逾期1日，需方向供方偿付欠款总额8‰的滞纳金。因省级财政支付中心原因造成的逾期支付除外。

4. 乙方所交付的服务内容、质量不符合合同规定标准的，甲方有权拒绝，因拒绝而耽搁的时间由供方负责。

5. 乙方不能交付合同规定的服务时，乙方向甲方偿付服务总额8%的违约金。

6. 乙方逾期交付服务时，每逾1日乙方向甲方偿付货款总额8‰的滞纳金。逾期超过7天后，甲方有权决定是否继续履行合同。

7. 若乙方未经甲方许可利用所管物业进行经营活动，甲方有权终止合同，造成的相关损失由乙方承担。

8. 若乙方违反本合同相关约定，未能达到约定的目标质量标准，在月度考核成绩低于85分的情况下，甲方有权给予乙方警告、要求限期整改。如乙方未按期整改可酌情扣减当月1%以内的物业管理服务费（造成的直接损失及赔偿不在此列）；若乙方连续两次逾期未整改，则甲方有权终止合同。由于以上原因导致合同终止而造成甲方的经济损失由乙方进行赔偿。

9. 若乙方在本项目投入服务人员人数不满足招标文件要求时，甲方有权要求乙方在一周内整改完成，配齐人员，若乙方在本项目投入服务人员人数连续两周不满足招标文件要求的 95%（不足 71 人）时，甲方有权终止合同，造成的相关损失由乙方承担。

10. 双方签订合同 15 天内，若乙方未按投标文件承诺配置在本项目投入保洁服务物料及工具，甲方有权要求给予乙方警告、要求乙方在 7 天内整改完成，双方签订合同 20 天内，若乙方配备的可正常使用的保洁服务物料及工具不能满足服务需求，甲方有权终止合同，造成的相关损失由乙方承担（乙方提出申请经甲方同意后可适当减少设备）。

11. 未经甲方允许乙方擅自更换本项目项目经理的，甲方有权从服务费扣除人民币 50 000 元（伍万元整）作为罚款，在合同期内，项目经理每月在学校时间不得少于 25 天，每少 1 天甲方可从应支付给乙方的服务费中扣除人民币 2000 元（贰仟元整）作为罚款。未经甲方允许乙方擅自更换本项目保洁主管的，甲方有权从服务费中扣除每人 10 000 元（壹万元整）作为罚款，在合同期内，保洁主管每月在学校时间不得少于 25 天，每少 1 天甲方可从应支付给乙方的服务费中扣除人民币 1000 元（壹仟元整）作为罚款。

12. 物业管理服务的全过程中，因乙方违反合同约定及相关法律法规所引发的责任和损失，应由乙方承担全部责任和相应损失赔偿。

13. 物业管理服务过程中，当月师生投诉次数超过 5 次，甲方有权终止和解除合同。

14. 物业管理服务过程中，甲方将严格按照考核办法及负面清单进行考核及管理。负面清单中的罚款事项甲方将在每次付款时扣减。（负面清单详见附件四）

第九条 合同终止

1. 在本合同期内，经双方协商一致同意可以提前终止合同。

2. 乙方违反合同约定达到终止合同条件的，甲方有权终止合同。

3. 如在合同期内任何一方若提出终止合同的要求（因未履行责任约定、责任事故、考核不达标等终止合同的情况不在此列），须提前 3 个月以书面形式通知对方并支付 1 个月的物业管理服务费作为赔偿金。

应补充规定第四项，即"4. 在合同到期前一个月内，乙方必须做好撤场准备。本合同终止前 5 天内向甲方移交全部物业用房、设备及物业管理的全部档案资料等归属权在甲方的财物，并在甲方组织下与即将接管的物业公司对管辖的物业管理标的物进行交接，如发生损坏或遗失，乙方须予以赔偿，交接完成后在合同终止日当日经甲方批准后方可退场。若乙方未在指定时间内向甲方移交全部物业用房、设备及物业管理的全部档案资料并完成撤场工作，每延迟 1 日需向甲方支付违约金人民币 5000 元（伍仟元整）。若合同终止后 7 日内未完成撤场工作，甲方有权以尚未支付的物业服务费抵做甲方违约金或者损失费。甲方应当及时接收物业用房及物业档案资料，因甲方未能及时接收导致乙方迟延交付的，乙方无需承担违约责任，支付违约金。若乙方未能交付合格完好的全部物业用房及物业管理的全部档案资料等，甲方将不予接收，乙方仍需按照前述约定方式承担违约责任，支付违约金。"

5. 本合同终止时，不应免除双方在终止日或之前存在的经济责任。

6. 本合同终止时，乙方有义务仍按合同约定的要求及标准继续提供物业管理服务直至新物业公司进场服务，增加的服务费按照原合同费用标准核算支付。

第 8 条违约责任和第 9 条约定了很多合同解除或合同终止的情形，这是必要的。然而未约定解除或者终止合同的方式和程序，应当补充进来。

合同解除分为法定解除和约定解除，法定解除的构成条件没必要在合同中约定，约定解除分为双方协商解除和单方解除。双方协商解除也不用约定。主要是单方解除或者单方终止合同的情形应当约定解除的方式和程序。

高校应当给予自己的买方市场，对于物业公司的重大违约约定单方解除权。即在物业公司符合合同解除或终止情形时，以书面通知的形式或者电子形式（微信、QQ、电子邮箱等形式）解除或终止合同。解除或终止合同的通知送达物业公司在本合同中确认的地址获知物业公司在本项目的项目经理时，本合同解除或者终止。对于一般违约，高校可以先以警告或催告的方式，提醒对方纠正或整改，并给对方纠正或整改的期限。过期仍不纠正或整改的，合同解除或者终止。

第十条 损失赔偿

一、赔偿

1. 自乙方与甲方完成物业项目承接查验之后，乙方应保证本合同涉及物业范围的所有设施、设备符合合同的约定及甲方的需求，由于乙方原因（包括以积极行为实施侵害或者怠于履行监管义务等消极行为导致侵害行为发生的）导致发生人身、财产损害的，视为乙方违约，由乙方负责赔偿，因此给甲方造成损失的，乙方亦应负责赔偿。

2. 因乙方过失造成的甲方和物业使用人人身伤害、财产损失的，全部由乙方负责赔偿。

3. 由于乙方物业管理服务不善造成重大责任事故或给甲方声誉及安全稳定造成不良影响，甲方有权终止物业服务合同，乙方须赔偿甲方相应损失，由于乙方未事先告知或监管不善导致甲方和物业使用人使用不当引发的各类故障、事故，乙方承担相关责任和损失赔偿。在乙方已事先告知且监管得当的情况下，甲方和物业使用人仍违反规定或因使用不当引发的各类故障、事故造成的损失，乙方不负责赔偿责任。

补充第4款，即"4. 乙方在甲方场所发生人员突发疾病或伤亡，应立即展开救治，如人员已经去世，则在公安勘验现场后立即将逝者转移出学校。避免家属在学校聚集，更不能在学校进行丧事活动。情况紧急，乙方应为突发疾病或伤亡的人员垫付医疗费等救治费用。如果乙方没有及时垫付医疗等费用，甲方有权以尚未支付的物业服务费垫付。在发生上述情形时，乙方应妥善处理，避免此类事件在互联网上流传。如乙方在处理员工突发疾病或伤亡事故中处理不当，给甲方造成损失，乙方须为此承担赔偿责任。"

二、免责

出现以下情况双方均互不承担赔偿责任：

1. 因不可抗力（①自然灾害：如台风、冰雹、洪水、地震、干旱、暴风雪；②政府行为：如征收、征用政府禁止令等；③社会异常事件：如罢工、骚乱、战争等）导致物业管理服务中断的。

2. 因维修养护设施设备需要且相关部门事先已告知甲方暂时停水、停电、停止设施设备使用等造成损失的。

3. 因非乙方责任出现供水、供电、供气、供热、通信及其他公用设施设备运行障碍造成损失的。

双方指定联系方式

甲方联系人：张某强　电话号码：0311-428××××　手机号码：1875218××××

电子邮箱：zhangsan××××@163.com

乙方联系人：李某峰　电话号码：0311-586××××　手机号码：1356895××××

电子邮箱：lilian××××@126.com

双方联系方式发生变更，须在次日告知对方。否则承担因联系方式变更未及时告知而造成的一切后果。双方的通知寄送或发送到本合同项下地址和邮箱内时即为有效送达。

其他事项

1. 本合同的附件为本合同不可分割的组成部分，与本合同具有同等法律效力。

2. 本合同及其附件中未尽事宜，双方经协商后须以书面形式签订补充协议，补充协议作为本合同附件与本合同具有同等效力，补充协议与本合同存在冲突的，以补充协议为准。

3. 本合同及其附件中未尽事宜，甲乙双方原则上进行友好协商，如发生争议或纠纷，协商不成的，可向甲方所在地有管辖权的人民法院提起诉讼。

本条最好约定甲方所在的仲裁，理由是：①占住主场之利；②一裁终局，节省时间；③法院判决的案件多在中国裁判文书网公开，高校有些纠纷对高校声誉有影响。因为催告不出现在互联网上，仲裁的案件不上网，所以有纠纷走仲裁，能够避免一些事件在互联网上发酵，影响高校的形象。

4. 本合同自合同签订之日起有效期12个月，合同期满自行终止。

5. 本合同经双方签字并盖章后方可于合同签订日起生效，合同正本一式拾份，甲方持伍份，乙方持贰份，河北省省级财政支付中心，河北省政府采购办，河北省省级政府采购中心各执壹份，具有同等法律效力。

甲方：某高校（盖章）　　　乙方：某市德勤物业服务有限公司（盖章）

地址：某省某市胜利大街×号　　地址：某市桥东区前进中路×单元×

税号：1311000000195××××　　税号：783660701527××××

开户：工行某桥东支行　　　　开户：中国工商银行桥西支行

账号：0222222288××××　　　账号：08522202000××××

电话：0311-758××××　　　　电话：1324332××××

法定代表人或　　　　　　　　法定代表人或

委托代理人（签字或盖章）：　委托代理人（签字或盖章）：

若签字人非法定代表人，须由公司加盖公章，法定代表人签字的授权委托书作为合同附件。同时也有必要将乙方营业执照复印件作为合同附件。

签订日期：　年　月　日　　　签订日期：　年　月　日

附件一：《某高校物业服务内容及要求》

一、服务职责及标准

（一）职责

1. 工作人员熟悉并严格执行学校及校园安全与后勤管理处的各项规章制度，尽职尽责按照操作规程及保洁标准所要求做好本责任区工作。

2. 负责保洁工作的具体实施，遵守正确的工作程序和方法，根据人流量多少随时做好保洁工作，并定时巡视重点区域。

3. 积极参加卫生突击工作，如：贵宾参观、门前积雨、积雪的清扫突击工作。

4. 劝阻并制止不卫生，不文明的现象和行为，有义务维护公共设施、设备的正常使用状况，在保洁过程中，如发现公共设施有损坏，应及时上报。

5. 安排专人进行检查，并做好记录，每天检查一次，将检查记录与次周一一并交由物业科。

6. 熟悉本楼消防通道、出入通道和疏散通道并保持畅通，不得摆放任何物品。

（二）基本标准及要求

1. 物业服务内容及要求详见附表 1~附表 2，合理安排保洁时间，不影响正常教学办公秩序。

2. 打扫到位，不留死角，并且不间断巡回保洁，保持室内外干净卫生。

3. 保洁工具统一放置，整洁美观，不得影响他人，垃圾日产日清。

4. 每天 6：00（夏天）/6：30（冬天）由专人（1 名）负责清捡白色垃圾，清捡要到位，不留死角。

5. 每天 7：00—11：00/14：00—17：00（夏天）/17：30（冬天）所有服务人员在岗，按照服务内容和要求开展保洁工作。

6. 每天 17：00（夏天）/17：30（冬天）至次日 6：00（夏天）/6：30（冬天）在校内保留至少 2 名工作人员，作为学校应急保洁人员。如学校有应急情况发生，需要保洁服务，应急保洁人员应随叫随到。

二、例会

1. 时间：每周一下午 3 点，校园德宏楼办公楼 205 会议室，如有变动另行通知；

2. 与会人员：校园管理相关人员、物业公司中层以上管理人员。

附表 1　物业服务内容及要求

服务内容	服务要求
保洁服务	1. 室外公共区域卫生保洁要求的标准：地面无杂物、积水、垃圾，无污渍、泥沙；果皮箱、垃圾桶外表无明显污迹，无垃圾黏附物；路牙边角无积土和杂草。具体要求如下： （1）每天上下午各清扫 1 次，并且不定时进行巡回保洁，清除路面、广场、便道及绿化场地果皮、纸屑、泥沙和烟头等杂物，保持室外公共区域卫生。 （2）发现地面有污水、污渍、口痰或粘有口香糖等污物，要及时清除。 （3）果皮箱、垃圾桶每天清倒一次，并刷洗干净。 2. 室内门厅、楼梯、走廊卫生保洁要求的标准：地面无杂物，无污渍，地面、墙面有光泽；公共设施表面无明显灰尘；不锈钢饰物表面无污迹。玻璃门无手迹、污迹。墙角无灰尘、蜘蛛网。具体要求如下：

续表

服务内容	服务要求
保洁服务	（1）每天上、下午分 2 次重点清理地面垃圾杂物，并且不定时巡回保洁。 （2）每天清洁大厅内各种饰件，含门柱、扶手等。 （3）每天擦抹大厅门窗框、防火门、消防栓柜、内墙面等设施。 （4）每天清倒垃圾桶，洗净后放回原处。 （5）每周用洗洁剂冲刷出入口的台阶 1 次，保持原色。 （6）每月擦抹灯具、风口、消防指示灯 1 次。 （7）随时擦拭、清刮大厅玻璃，保持干净明亮。 （8）保持灯线盒、踢脚线干净、界面无灰尘。 3. 卫生间、洗漱间每天 4 次卫生保洁，清洁要达到的标准：卫生间地面无烟头、污渍、积水、纸屑、果皮；天花板、墙角、灯具目视无灰尘、无蜘蛛网；目视墙壁干净；便器洁净无黄渍；室内无异味、臭味。每天不间断巡回保洁，保持清洁。具体要求如下： （1）冲洗大小便器，放置卫生球，清除小便器内烟头等杂物。冲洗踏步式小便池。 （2）用洁厕剂洗刷大小便器，做到大小便池无尿碱、无异味、原色保持。 （3）擦洗面盆、大理石台面、墙面、卫生间分户隔板以及门窗。 （4）保持门、窗框及玻璃干净。 （5）保持地面清洁干爽。 （6）每天 4 次喷洒空气清新剂，或直接用杀菌清洁剂彻底地对卫生间进行清洁。 （7）保持洗手台面及台下、水龙头开关干爽洁净。 4. 楼内墙面及吊顶卫生保洁清洁要求的标准：目视墙面干净无灰尘、无污迹，副教学楼、行政楼吊顶每学期保证吹洗一次。其余楼寓扫除浮尘，保证墙壁、屋顶无吊浮尘土。 5. 地下停车场卫生保洁清洁要求的标准：地面无烟头、污渍、积水、纸屑、果皮；墙角无灰尘、蜘蛛网；各种设施、设备表面无污物；排水沟不定时清理，无淤积。 6. 垃圾清运服务标准：保证每天将生活垃圾全部运出学校，保证学校交通安全，运送垃圾车辆手续齐全，垃圾倒运场所符合市内相关部门规定，学校垃圾池清洁干净。 7. 保洁工具与用品要统一放在指定地点。 8. 校园及家属院内行车道、人行道、硬化广场等的冰雪清扫，属于小雪量级的，应当在降雪停止后 24 小时以内完成；属于中雪量级的，应当在降雪停止后 48 小时以内完成；属于大雪量级的，应当在降雪停止后 72 小时内完成。 9. 开水房、水龙头的日常保洁及消毒，保证水质达到饮用标准，安全可靠。

续表

服务内容	服务要求
四害灭杀	1. 灭鼠标准 （1）15 平方米标准房间布放 20×20 厘米滑石粉块两块，一夜后阳性粉块不超过 3%。有鼠洞、鼠粪、鼠咬等痕迹的房间不超过 2%。 （2）不同类型的外环境累计 2000 米，鼠迹不超过 5 处。 2. 灭蚊标准 （1）内外环境积水中，蚊幼虫及蛹的阳性率不超过 3%。 （2）用 500 毫升收集勺采集校园水体中的蚊幼虫或蛹阳性率不超过 3%，阳性勺内幼虫或蛹的平均数不超过 5 只。 （3）特殊场所白天诱蚊 30 分钟，平均每人次诱获成蚊数不超过 1 只。 3. 灭蝇标准 （1）有蝇房间不超过 3%，平均每阳性房间不超过 3 只。食堂防蝇设施不合格房间不超过 5%。加工、销售直接入口食品的场所不得有蝇。 （2）蝇类孳生地得到有效治理，幼虫和蛹的检出率不超过 3%。 4. 灭蟑螂、臭虫等标准 （1）室内有蟑螂成虫或若虫阳性房间不超过 3%，平均每间房大蠊不超过 5 只，小蠊不超过 10 只。 （2）有活蟑螂卵鞘房间不超过 2%，平均每间房不超过 4 只。 （3）有蟑螂粪便蜕皮等蟑迹的房间不超过 5%。 注：每次实施四害灭杀活动前需提前告知采购人，并张贴通知。

附表 2　物业保洁服务执行标准

	保洁内容	作业后效果	执行标准	备注
公共卫生间	地面	无污渍、水渍，光亮	水拖，每日不少于两次，随脏随清理	
	便池、墩布池	无污渍、光亮、无异味	水洗，每日不少于两次，随脏随清理	
	厕纸篓	无存留	每日倾倒	
	手盆、台面、正容镜	无污渍、光亮	水洗，每日不少于两次，随脏随清理	
	门、墙面瓷砖	无污渍、无胶痕、光亮	擦拭，随脏随清理	
	距地面 2 米以下玻璃	光亮无污渍	擦拭，随脏随清理	
	垃圾桶	外表无污渍	擦拭，随脏随清理	

续表

	保洁内容	作业后效果	执行标准	备注
	天花板	无浮尘、蛛网	擦拭，随脏随清理	
	通风、芳香剂	延时器正常工作	每日通风，随时补充	
	照明灯具	光亮	擦拭，随脏随清理	
	蚊蝇消杀	室内无蚊蝇	夏季每天不少于一次	
	公共设施检查	照明、风扇、上下水及其他设施完好	发现问题当日报修	
	安全措施	安全提示醒目	水拖作业设防滑提示	
大厅楼道	地面、台阶	无水渍、污渍，光亮	每日扫、拖不少于一次，随脏随清理	
	入口大门玻璃	无污渍，光亮	每日清擦，随时保持洁净	
	楼梯、扶手	无污渍，光亮	每日拖扫、清擦，随脏随清理	
	距地面2米以下玻璃	无污渍，光亮	随脏随清理	
	开水器	无污渍，光亮	随脏随清理	
	垃圾桶	外表无污渍	随脏随清理	
	消防通道及设施	无尘	随脏随清理	
	设备管道间、标示牌	无尘光亮	随脏随清理	
	消杀灭害	无蚊、蝇、鼠、蟑	一年两次定期消杀，随时出现，随时消杀	
	公共设施检查	设施完好	每日巡查，发现问题，当日报修	
	雨雪天气作业	无积水、积雪	及时清扫台阶、门厅入口的雨水、积雪	
	安全措施	安全提示	设防滑提示，视需要铺设防滑垫	
电梯轿厢	门、内墙、扶手	光亮无尘	每日擦拭，随脏随清理	
	地垫、沟槽	无尘、无异物	每日吸扫，有损坏及时更换	
	照明灯罩	洁净无尘	随脏随清理	
	地垫	洁净无尘	随脏随清理	
	安全检查	每日巡查	发现问题，当日报修	

续表

	保洁内容	作业后效果	执行标准	备注
室外公共区域	外墙广告	干净无张贴物	随发现，随清理	
	房顶、门厅上檐	干净无杂物	随发现，随清理	
	外墙阳台、檐体、雨水池	干净无杂物	随发现，随清理	
	环境卫生	干净无死角	每日巡查，随发现，随清理	
灭杀除四害	公共部位	无蝇迹	随发现，随处理	
	公共部位	无鼠迹	每月投放不少于一次灭蟑、灭鼠、灭臭虫药，随发现，随处理	
	垃圾桶周围	干净无异物	每周对垃圾桶周围消毒不少于一次，随发现，随清理	

附件二：某高校物业服务监督管理考核办法

为了加强对物业服务合同所需求的各项服务内容和服务质量的监督和检查，全面提高学校物业管理水平和服务质量，为教学、科研和师生员工提供一个舒适、便捷的生活环境。根据《某高校2023年物业外包服务合同》及《物业公司投标文件》的相关精神，结合学校的实际情况，特制定本考核办法。

一、考核组织

1. 校园后勤处作为甲方代表负责对物业管理招标项目服务质量的考核，具体工作由物业科及公寓科负责，成立督查小组。负责日常工作的督促、巡查以及与其他部门的协调，组织每月及合同终结时对物业公司考核工作的实施。

2. 实行多部门联合考核的方式。充分调动监管部门、职能部门、师生代表等各方力量参与监管的积极性，构建全方位的监管评估格局。

3. 拓宽监管评估渠道。借助网络平台、电子邮箱、微博微信等社交网络与师生建立沟通渠道，积极听取师生对物业服务工作的意见与建议，建立监管参考依据。

二、考核办法

1. 每月由考核督查小组根据日常物业巡查、督促，工作记录和师生投诉情况进行综合评议打分，填写《物业管理工作月度考核表》。校园建设与管理处根据各类考核得分，按各自权重确定考核总分和等级。

2. 师生投诉分；满分为 10 分；每一次师生投诉一经调查落实扣 2 分。

3. 为保证管理服务的最优实现，督察考核小组可根据各自不同的工作实际，定期或不定期巡查、督促物业公司的服务工作，做好记录作为每月、合同期终结的考核依据。对检查中发现的问题以书面形式向物业公司签发整改通知；物业公司根据整改通知落实整改责任人、改正时间，整改项目完成后，具体整改人签署姓名后交还签发人，并由相关督察小组存档备查。

三、考核等级及奖惩办法

分值	等级	奖惩
85 分以上	合格	全额付款
70 分~85 分	整改	书面限期整改，限期整改不合格处 5000 元~10 000 元罚款（插值法计算）
75 分以下	不合格	连续 2 个月低于 75 分，或多次要求整改无效，校方有权终止合同，重新招标

四、考核项目及标准：

某高校物业管理月度考核评分表

考核范围		服务标准	分值	分	扣分标准
综合管理	人员设备配置	1. 按合同要求宣岗定编，满足用工条件	10		每缺编 1 人扣 1 分
		2. 服务过程中，设备配备充足好用	5		每发现 1 处不符合扣 1 分

考核范围		服务标准	分值	分	扣分标准
综合管理	师生投诉	1. 服务过程中，无投诉情况	10		每次投诉一经调查落实扣2分
	日常管理	1. 管理人员每日例行检查保洁服务情况，有记录	10		每发现1处不满足服务要求扣1分
		2. 在重大活动、节日期间，保洁保障工作及时到位			
		3. 物业服务工作效率高、服务态度好			
		4. 及时做好退宿学生寝室的清理和保洁工作，确保学生宿舍的后续使用			
		5. 四害灭杀按照标准执行			
		6. 下水疏通及时，化粪池定时清掏。（20分钟内到达现场，1小时内处置完毕、恢复正常）			
		7. 按时参加物业例会，并做好会议记录			
	重点管理	1. 制定科学、合理、规范的管理制度及安全生产管理保障制度	15		每发现1项不符合扣1分
		2. 制定合理、科学的应急预案，包括：恶劣天气类应急预案、火情消防应急预案、安全生产工作预案等保洁服务范围内突发事件处理预案			
		3. 熟悉楼内安全通道、电磁门的使用常识，熟悉楼内水、电、暖的总门开关，发生紧急情况时，及时疏散本楼人员			
		4. 准确掌握本楼消防器材存放地点及使用状况，并掌握消防器材的使用方法，以及相关联系电话，发生紧急情况及时通报			
		5. 配合相关部门做好楼内设施的安全巡检，保证公共部位的照明灯具完好无损、正常使用；无上下水滴漏等现象			

考核范围		服务标准	分值	分	扣分标准
保洁管理	公共卫生间、盥洗间	1. 卫生间、水房无异味、厕坑便具洁净无黄渍、镜面、水盆、台面无污点，光亮；纸篓随时清理	35		每发现1处不符合扣0.5分
		2. 墙面、吊顶、墙角、灯具无积尘、无蜘蛛网			
		3. 地面无水渍、无污渍、无垃圾			
		4. 洗漱池（盆）及台面无垃圾、无水渍、无污渍			
		5. 保洁工具与保洁用品要统一放在指定地点			
		6. 行政楼卫生间洗手液、纸抽用完前及时补充			
	门厅楼道、楼梯、家属楼楼梯间	1. 地面无水渍、无污渍、无垃圾、无积尘、光亮			
		2. 墙面、天花板、墙角、灯具无积尘、无蜘蛛网			
		3. 公共设施表面无积尘、无污渍、光亮			
		4. 不锈钢表面无手印、无积尘、无污渍、光亮			
		5. 玻璃上无手印、无积尘、无污渍、明亮、窗台无积尘			
		6. 楼梯底下及其他死角无杂物、无自行车			
	特定办公室	每日特定时间清洁，地面、墙面、家具表面等无尘、无污渍、无手印、洁净光亮			
	室内垃圾桶	1. 垃圾桶垃圾袋装入且不超过容量四分之三，及时清理，宿舍楼楼道内垃圾每天清运不少于2次			
		2. 垃圾桶及时清洗、消毒，外壁干净无明显污渍			
	电梯	1. 地面无水渍、无污渍、无垃圾、无积尘、光亮			
		2. 厢体不锈钢表面无手印、无积尘、无污渍、光亮			
		3. 开关、面板无手印、无积尘、无污渍、明亮			

续表

考核范围		服务标准	分值	分	扣分标准
保洁管理	室外环境（含家属区）	1. 主次干道、硬化地面无垃圾、无杂物、无污泥、无积水（积雪）、无杂草、无泼撒物、本色保持			
		2. 公共设施无积尘、污渍、垃圾、小广告			
		3. 垃圾桶垃圾不超过容量四分之三并及时清理			
		4. 垃圾桶无异味，夏季每天消毒，桶（箱）外壁洁净无明显污渍			
		5. 外墙面无悬挂物、小广告等乱张贴物并定期清理			
		6. 土木垃圾池清理及时，无池外堆积			
	垃圾外运	生活垃圾每日运出学校，运送垃圾车辆手续齐全，垃圾转运站定期消毒			
	特定用房	会议室、报告厅、接待室、值班室等每日清洁，地面、墙面、桌椅表面等无尘、无污渍、无手印、洁净光亮			
家属区门卫值守		1. 门口设立服务台，值班人员着统一服装，高峰期立式服务，热情周到			
		2. 早、晚按规定时间开关门，有突发事件及非本小区进出入人员做好登记			
		3. 值班人员在岗期间严格遵守工作时间及内容规定，无违反规定情况			
		4. 对进出小区的人员查验证件，严格控制入区人员进出管理			
		5. 做好夜间值班安排，完成巡查工作			
总分			100		

附件三：物业服务人员配置及要求

投标人必须严格执行学校的各项规章制度，服从采购人领导；制订并严格执行管理方案及各项管理制度，为学院提供优质的物业服务。

投标人必须保证员工上岗期间按季节统一着装，配工号牌，穿着整齐。管理人员、保洁等与学校不存在任何雇佣、委托等劳动关系，同时在工作过程中的安全责任由投标人负责。服务人员接受中标人和采购人双重管理，采购人有权要求投标人随时更换不服从采购人管理的服务人员，中标人必须无条件服从。

投标方须为本项目配置 1 名项目经理，项目经理驻场，项目经理须具有大学本科以上（含本科）学历。本项目的项目经理为投标方正式员工，项目经理及其他技术人员须具备国家相关部门颁发的在有效期内的资质证书，项目实施过程中保证持证上岗。中标方须将项目实施人员详细情况报备采购人，凡涉及人员变动须报采购人同意后进行调整。岗位设置见下表。

序号	岗位类别	岗位职责	岗位数量	人数	要求	备注
1	项目总负责人	项目经理	1	1	持有全国物业企业经理证	本科及以上学历
2	管理人员	保洁主管	2	2	持有全国物业企业经理证	
小计：			3	3		
1	朝阳校区	垃圾清运（校内各区域—学校垃圾房）	8	8		
2		1号~10号学生公寓公共区域、卫生间、洗漱间卫生清洁及消杀	12	12		
3		办公楼公共区域、值班室、会议室等房间所有卫生清洁及楼道消杀	4	4		
4		教学楼公共区域、卫生间、洗漱间卫生清洁	11	11		
5		教学楼公共区域、卫生间、洗漱间卫生清洁及楼道消杀	5	5		

序号	岗位 类别	岗位职责	岗位 数量	人数	要求	备注
6		图书馆公共区域、卫生间、洗漱间、报告厅卫生清洁	4	4		
7		1号实验楼公共区域、卫生间、洗漱间卫生清洁及楼道消杀	3	3		
8		2号实验楼公共区域、卫生间、洗漱间卫生清洁及楼道消杀	3	3		
9		3号实验楼、体育馆公共区域、卫生间、洗漱间卫生清洁及楼道消杀	3	3		
10		后勤楼公共区域、值班室、会议室等房间所有卫生清洁及楼道消杀	3	3		
11		某高校校园内所有楼外公共区域	8	8		
12		图书馆内阅览室、自习室、报告厅和众创空间等公共用房室内	8	8		
小计：				72		
合计：				72		

附件四：物业管理负面清单

本着物业管理与服务有过失的原则执行。

一、综合管理服务

（1）各楼，室、场、馆、点等服务性管理，值班，要设立工作情况簿和上下班记录簿，不得并岗（即一人连续上岗）。发现此类问题由主管部门予以口头或书面告诫，检查两次以上（含两次）发现此类问题，则作为问题记录扣分，限期纠正，必要时给予物业公司 500 元以下的罚款。

（2）合同规定内的教学、科研、学生宿舍所需的物品配置要保质保量配到位。特别明确：学生宿舍每层楼垃圾桶配置不得少于 6 个，根据学生要求适当增加，配置不足导致影响教学、科研、师生生活的，主管部门给予口头或书面告诫并给予物业公司 500 元以下的罚款。

（3）积极配合学校和有关部门开展对宿舍的各项检查，配合态度列入考核。

（4）学校重要会议、庆典、招生、考试，报到、艺术节、学术活动，学校组织的各类展览、演出等活动的物品搬运、会议布置、现场保洁、现场维安、撤场清场等要反应快、效率高、效果好。工作表现情况列入考核。

二、清洁保洁

（1）物业公司须按合同要求做好清洁保洁工作，由主管部门每月不定期组织全面检查，检查的内容为：人员配置、保洁责任范围、保洁责任签到，保洁工具存放、现场保洁效果等。根据合同要求和检查实际，肯定成绩，指出问题，并书面向物业公司反馈。若未按合同要求连续两次被检查出现同样问题，主管部门可给予每次 500 元的处罚。

（2）公共卫生消毒需按规范和实际需求进行，要有消毒记录。超出 3 个月未进行公共卫生消毒，可给予管理服务失职处罚 500 元。

三、其他

（1）物业公司应按合同（或主管部门协商同意）设置岗点、岗位，配足服务、管理保洁人数。每次抽查发现人员缺编，按每缺编 1 人 2000 元的标准扣款并扣分登记，依次依人累加。缺编 10 人及以上甲方有权解除合同。

（2）物业服务管理过程中，如发生师生投诉，经主管部门调查落实属于物业公司责任的，主管部门可给予每次 2000 元的处罚。

（3）由于物业服务不到位等原因造成人员受到伤害的，物业公司负全部赔偿责任，由主管部门视情况予以 500 元~3000 元处罚。

附件五：乙方投入设备明细表

序号	品　名	数量	使用区域/用途
1	Dw1800 驾驶式 5 刷电动扫院机	1	校园内室外公共区域
2	德威来克 DW600B 双刷驾驶式洗地机	1	楼宇内大厅、过道等
3	德威来克 DW530 手推全自动洗地吸水机（红色图书馆）	1	楼宇内大厅、过道等
4	菲迈普 MY5013 手推全自动洗地吸水机（蓝色）	1	楼宇内大厅、过道等
5	110 电动平板尘推机（主教 1 辆、图书馆 2 辆）	3	室内地面
6	AF0817 广州白云多功能清洁车（主教 5 辆、副教 2 辆、行政楼 1 辆）	8	用于摆放清洁器材和药剂，便于随时取用
7	驾驶式垃圾集中车（四轮车 1 辆三轮车 1 辆）	2	室外公共区域（主干道、环境区域等）
8	6 桶位分类垃圾集中车	2	室外保洁清洁后的垃圾运送
9	ABEP 脚踏三轮物业保洁车	4	室外保洁清洁后的垃圾运送
10	30 铲车	1	垃圾房整理
11	垃圾清运车	1	运送垃圾到政府指定地点
12	高压网管疏通机	1	室外管道疏通
13	管道疏通机	1	室内管道疏通
14	吸粪车	1	清理化粪池
15	广州洁霸 BF585 吸尘吸水机（应急）	2	室内地面（假期使用）
16	广州超宝多功能大理石翻新机（应急）	2	用于学校大理石面翻新（假期使用）
17	2000w 洁霸吹风机（应急）	1	用于干燥潮湿地面

第五节　保安服务采购合同

某高校校园保安服务及楼宇管理项目合同

甲方：某高校（以下简称"甲方"）

乙方：某市精武保安服务有限公司（以下简称"乙方"）

《民法典》规定民事主体从事民事法律行为，需要具有相应的民事行为能力。保安服务属于特种行业，提供此服务必须具有特种行业经营许可证。因此本合同必须将经验证与原件一致的乙方营业执照以及特种行业经营许可证复印件作为合同附件。

甲乙双方根据 2023 年 12 月 28 日开标，项目名称为：某高校 2024 年度校园保安服务及楼宇管理项目，编号为 GDXT-2023-10011 的招标文件的要求和招标结果，为保护甲乙双方合法权益，按照《政府采购法》《民法典》等相关法律法规的规定，并严格遵循政府采购项目采购文件的相关规定，经甲乙双方协商一致，达成以下项目合同：

第一条　服务期限：合同期为 1 年，即自 2024 年 1 月 1 日起至 2024 年 12 月 31 日止。

第二条　服务地点：某高校。

第三条　服务费用：甲方委托乙方在合同范围内的校园保安服务及楼宇管理项目工作所发生的费用（包含为完成本项目各项服务可能发生的全部费用及供应商的利润和应缴纳的税金等；其中包括人员工资、保险费、体检费、福利费、日常节假日值班费、夜班费、服装费、培训费、管理费、办公费、巡逻车辆、安保器械和通信设备费等）年总额为 2 800 000 元（含税）（大写：贰佰捌拾万元整）。

第四条　结算方式：甲方按季度支付乙方校园保安服务及楼宇管理项目服务费，每季度初乙方开具正规发票，甲方收到发票后 15 天内按票支付上季度费用。

第五条 服务内容

1. 安保服务

（1）门卫。负责学校大门口及100米范围内安全管理——制止摊点经营、车辆随意停放，非法聚集等存在安全隐患的行为；负责值守、查验、登记和校园停车，指挥、疏导人员和车辆出入，详实记录来访车辆和人员的信息，制止无校内单位或个人邀请的校外车辆进入校园，制止可疑人员、携带宠物人员进入校园，制止携带货物且无单位出门证明的车辆驶出校园；负责门卫室一键报警装置的日常管理、定期测试及正常使用；负责学校大门及车辆识别设备的钥匙保管、故障申报及正常使用。

（2）校园巡逻。负责校园及周边昼夜巡视检查、警戒，及时发现、报告并消除各类安全隐患，制止违反甲方安全管理规定及不文明行为，并做详实记录。

一些校园野猫和野狗经常出现，有时会对落单师生发起攻击。有些野猫和野狗带有狂犬病菌，属于极大的安全隐患，对师生生命健康构成很大威胁。所以本条应当补充乙方在校园的巡逻人员，应当对校园内的野猫野狗进行驱离或者搜捕，以保障校园内师生们的安全。

（3）值班员。负责楼口值班、楼宇巡检、夜间关灯、监控室值班、查看监控屏幕、记录违纪行为等。

（4）秩序维护。负责维护交通和车辆停放秩序；管理校内临时宣传、经营摊位以及条幅、张贴物；维护校园办公、教学和生活正常秩序。

（5）区域守护。负责指定区域与目标的看护和守卫，控制人员和车辆出入，做好防火、防盗、防抢、防破坏、防事故灾害等工作。

（6）配合校园"110"处理治安案件，为师生提供紧急救助服务。

（7）重大活动安保。甲方有重大活动时，必须按照甲方要求随时增配保安人员维持现场秩序，维护活动安全。

（8）应急管理。配合甲方安全工作部门处置治安、火灾、暴力恐怖、意外伤害等突发事件。

（9）甲方交办的其他安保工作。

2. 楼宇管理服务

（1）内保。负责指定区域与目标的看护和守卫，校外人员出入楼需做好登记；大固定资产类（诸如桌椅板凳、电脑等物品）出楼需各部门开具出门证明并加盖公章；下班后关好门窗及公共区域灯；实行 24 小时安全值班工作，不能脱岗，遇突发事件必须妥善处置，并及时上报；严禁携带宠物及其他妨碍性、危险性物品及自行车、电动车等入楼；值班时间及地点：开门时间：6：00—23：00，上班时间 8：00—12：00/14：30—18：00 内，必须在门厅登记处值守。

（2）学生公寓。做好晚归学生登记、出入楼登记，非本楼人员不允许进入，特殊情况登记后进出。搞好"三防"（防火、防盗、防破坏）工作，经常巡查宿舍区内外安全，遇突发事件或重大安全事故隐患须妥善处置，并及时上报；学生宿舍出现需要维修的水、电、木工等现象，应将反映情况详细记录，并填写维修报告单及时报送维修；晚上关门后对楼内的大厅、楼梯、洗漱间等部位进行巡查并关好窗户，及时制止影响他人正常休息的行为和违规行为；严禁将宠物及公寓配置以外的设施（如家具、自行车等）带进公寓；做好公寓楼内各类钥匙的管理、借用工作，钥匙借用应有记录；不准私自出租、出借宿舍床位；配合学校做好学生在楼内日常行为的教育、引导与管理工作，提供各项公寓方便服务；宿舍楼管理员配合公寓科工作；实行 24 小时安全值班工作，开门时间：6：00—23：00。

学生公寓的安保工作应当补充：女生公寓应安排女性安保人员，男生公寓优先安排男性安保人员。安保人员不得带非安保人员进入公寓，更不能留宿非安保人员。

安保人员有权力对公寓内和公寓附近产生的噪声进行阻止。

（3）秩序维护。管理指定区域与目标的临时宣传、经营摊位以及条幅、张贴物；维护校园办公、教学和生活正常秩序。

（4）配合校园"110"处理治安案件，为师生提供紧急救助服务。

（5）应急管理。配合甲方安全工作部门处置治安、火灾、暴力恐怖、意外伤害等突发事件。

（6）甲方交办的其他楼宇管理服务工作。

第六条 服务要求

1. 根据行业标准和甲方安全管理规定，落实校园保安服务及楼宇管理项目服务方案，建立健全突发事件、消防灭火、暴力恐怖等应急预案，并在实践中不断完善，应急逃生、消防安全、暴力恐怖、意外伤害等突发事件处置的培训或演练不少于1次/月，并保留相关培训或演练的文字及影像资料，每月定期上交甲方安全工作部门。

2. 树立"服务第一，用户至上"的意识，切实维护甲方与师生的财产和人身安全。

3. 依法办事、文明值勤，严格管理、热情服务，杜绝保安及楼宇管理服务工作人员与师生发生纠纷和冲突。

4. 保安执勤时必须着保安制式服装、佩戴制式标志，楼宇服务人员工作时必须穿统一制服；仪表端庄，精神饱满，行为规范。

5. 执勤场所要做到整洁、卫生、有序，负责门前"三包"：即包安全、包卫生、包秩序；上岗人员做到"六不"：即不擅离岗位，不打瞌睡，不闲聊嬉闹，不打牌下棋，不聚众喝酒，不干私活会客，校园巡逻要做到校园内全覆盖，且不少于1次/小时。

应补充乙方人员上岗期间不得用手机聊天，看电影、电视剧，浏览娱乐购物网站，下棋、打游戏等与工作无关的活动。

6. 对负责区域内发生的案件或突发事件，要做到及时发现、迅速报告、妥善处置，视情启动相应的应急预案，协助有关部门调查取证。

7. 门卫执勤、治安巡逻、值班值守等要做好执勤登记，原始记录保存完好，以备核查；日常换班手续完备，交接清楚。

8. 各个岗位值班执勤表每月提前3天报送甲方安全工作部门，若有变动应随时报告。

9. 每天必须向校安全工作部门汇报当天工作，每月书面汇报工作情况及信息反馈（附来访人员、车辆记录，巡逻记录，接警记录，值班、交班记录等原始记录影印件），重要情况须及时报告。

10. 与驻地公安机关及校内其他安保力量加强合作交流，协作联动，开展一体化安全防范，形成群防群治体系。

11. 乙方每个季度免费为甲方师生员工开展安全教育培训 1 次，组织安全应急演练 1 次。

12. 乙方配备岗位值勤、校内巡逻、秩序维护等所需的防护用具及交通、通信设备和常用办公设备及耗材，必需装备或器材如下：对讲机每班 6 台；强光手电每人 1 只；橡皮棍每人 1 根；执法记录仪每班 6 台；巡逻电瓶车 2 辆；巡逻电动自行车 3 辆。

补充一：13. 大门、公寓等地所有的摄像录音资料都需连续记录并保存。当上述设备储存空间不够时，应当以移动硬盘等其他形式继续保存。合同终止时，这些录音录像资料全部交接甲方，不得私自留存。

补充二：14. 对于在校园大门附近散布对甲方不利言论，甚至聚集骚扰、诽谤甲方的社会人员，应当立即劝离、阻止。如果对方拒不听从，应当及时报警。

第七条　岗位及人员配备要求

1. 岗位设置及在岗人数如下：

项目负责人兼保安服务主管 1 名，全面负责校园保安服务及楼宇管理服务工作，包括不限于与甲方沟通、工作布置、人员协调等；

学生公寓管理服务主管 1 名，配合项目负责人做好校园保安服务及楼宇管理服务工作，主要负责学生公寓管理服务工作，学生公寓管理服务主管与保安服务主管不能为同一人；

门口保安 22 名，负责大门门卫、周边执勤、车辆交通管理、秩序维护、安全守护等工作；

校园巡逻保安员 6 名，负责校园巡逻执勤、车辆交通管理、非机动车辆摆放、校园秩序维护、安全隐患排查、校园安全守护等工作；

楼内值班员、管理员 26 名，负责夜间值班、楼内巡检、夜间关灯、教室打扫工具配备、桌椅借用、粉笔配备、课程表张贴、教师休息室管理、开水供应、安全隐患排查等；

行政楼监控室值班员 3 名，负责监控室值班、查看监控屏幕、记录违纪行为等；

10 栋宿舍楼值班员、管理员 51 名，负责楼口值班、楼宇巡检、夜间关灯、锁门等；管理员：楼宇巡查、配合公寓管理科做好学生管理等工作。

值班员：1 号楼 3 个门，3 人/门；2 号、3 号、5 号~8 号均为 1 个门，3 人/门；4 号、9 号、10 号均为 2 个门，3 人/门；均为 3 班倒，每班 1 人。管理员 6 人，其中带班 1 人。

2. 队伍建设和管理

（1）乙方要依法聘用保安及楼宇管理工作人员，在组织、安排工作时，应符合国家相关法律法规，维护乙方聘用人员的正当权益。

（2）内部管理体制健全，责任明确，措施到位，防止乙方聘用人员发生违法违纪问题和安全事故。

（3）设立保安队长和楼宇管理项目队长，全面负责保安和楼宇管理项目队伍的日常规范化管理和工作的组织实施。

（4）乙方派驻聘用人员应征得甲方的同意，甲方对在服务过程中不满意的人员有权要求更换，乙方应立即更换。

（5）乙方对该项目员工应聘、录用、离职等管理档案规范，手续齐全，相关资料必须报安全工作部门备案，禁止已辞退该项目员工再次录用。

（6）采取必要的措施，确保该项目员工队伍稳定。严格控制非违纪人员轮换岗比例，合同期限内轮换岗人数不得超过合同要求的 30%。更换该项目员工骨干、重点岗位人员，应提前一周通知甲方安全工作部门，更换其他人员要提前告知。

（7）严格管理，定人定岗，不得随意抽减人员。

（8）若遇有重大活动或应急事件，校内保安力量不足，乙方应按甲方要求无偿增派援助。

（9）定期组织该项目员工进行学习教育，开展业务培训和应急预案演练，做到业务熟练、预案熟悉、反应迅速、处置有力。

（10）该项目员工工作期间，严禁离岗、缺岗、寻衅滋事、吵闹，否则甲方可按违约予以处罚，情节严重时将终止合同。

3. 人员素质

（1）品行良好、遵纪守法、无违法犯罪记录；本人、直系亲属及主要社会关系拥护党的领导，政治历史清楚。

应补充保安人员应当具有社区、街道或者派出所出具的书面的无犯罪记录的证明文件。

（2）热爱祖国，诚实守信，爱岗敬业，恪尽职守，团结协作，吃苦耐劳；了解保安管理政策规定，严格遵守保安从业规范和甲方安全管理规定。

（3）保安以高中以上文化为主体，年龄在 18 岁以上 50 岁以下，原则上男性身高在 170 厘米以上，年龄在 18 岁以上 48 岁以下的门卫保安员不少于 1人/班/门，校园巡逻保安员年龄在 18 岁以上 48 岁以下。

（4）身体健康体貌端正智力健全，无传染病及精神疾病史，中共党员、退伍军人为佳。

（5）保安队长要求：符合以上要求，退伍军人、中共党员优先，年龄在18 岁以上 50 岁以下，工作年龄满 3 年以上。

（6）所有保安员持职业资格证或保安员证等符合国家规定或行业规范的岗位证件上岗，具备与岗位职责相应的观察、发现、处置问题的能力，具备使用消防设备、通讯器材、技术防范设施和相关防卫器械的基本技能。

第八条　其他要求

1. 甲方将对校园保安服务及楼宇管理项目服务质量进行全过程监管，依据相应的考核管理办法对乙方进行考核。乙方须按照有关标准和要求提供服务，若日常工作不到位、服务不达标或有违约现象，甲方将作相应的违约处理与处罚。

2. 在校园保安服务及楼宇管理项目服务范围内，如因乙方不履行职责或履行职责不到位等原因造成甲方和师生财产损失、发生人员伤亡或等级安全事故，由乙方负责经济赔偿，并追究有关责任人员的法律责任（不可抗力因素除外）。

3. 乙方工作人员在岗履行工作职责期间，发生自身的人身伤害、伤亡，均由乙方负责处理并承担相应的责任，甲方不承担任何责任。

4. 乙方违反国家相关法规，与聘用人员发生纠纷，不得影响甲方工作，且由乙方负责调解与处理，甲方不承担责任。

5. 乙方在校园保安服务及楼宇管理项目服务中违反国家相关法规或保安

行业规范，因过失造成的损失，均由乙方负责处理并承担相应的责任，甲方不承担任何责任。

第九条 双方权利、义务

1. 甲方权利、义务

（1）甲方有权对乙方工作人员履行各自职责情况进行监督、调度、指导和检查。

（2）甲方有权要求对不符合要求的工作人员进行调换。

（3）甲方为乙方实施校园保安服务及楼宇管理项目服务提供必备的办公场地。

（4）甲方教育本校教职员工及学生遵守本校规章制度，积极支持、协助保安人员工作。

（5）甲方及时向乙方反馈有关工作人员服务质量等方面的问题。

（6）甲方按合同要求按时支付乙方保安服务费用。

2. 乙方权利、义务

（1）乙方的工作人员必须进行日常教育、专业技能培训和科学管理。

（2）乙方工作人员须严格依照本合同和甲方要求开展工作。

（3）乙方对甲方提出的不符合要求的工作人员及时进行调换。

（4）甲方遇有重大活动或临时突发事件等，向乙方提出需临时加派保安人员，乙方须按甲方的要求全力配合，及时将保安队伍派遣到位。

（5）乙方派驻的校园保安服务及楼宇管理项目服务人员必须进行政审并统一着装，服从甲方的管理，遵守甲方的规章制度，听从甲方的工作安排。

（6）如乙方未达到甲方要求的质量服务标准，甲方有权提出整改意见，乙方无条件执行。

（7）乙方派驻的所有工作人员须严格执行保密制度，对有关甲方的一切工作文字、数据性资料不得外泄。

（8）乙方要注意整个服务工作中派驻的所有工作人员自身安全问题，出现问题自行承担。

补充下列内容："乙方在甲方场所发生人员突发疾病或伤亡，应立即展开救治，如人员已经去世，则在公安勘验现场后立即将逝者转移出学校。避免家属在学校聚集，更不能在学校进行丧事活动。情况紧急，乙方应为突发疾病或伤亡的人员垫付医疗费等救治费用。如果乙方没有及时垫付医疗等费用，甲方有权以尚未支付的物业服务费垫付。在发生上述情形时，乙方应妥善处理，避免此类事件在互联网上流传。如乙方在处理员工突发疾病或伤亡事故中处理不当，给甲方造成损失，乙方须为此承担赔偿责任。"

（9）因不可抗力的因素造成乙方工作人员不能履行职责而造成的损失，乙方不负责任。

（10）乙方对所有工作人员工作和生活场所、车辆及其他乙方所属器材和工具的安全负全责，乙方应严格落实安全责任制，因乙方工作人员未遵守安全管理制度或安全操作规程而造成的安全事故由乙方承担责任并负责善后，甲方不承担责任。

（11）乙方对校园保安服务及楼宇管理项目服务范围内的安全隐患应向甲方提出整改意见，甲方未采取有效措施造成经济损失的，乙方不承担责任。

甲乙双方对于自己认为比较重要的问题需要沟通的，应当通过制式的书面联系单来联系，而不是口头联系。书面联系单上应当有要求对方答复的期限以及回执栏。必要时须告知不予回复的后果。

（12）乙方有权拒绝合同约定范围以外的职责和任务，有权拒绝甲方指定负责人以外人员的指挥。

第十条 违约责任

1. 在合同有效期内，任何一方单独无故解除合同或违反合同约定，都应承担违约责任，向对方支付违约金，违约金数额应为合同总额的8%。

2. 甲方无正当理由逾期支付合同款的，以银行开出的汇票或支付日期为准，每逾1日需向乙方偿付欠款总额8%的滞纳金。甲方支付服务费超过15天，乙方有权解除合同，并要求甲方承担违约责任并支付违约金及滞纳金。因省级财政支付中心原因及甲方对乙方上一季度服务质量验收不合格造成的逾期支付除外。

逾期付款每日8%的违约金过高，应当适当降低，以每日0.5%为宜。《民法典》第585条规定，违约金不能过高，也不能过低，否则当事人可以请求法院或者仲裁机构适当提高或者降低。

3. 乙方在校园保安服务及楼宇管理项目服务中违反国家相关法规、保安行业规范、学校相关规定和合同规定标准，甲方有权视情节严重进行相应经济处罚（具体数额依据下表执行，下表中未列出的其他违法违规行为按甲乙双方议定标准执行），在违法违规行为发生的季度服务费中扣除。

非坐岗时间坐岗、站岗时无精打采、弯腰驼背等行为的，罚款50元~100元；仪容不整、工装脏差、纽扣不系等影响形象行为的，罚款50元~100元；当班岗亭、值班区域、宿舍环境卫生差的，罚款50元~100元；与甲方师生及甲方邀请的贵宾说话不使用文明用语、态度蛮横等造成甲方形象受损的行为的，罚款100元~200元；对管辖区域车辆违停行为不及时制止造成交通堵塞的，罚款100元~200元；对带出责任区域大件物品无手续放行的行为罚款300元~500元；当班期间喝酒、打牌、聊天、睡觉、看书报及玩手机等与工作无关的行为的，罚款300元~500元；故意损坏甲方物品或诋毁甲方名誉行为的，罚款1000元~3000元；因自身原因，与甲方师生及甲方邀请的贵宾发生冲突的行为的，罚款1000元~3000元；学习教育、业务培训、应急演练资料单月缺失的，罚款100元~200元；来访人员记录、来访车辆记录、巡逻记录、值班和交班记录资料缺失的，罚款100元~200元；学习教育、业务培训、应急演练资料大量缺失的，罚款1000元~3000元；来访人员记录、来访车辆记录、巡逻记录、值班和交班记录资料大量缺失的，罚款1000元~3000元；利用职务之便，对校内师生员工或来校访客吃、拿、卡、要，造成学校或师生员工利益或名誉受损的行为的，罚款1000元~3000元；违反学校相关管控规定，未经允许、私自放行无通行凭证人员出入校园的行为的，罚款1000元~3000元；勾结校内外人员进行偷盗、诈骗等违法犯罪活动，或为他人进行违法犯罪提供便利，造成学校或师生员工利益或名誉受损的行为的，罚款1000元~3000元；雇佣无身份证明人员、无政审或政审不合格人员、有违法犯罪记录人员、未取得合法合规岗位证件的人员担任保安员的，罚款1000元~3000元；对甲方提出的服务内容和质量的整改要求不重视、不及时整改的，罚款3000元~5000元；

4. 乙方所交付的服务内容、质量不符合合同规定标准且拒不整改，甲方有权解除合同，因解除合同造成的一切损失由乙方负责。

第十一条　其他

1. 本合同未尽事宜，由双方协商签订补充协议，补充协议是本合同的当然组成部分，与本合同具有同等效力。

2. 双方因履行本合同而发生的争议，应协商、调解解决。协商、调解不成的，可向某仲裁委员会申请裁决。

第十二条　本合同经双方法人代表或其委托代理人签字并加盖公章即为生效，合同一式五份，其效力相同。

下列文件为本合同不可分割部分：

1. 某高校 2024 年度校园保安服务及楼宇管理项目（编号为 GDXT-2023-×××××）采购文件

2. 某高校 2024 年度校园保安服务及楼宇管理项目（编号为 GDXT-2023-×××××）响应文件

3. 乙方所做的其他承诺

甲方（公章）　　　　　　　　　乙方（公章）

法人代表或委托代理人（签字）　　法人代表或委托代理人（签字）

日　期：

第六节　浴室外包合作合同

甲方：某高校

乙方：某市兴隆建筑安装公司

为改善校园学生生活条件，提升淋浴服务质量，秉承"提高浴室服务品质"的原则。甲方通过公开招标确定将校园浴室进行升级改造及运营项目与乙方进行合作，模式为：乙方出资建设+甲乙双方合作运营，合作运营期限为自项目投入运营之日起 5 年，双方依据《民法典》等相关规定达成本协议，具体要求如下：

"投入运营之日"为模糊日期，应当改为工程改造竣工验收合格后，甲方在交付使用的书面证明上签字盖章之日。

第一条　合作内容

1. 对浴室进行全面升级改造，改造费用须大于等于 300 万元，全部由乙方承担，改造内容包括：

1.1 原有的洗浴系统全部拆除；

1.2 外墙外保温及装饰层；室内墙面、吊顶、地面及防水；

1.3 浴室热源改造；

1.4 洗浴区、更衣室改造；

1.5 淋浴设备改造（花洒等设施采用市场上新型的节能节水洗浴设施，洗浴实现按流量计费，收费采用智能化收费系统，学生可通过 App 或小程序提前预约、线上支付。）；

1.6 乙方投资的主要设备材料及相关技术要求见下表：

项号	设备名称	性能要求
1	空气源热泵机组	1. 必须为制造厂商原装产品，性能指标符合国标相关规定要求； 2. 低环境温度空气源热泵机组所有的材料及零部件（或元器件）应符合有关规范的要求，且应是新的和优质的，能满足当地环境条件的要求。外购配件须选用优质、节能、先进的产品，并有生产许可证及产品检验合格证，严禁采用国家公布的淘汰产品； 3. 单台机组三相交流电源 380V，机组需具有国家节能标识产品； 4. 热泵机组最高出水温度不低于 50℃，满足浴室终端用水 35℃～50℃可调； 5. 噪音：≤73db（A）。
2	智能控制系统	1. 对水压、水位、水温和时间联控，加热系统可自动控制，能实现无人值守； 2. 可设定供水压力、出水温度、开关机时间等常用控制参数； 3. 能自检水温、水位及系统运行情况，自动除霜、自动保护； 4. 能实现远程监控、故障报警等功能。

项号	设备名称	性能要求
3	保温水箱	1. 材质要求：内壁 SUS304 不锈钢，壁厚≥1.0 毫米、外壁 202 不锈钢，壁厚≥0.6 毫米，水箱保温层采用一次性成型整体聚氨酯发泡保温，厚度应≥50 毫米。 2. 内胆采用机械冲压成型的不锈钢板制作而成的立式水箱，焊缝需要经防腐处理，确保长期使用无渗漏。 3. 水箱应有排气阀、排污管、内外不锈钢检修梯及检修孔。 4. 水箱连接用的法兰及丝接口均采用不锈钢材料。 5. 合同期内负责配合采购人做好防汛、防台风前期检查和加固工作。 6. 安装须考虑楼板结构承重问题，保温水箱底座须坐立在屋面梁上。
4	循环泵、供水泵	性能：水泵需采用知名品牌，性能优良、使用寿命长，运行噪音低、启动平稳。要有备用泵。
5	管道	冷热水管均采用国家优质的且符合国家环保要求的聚氨酯整体发泡 PP-R 保温管道，保温材料采用聚氨酯发泡外加 PVC 套管，发泡厚度不低于 3 厘米。选用国内知名品牌。
6	电气设备材料	电气设备采用国内外知名品牌，相当于 ABB、施耐德、德力西、正泰等一线品牌，学校提供接电接口，电缆电线隐蔽敷设，选型均应按照规范标准，需有 20% 以上余量。

上述内容一定要全面，不能漏项。否则工程量变更出现增项，乙方会声明这些增项不在乙方承担费用的范围，向甲方主张费用，并借此虚搞冒算，建设盈利点，甚至使工程造价超过甲方预期。

2. 合作模式

2.1. 改造后的洗浴中心采用校企合作模式，即由乙方承包洗浴中心，合作运营期限为 5 年。乙方应自项目中标公示期结束后 3 天内将履约保证金 100 000 元，汇至甲方指定账号，并备注项目名称以及用途。

2.2. 本合作项目为交钥匙项目，乙方全额投资和经营管理，乙方的全额投资费用应包括项目深化设计施工、设备提供、运输、安装（含设备基础）、调试、培训、相关部门验收及维护保养、旧设备拆除、迁移设备等所有费用，乙方在中标并签署本合同后，在供货、安装、调试、培训等工作中出现货物的任何遗漏和设计缺陷，均由乙方自行负责，甲方不支付任何费用。合作运营期间，洗浴中心热水系统运行管理、水、电费及日常管理，故障维修保养以及设备更换（含产品升级换代）工作及所产生的费用全部由乙方负责。

3. 改造时间：乙方应保证自合同签订之日起截至 2024 年 10 月 1 日完工，并可以供学生正常使用。

"完工"非专业术语，应当改为"竣工验收合格"。

第二条　合作运营期间服务标准

1. 为确保设备每天能处于正常运行状态，乙方须认真负责做好各项管理的配套服务（比如张贴设备使用方法、注意事项、消毒记录等明确标识）工作，安排专门维修人员进行日常清洁消毒等维护保养工作，并由专人负责接听报修电话并记录，设备出现故障时能在规定时间内及时响应和处理，为学生提供良好的服务。

2. 乙方须遵守学校根据本次磋商制定的安全、使用、应急和管理措施，职责到人，监管到位，并做好设备各部件的日常检查、清洗、消毒和维护工作，防止流行病交叉感染，制定并遵守其他各项安全、消防和卫生等的管理规定。

3. 不得占用学校的公用场所，不得在安全通道、消防通道前堆放货物和杂物，保持通道畅通。

4. 必须设有 24 小时免费服务热线并针对该项目设立不低于 5 人的专门维修维护队伍，拥有完备的活动策划及执行团队，真正做到服务学生。当设备出现故障，公司维修人员必须在 30 分钟内做出响应，1 小时内到达现场进行维修处理；如产品设备发生故障需要现场抢修，公司的维修人员保证小型维修在 1 小时内完成，中型维修在 2 小时内完成，大型维修在 12 小时内完成。

5. 制定定期巡检制度，对已投入使用的设备进行定期清理消毒，要定期进行设备保养，要求有消毒和保养记录，各项记录需要责任人签字后报使用单位备案。

6. 乙方负责保持浴室相关场地清洁。

7. 确保学生洗浴热水供应且使用方便。供热水能力为全天不少于 10 小时，具体洗浴供应时间以甲方（学校）管理要求为准，如：12：00 开启～22：00 关闭。

8. 乙方承担运营期间因管理问题给甲方（学校）或他人造成的全部经济损失。若由甲方对外先行承担的，有权向乙方追偿。乙方承诺在运营期间做好安全防护措施，防止烫伤、摔倒等事故发生，如果在浴室内发生人身伤亡责任事故，由乙方处理，并承担赔偿责任；承诺承担在运营期间所发生的一切债权债务、人身伤害及劳资纠纷等全部负责，并承担相应法律责任；乙方不得以任何方式转第三方经营。

应当改为"乙方承诺在运营期间做好安全防护措施，防止烫伤、摔倒等事故发生，如果在浴室内发生人身伤亡（包括但不限于甲方师生、乙方员工以及检查维修等第三方人员）责任事故，乙方承担全部责任；乙方承诺承担对运营期间所发生的一切债权债务、人身伤害及劳资纠纷等全部负责，并承担相应法律责任；9. 乙方不得以任何方式转第三方经营"。

第三条　甲方的权利及义务

1. 甲方有权按照相关法律法规，学校的有关文件及工作部署对乙方的服务质量进行监督与检查，并根据乙方存在的问题责令整改。

2. 甲方有权在乙方出现以下问题时终止合同：

（1）给学生提供国家明令禁止的违法服务项目；

（2）正常情况下无故擅自长时间关闭浴室（停水、停电、设备故障等非乙方原因或自然灾害等不可抗力因素除外）；

（3）出现重大事故或卫生防疫不达标等，被政府部门勒令停止营业；

应当补充（4）乙方不得转包本承包项目给其他人；

（5）自然灾害、重大疫情、上级主管部门政策要求等情况。

3. 甲方有权要求乙方在经营期间，主动配合甲方接受卫生防疫，安全保卫，消防预防的工作检查和监督。

4. 合同期内，学生浴室在运行中如遇实际困难，甲方应本着一切为了更好地服务于广大学生的原则，帮助乙方解决实际困难和协调内外关系，以保证学生浴室安全有序运行。

5. 合同有效期内，甲方在乙方经营的区域内不再引入第三方从事学生洗浴供应服务。若在合同有效期内，甲方启动改造公寓楼内洗浴项目，由乙方继续提供服务。

6. 合同期内甲方须确保浴室运行所需自来水、电、暖的正常供给。

7. 乙方所投设备及设施实行折旧，按每年 12% 计提。5 年经营期满后，若甲乙双方不续约，由续租人承担 40% 投资额，并于续租人与甲方签定合同后 20 日内支付给乙方。项目竣工后 20 日内投标方须提供详细完整的技术资料用于审计；投标方技术资料不齐全、不符合审计要求或弄虚造假的，学校不予审计、不提折旧、续租人不承担折旧余额。

8. 乙方向学生公示的洗浴热水系统使用方法，学生如有不正确使用洗浴热水系统设备，或故意破坏洗浴热水系统设备而造成损失的，或故意偷水行为的，应由甲方配合追究肇事者责任，甲方将追究责任所得赔偿款交付给乙方。

第四条　电费标准和付费方式

经双方确定，选用以下方式支付电费：

1. 合作期间产生的水电费据实向甲方缴纳，合作期间洗浴收费标准为 0.022 元/升（收费依据为 App 或小程序的收费显示）。

2. 经甲乙双方协商，甲方为乙方提供__V 电源，乙方电费以电表计量，按电费__元/每度（含税），每__月结算一次，每次提前结算下一季度电费费用。电费乙方先转账，甲方再出具正规电费发票或者电费收据分割单。

甲方收取电费的账户信息如下：

收 款 人：某高校

开 户 行：工行某桥东支行

账 　 号：0123541209300×××××××

3. 以上银行账户信息为甲方提供用于结算电费的指定账号，乙方应认真核对转账信息，若乙方因账户、费用问题产生纠纷由乙方自行负责并承担责任，与甲方无关。

第五条　权利和义务转让

任何一方未经对方书面同意，不得转让本协议规定的任何一项权利和义务。

第六条　保密条款

1. 本协议内容未经对方书面许可，任何一方不得向第三方提供或披露本协议的相关与对方有关的资料和信息。由于一方泄密使另一方利益受到损害，泄密方应承担法律责任。但法律另有规定的除外。

2. 保密条款的约定不因本协议的终止而当然失效。

第七条　合同的变更、解除与终止

经双方协商一致可以变更或终止本协议。

第八条　违约责任

1. 任何一方未履行本协议项下的任何一项条款均被视为违约。任何一方在收到对方的具体说明违约情况的书面通知后，如确认违约行为实际存在，则应在＿日内对违约行为进行纠正并书面通知对方；如认为违约行为不存在，则应在＿日内向对方提出书面异议和说明。

2. 在此情形下，甲乙双方可就此问题进行协商，协商不成的，按本协议争议条款解决。违约方应承担因自己违约行为而造成的法律责任。

3. 若乙方无故终止协议，影响甲方正常浴室使用，甲方有权安排其他浴室运营，且有权要求乙方承担因此支出的全部费用。

补充 4. 合同到期、合同因第 3 条第 1 款终止或者因其他原因而解除时，乙方应当在 5 日内退出浴室以及相关场地，否则每日向甲方承担违约金 5000 元，浴室内外所有乙方投资的设备物资均视为放弃。

第九条　争议解决

原合同对此约定比较含糊，由于乙方为外地企业所以本条应当改为"对于因本协议履行而发生的争议，双方可协商解决。协商不成的，任何一方可向某仲裁委员会提交仲裁申请"。

第十条　免责条款

1. 因不可抗力导致甲乙双方或一方不能履行或不能完全履行本协议项下有关义务时，甲乙双方互相不承担违约责任。但遇有不可抗力的一方或双方应于不可抗力发生后＿7＿日内将情况告知对方，并提供有关部门的证明，若不可抗力导致无法告知，则应在不可抗力结束之日起＿3＿日内告知。

2. 在不可抗力消除后的合理时间内，本协议应当继续履行。

第十一条　协议期限

本协议有效期自 2024 年＿＿月＿＿日至＿＿年＿＿月＿＿日时止。

甲方每年度监督乙方服务水平和质量，双方可根据合作情况进行协商。

第十二条　其他事项

1. 如遇国家调整电价标准，或双方应下达有关政策文件，双方本着真诚合作、友好协商的原则另行商定收费方法以及收费标准。

2. 本协议未尽事宜，经双方协商一致后另行签署书面补充协议。双方未约定的事项，按照相关法律法规的规定执行。

3. 各方在协议开始部位所列信息为双方有效联系方式，有关通知和往来文件通过快递、邮件或其他有效方式送达所列地址即为已经送达，如一方变更联系方式的，应及时通知另一方，否则由此造成通知或文件未能接收等不利后果由联系方式变更方承担。

4. 本协议一式 4 份，双方各执 2 份。经双方签字或盖章后生效。

甲方：　　　　　　　　　　　　乙方：

法人代表或授权代表人：　　　　负责人或授权代表人：

　　年　　月　　日　　　　　　　年　　月　　日

第七节　食堂服务采购合同

甲方：某高校

乙方：某市丰茂餐饮管理有限公司

经某项目管理咨询有限公司通过某高校 2023 年度教工餐厅合作经营服务项目（项目编号：GDZFC-Z-××××××），确定乙方为项目中标供应商。为保护甲乙双方合法权益，根据《政府采购法》《民法典》等相关法律、法规的规定，并严格遵循政府采购项目采购文件的相关规定，经甲乙双方协商一致，达成以下合作经营协议：

第一句话仅是半句话，应当补充内容，明确通过何种形式确定乙方为中标商。

第一条 经营范围

某高校教工餐厅餐饮供应。

第二条 经营期限

本协议有效期自 2023 年 8 月 2 日至 2024 年 8 月 2 日，共 1 年。

第三条 设备的购置、管理与处置

3.1 设备使用：已由甲方购置的厨房和餐厅设备（含餐桌椅、电磁炉、抽油烟罩等，详见附件 1）免费供乙方使用；由上一协议期合作方购买的设备（详见附件 2 和附件 3），按厨具折旧规定（《中华人民共和国企业所得税法实施条例》第六十条规定，厨房设备折旧年限为 5 年）计算残值后，由乙方按现有价值向上一协议期合作方购买使用，协议期内，所有设备的更换、补充由乙方负责，要确保及时、保质、保量（功能、质量等参数不得低于现有设备），费用由乙方承担。

3.2 设备管理：协议期内，设备的维护、维修由乙方负责。乙方购置的设备（含新购、更换、补充的设备）须及时、如实报甲方备案，由甲乙双方共同建立设备台账，乙方不得私自拆解、改装处理，更换须报请甲方同意。

3.3 设备处置：乙方只享有设备使用权，不得私自转借、挪用和处置。协议期满或协议终止后，由甲方购买的设备全部归甲方所有，乙方要保证设备完好、账物相符、能够使用，由乙方购买的设备，如完好，可以使用，按厨具折旧规定，根据实际使用时间计算设备价值（《中华人民共和国企业所得税法实施条例》第六十条规定，厨房设备折旧年限为 5 年），甲方负责要求由下一协议期的合作方给予乙方补偿。

第四条 房屋基础设施投入与维护维修管理

4.1 房屋基础设施投入与管理：正式运营前，餐厅内室内装修改造、地面和墙面瓷砖、操作间吊顶、送排风、采暖、消防、供排水、供电等基础设施建设由甲方负责，协议期内，乙方不得私自破坏主体结构，更不允许私自转包、转租、分包。

本条款应当补充乙方不仅不能破坏主体结构，而且不能私自改变二次结构，改变空间布局。乙方要保持原有空间、管线的布局。没有甲方同意，不能对水、电、天然气、采暖等管线进行私搭乱接。

4.2 合作经营期内，甲方负责餐厅楼外相关管网管线、楼顶防渗、外墙面等的维护维修，费用由甲方承担；楼内的所有设施、设备、门窗、卫生间等维护维修由乙方负责，费用由乙方承担。合作经营期间，政府有关职能部门对餐厅软硬件建设提出新的要求，由乙方落实并承担费用。

本条款应当补充：与餐厅连接的楼外下水管道发生堵塞，由甲方聘请专业人员疏通，费用由乙方承担。也可以由乙方出资聘请专业人员疏通，但是施工安装的方案必须甲方同意，并在甲方监督下进行疏通。

第五条 经营服务约定

5.1 教工餐厅采用甲方和乙方合作经营模式。甲方承担部分人工成本——每年补贴人民币 300 000 元（叁拾万元整）；甲方承担必要电费——每月预存价值人民币 10 000.00 元（壹万元整）的电量，超出部分乙方自己承担；食材采购、食品加工、厨余垃圾处理，卫生保洁服务等其他经营成本由乙方承担。

如果甲方不收取乙方承包费，且给予乙方补贴，再承担一部分水电费，那么甲方有权要求乙方饭菜价格低于市场价，也就是将这部分补贴通过降低饭菜价格让渡给学生。所以本处应当约定甲方对乙方饭菜的定价权。否则，乙方免费使用甲方场地牟利，甲方再给乙方巨额补贴，显然不符合上级主管部门的政策初衷，也有违公平诚信的原则。

5.2 乙方要合理配备管理和专业技术人员：现场负责人须具备高中及以上文化程度，具有 2 年以上餐饮管理经验，另外，乙方必须保证每天工作人员人数（根据甲方要求，至少有 9 名工作人员），实行打卡上报制度，不能随意减少工作人员数量。

5.3 采购管理：原材料采购严格落实定点、索证、索票等有关食品安全相关制度，乙方负责，甲方监管，其中米、面、粮油等大宗食品，必须按照甲方要求进行采购。

5.4 出入库管理：乙方要严格原材料出入库管理，如实建立出入库台账，甲方有权利随时监督和检查乙方原材料出入库台账。凡乙方自购的原材料必须经甲方验收后方可入库加工。发现乙方有下列情形之一的，甲方有权进行纠正或罚款处理：

(1) 未按规定在指定供应商中采购的；

(2) 采购的原材料不经甲方验收私自入库加工的；

(3) 经甲方验收质量不过关强行入库加工的；

(4) 未按规定索证、索票的；

(5) 未按规定建立采购台账或出入库手续不完善的；

补充一项：(6) 乙方采购并使用甲方禁用的饭菜原材料（豆角、四季豆、豆浆等）的。

5.5 食品卫生安全管理：乙方必须在政府行政主管部门及甲方的全程监督和检查下开展工作。经营期间要严格遵守国家法律、法规及政策，遵守职业道德规范，遵守学校、校园安全与后勤管理处餐饮科的各项规章制度。凡发现乙方有下列情形之一的，甲方有权视情况提出批评、罚款、责令整顿或解除协议：

(1) 未按规定对上岗人员及时进行体质检查的；

(2) 上岗人员健康证不全或过期的；

(3) 雇佣未成年人、有精神疾病人员、有前科人员上岗作业的；

(4) 未按规定安排专（兼）职安全卫生管理员或虽安排而不尽责的；

(5) 未按规定留样或留样品种不全、记录不全、时间不够及分量不足的；

(6) 未按规定对餐具进行消毒或消毒液（剂）不达标、记录不全的；

(7) 未按规定限制非餐厅操作人员进入操作区的；

(8) 未按规定落实安全日检查或检查记录不详的；

(9) 虽发现存在安全隐患而未及时整改或上报的；

(10) 易燃、易爆、有毒、有害物存放不合理、清理不及时的；

(11) 未按规定明示机械操作规程的；

(12) 未按规定对作业人员进行职业培训、安全教育或培训、教育无记录的；

(13) 未经许可而私自加工凉品的；

(14) 使用发霉、变质、过期饮品或食品的。

5.6 食品质量和价格管理：

（1）餐点种类（自助模式）

①早餐：主食 4 种，鸡蛋 1 个，粥/汤 3 种，小菜 3 种

②午餐：主食 3 种，菜 7 种（4 荤 3 素），粥/汤 2 种，应季水果 2 种。

（2）用餐标准

①早餐：4.00 元/人。（个人支付 2.00 元，福利费支付 2.00 元）

②午餐：12.00 元/人。（个人支付 6.00 元，福利费支付 6.00 元）

（3）营养及品种基本要求

①高、中、低档搭配、荤素搭配、粗细搭配、冷热搭配，营养丰富合理。

②每日使用猪肉必须保证新鲜，当天采购，不允许用冻肉，以次充好。

③食品制作要充分体现色、香、味、型的特点。

④小吃要品种多样、口味纯正、东西结合、南北结合。

⑤乙方要充分掌握服务对象的用餐需求、口味，保证员工吃上可口饭菜。

5.7 服务合作期间，乙方必须无条件保证教职工早、午餐正常供应（按时、保质、保量、保安全卫生），且教工餐厅不允许学生进入就餐。

5.8 凡经上级部门或甲方检查发现的不达标问题，全部由乙方负责限期整改，造成的一切损失及涉及的整改费用全部由乙方承担。

5.9 乙方按地方有关部门规定，按时缴纳排烟、排污、排油、燃气使用管理费等社会公共服务费用。

第六条 甲方的权利和义务

6.1 甲方负责对乙方的履约行为进行监督，协助政府职能部门检查、督查工作，对乙方的违法、违规、违纪、违约行为进行处理。

6.2 协议期内，甲方对乙方合作经营的餐厅免收管理费。

6.3 甲方负责承担乙方经营范围内实际发生且不超过每月人民币 10 000.00 元（壹万元整）的电费和全部水费及供暖费用。

6.4 甲方有权监督乙方人员的配备，指导乙方生产、经营、服务等各项工作。对不符合要求的工作人员，甲方有权要求乙方予以更换。

6.5 甲方有权在书面通知乙方缴纳各项应承担费用（包括罚款）的前提下，从乙方的经营收入中按月直接扣除。

第七条　乙方的权利与义务

7.1 乙方享有在甲方的管理、监督、指导下具体经营餐厅的权利。协议期限内，切实履行好承担约定经营范围内的一切安全责任及各种风险的义务，按约定缴纳甲方要求乙方承担的各项费用。

补充一款：7.2 经营期间，乙方在确保不影响建筑结构质量的前提下，可以进行装饰、改造，但方案需报甲方同意，费用由乙方承担。协议期满后，乙方无权就装饰、改造问题向甲方提任何要求，也不准私自拆除或故意破坏。

7.3 经营期间，乙方要切实履行爱护设备的义务，包括原有、更换、新购的设备，如有人为损坏行为，全部照价赔偿。性质严重或经强调不改的，除照价赔偿外，还可处以设备价 1 倍~3 倍的罚款，赔偿金及罚款由甲方从乙方的营业收入中直接扣除。

7.4 乙方享有对甲方的管理提出意见、建议权，对甲方的处罚提出申辩权，同政府监督部间间的处罚协调处置权。

7.5 乙方有义务加强用水、用电管理，避免水电浪费。按月向甲方缴纳定额标准范围外的电费，缴费标准按某市相关政策执行。

7.6 乙方有义务加强暖气、燃气等能源管理，避免能源浪费。

7.7 乙方有义务维护甲方的合法权益。协议约定服务合作期间，禁止乙方以任何形式转包、转租、分包或其他未经甲方准许的合作经营。

7.8 经营期间，乙方承担执法机关、监督部门、学校给予乙方的各类处罚。乙方下属员工发生违法、违纪及人身伤害、伤亡事故等造成的一切损失及相关法律责任全部由乙方承担，甲方概不负责。

7.9 乙方需经常对员工进行食品卫生安全、设备操作、用电、用气、防火、防爆、防投毒等方面的培训和教育，消除人为隐患，防止突发事故。乙方经营范围内发生食物中毒、火灾等安全事故，造成人员伤害、设备设施损坏，涉及的一切医疗救治费、赔偿费、设施设备修复费等均由乙方承担。并承担相关的法律责任。

补充一条：7.10 乙方保证聘用员工符合国家用工规定，并按规定与员工签订用工合同，缴纳社会保险。凡因乙方所属员工引发的劳务纠纷，全部由乙方负责解决并承担相应的经济责任。)

第八条 退出机制

乙方在经营期间出现下列情况之一的，甲方有权单方面终止协议，乙方无条件退出。

8.1 掺杂使假，销售无证、过期、有害食品，经教育不改或整改不力的；

8.2 发生食物中毒或安全责任事故造成严重后果的；

8.3 超合同约定范围经营，学校通知限期整改而拒不整改的；

8.4 在经营过程中有转包、转租、分包经营行为的；

8.5 未经学校同意，在学期中途无故停止营业，或利用学校资源从事超出本协议经营范围的校内外餐饮服务造成严重影响的；

补充一款：8.6 未按相关法律法规和合同约定，建立相应管理制度或制度执行不力，经营管理混乱，不服从学校管理，不积极配合学校工作，被相关部门处罚且限期整改不力的。

第九条 营业款结算方式

9.1 营业款和甲方支付的部分人员工资结算日期为次月的 10 日前（如因不可抗力造成支付延误，甲方不承担任何责任）；

9.2 所有的营业款及工资以转账形式汇入乙方指定银行账号。

乙方开户行：某市建行胜利大街支行

乙方银行账号：1324521××××

第十条 违约责任

补充两款：

10.1 因国家政策使甲方体制发生变化、甲方搬迁或其他不可预见事件、不可抗力造成协议无法履行时，甲乙双方各自承担自己的损失，双方互不追究对方的责任。

10.2 若因甲方原因导致协议终止，违约责任全部由甲方承担。甲方不得向乙方收取协议终止之日起至合作期满间任何应缴费用，且按乙方已经营年限，甲方应对乙方前期装修及设备投资给予折旧补偿，但甲方不承担乙方员工纠纷处理的一切责任。

10.3 若因乙方原因导致协议终止，违约责任全部由乙方承担。乙方应于协议即将终止前一个月书面通知甲方，按甲乙双方共同约定的时间停止经营。乙方按协议终止前一年总营业额的 35% 向甲方支付违约金，向甲方缴纳协议终止之日前一切应缴费用。协议终止时，乙方要保证所有设备、设施的数量和完好率，不影响甲方继续使用。甲方不给予乙方任何投资补偿且不承担乙方员工纠纷处理的一切责任。

10.4 甲方违反本协议任何一条，造成的后果及损失由甲方承担。乙方违反本协议任何一条，造成的后果及损失由乙方承担，对乙方的违约行为，甲方有权处以 1 万元~10 万元罚款，性质特别严重的，甲方有权单方终止合同，责任按本条 10.3 款执行。

10.5 因停水、停电等非人为因素或其他自然灾害原因导致的一切经济损失，由甲、乙双方各自承担。

补充一款：10.6 因第 8 条、第 10 条而解除或终止协议的，乙方应在期限届满前 20 日或接到解除通知后 10 日内撤场，腾出占有使用的房屋场地，否则乙方承诺每逾期 1 日，支付甲方 1 万元违约金并赔偿甲方因此受到的所有经济损失。

第十一条　合同争议、更改、补充及终止

11.1 在协议履行过程中如双方发生争议，双方本着互谅互让的原则协商解决。如协商不成，双方同意提交某仲裁委员会仲裁。

11.2 经双方协商，可对本协议条款进行修订、更改或补充，以书面为准。所有书面补充内容均与本协议具有同等法律效力。

11.3 招投标文件为协议的有效组成部分，与本合同具有同等法律效力。

11.4 协议规定的合作期满时，本协议自然终止。

第十二条　其他事项

12.1 本协议未尽事宜，双方可协商解决，可以签定补充协议或另加附页。本协议期限届满，任何一方有意续约，应于期限届满前 20 日内向对方提出续约的意思，否则视为终止，双方不再续约。

12.2 本协议的订立、效力、解释、履行和争议的解决均适用于中华人民共和国法律。

12.3 本协议及补充协议内容对甲、乙双方都具有同等的法律效力。

12.4 本协议自签订之日起执行，经双方盖章签字后生效。

12.5 本协议一式四份，甲方执三份，乙方执一份。

甲方（盖章）：　　　　　　　　乙方（盖章）：

法定代表人（签字）：　　　　　法定代表人（签字）：

或委托代理人（签字）：

　　年　　月　　日　　　　　　年　　月　　日

第五章　高校科研合同

第一节　技术开发类连环合同

连环合同是指两份以上具有密切联系的合同，前边的合同（简称"上游合同"）是后边的合同（简称"下游合同"）的基础法律关系，下游合同不能突破上游合同的规定性。

实践中，下游合同的签订者在签订合同时，往往忽视了上游合同的约定，有意或者无意地偏离了上游合同的目的。尤其是合同中，上下游合同不能衔接，导致合同产生先天的缺陷。

下游合同的审查者拿到下游合同时，有时并不知道还有上游合同，因此审查下游合同时，往往看不出存在的问题。有可能铸成大错。

所以，合同的审查者在审查一份合同时，一定要了解有没有与之相关的合同。如果有，一定要将上下游合同联系起来，从整体的角度审视这份合同。

以下是由两份合同组成的连环合同。单独看每份合同问题不大，但是将上下游合同联系起来，整体上看，问题就大了。

技术开发（委托）合同（一）

委托方（甲方）：河北立强科技股份有限公司

项目名称：　　靶标安全姿态判别系统

合同金额：　　壹拾伍万元整（￥15.00万元）

合同类型：　　技术开发

合同起讫时间：自 2023 年 5 月 26 日至 2025 年 5 月 25 日

单位负责人：　田某江　　联系方式：　　0311-2111××××

项目负责人：王某斌　联系方式：　　13222235××××

开户名称：　　　河北环航科技股份有限公司

开户行：农行某桥东支行 账号：6088500104065××××

乙方（创新服务提供机构）：某高校

单位负责人：张某强 联系方式：0311-2123××××

项 目 负 责 人 ：韩某云　联系方式：1325835××××

开户名称：　　　　　某高校

开户行：工行某桥东支行 账 号：044104120930××××

本合同甲方委托乙方研究开发靶标安全姿态判别系统项目，并支付研究开发经费和报酬，乙方接受委托并进行此项研究开发工作。双方经过平等协商，在真实充分地表达各自意愿的基础上，根据《民法典》的规定，达成如下协议，并由双方共同恪守。

合同的签订背景为，在政府大力提倡科技创新、产学研相结合的背景下，某市科技局出台了一个新规定，即如果中小企业能和高校联合开发新产品、新技术，那么科技局将按照开发投资的情况给牵头的企业拨付一笔可观的科研费用。于是获悉上述政策的一些中小企业产生了企业和学校联合进行科技研发的积极性。也有一些企业，试图通过一系列合同的设计，将科技局颁发的配套经费，转移到企业的账户上。而高校本身也有引进横向课题，获得科研经费的必要。二者一拍即合，产生了很多连环合同。

产学研结合，企业和高校联合开发新产品和新技术是好事，因此为了科研目的签订上下游合同没有问题，但是如果为了套取政府的科研经费，刻意安排一些合同设计就会产生很大风险。

作为高校合同审查人员，应当严密审查此类上下游合同给高校带来的违法、违约风险，防止高校成为校外人员牟利的工具。高校是具有雄厚资金设备不动产实力的单位，很多校外单位、人员愿意与高校合作，这样就等于有了高校信用和资产背书。高校合同审查人员应当火眼金睛，筑牢合同签订和审查的防波堤，维护高校的良好信誉和资产安全。

第一条　本合同研究开发项目的要求如下：

1. 技术目标：靶标安全姿态判别系统 1 套；

2. 技术内容：详见本合同附件 1 ；

3. 技术方法和路线：设计遵循正确性、健壮性、可靠性、易用性、可扩展性、兼容性和可移植性原则　。

第二条　乙方应在本合同生效后 7 日内向甲方提交研究开发计划。研究开发计划应包括以下主要内容：

1. 阶段性计划内容：方案阶段的任务与节点，详细设计阶段的任务及节点，正样机阶段的任务及节点，设计定型阶段的任务及节点；

2. 具体进度安排、评审、确认和资源保障计划。

第三条　乙方应按下列进度完成研究开发工作：

1. 2023 年 5 月 26 日到 2023 年 7 月 31 日，完成方案论证和详细方案设计；

2. 2023 年 8 月 1 日到 2023 年 8 月 31 日，完成调试，并交付；

3. 2023 年 9 月 1 日到 2023 年 9 月 30 日，随整机完成正样机试验，优化设计；

4. 2023 年 10 月 1 日到 2023 年 10 月 25 日，完成调试并交付。

第四条　甲方应向乙方提供的技术资料及协作事项如下：

1. 技术资料清单：

（1）项目结构设计资料；

（2）有关背景技术资料。

2. 提供时间和方式：2023 年 6 月 1 日前，以光盘方式提供。

3. 其他协作事宜：双方协商

本合同履行完毕后，上述技术资料按以下方式处理：项目完毕全部交还甲方。

第五条　甲方应按以下方式支付研究开发经费和报酬：

1. 研究开发经费和报酬总额为　人民币壹拾伍万元整（￥15.00 万元）。

2. 研究开发经费由甲方　分期　（一次、分期或提成）支付乙方。具体支付方式和时间如下：

（1）合同签订生效后15 日内支付合同额的60%；（2）产品验收合格后30

日内支付合同额的 40% ；

连环合同中，上游合同支付款项的时间特别重要。理由是，只有上游合同款项如期支付，才能顺利支付下游合同的相对方。所以如果下游合同涉及使用上游合同的款项，一定要落实上游合同的付款方是否已经实际支付，然后才能签订下游合同。否则，就会出现上下游合同款项支付的脱节，导致高校一方违约。

（3）产品交付之后 30 日完成产品验收；

（4）乙方开户银行名称、地址和账号：（略）。

第六条　本合同的研究开发经费由乙方以　独立使用　的方式使用。甲方有权并以 合同约定监督研究开发进度 的方式检查乙方研究开发工作和使用研究开发经费的情况，但不得妨碍乙方的正常工作。

第七条　本合同的变更必须由双方协商一致，并以书面形式确定。但有下列情形之一的，一方可以向另一方提出变更合同权利与义务的请求，另一方应当在 5 日内予以答复；逾期未予答复的，视为同意。

第八条　未经甲方同意，乙方不得将本合同项目部分或全部研究开发工作转让第三人承担。但有下列情况之一的，乙方可以不经甲方同意，将本合同项目部分或全部研究开发工作转让第三人承担：

连环合同中，下游合同的相对人就是第三方，所以，当上游合同禁止高校一方将合同转包或者分包时，无疑就是一个巨大的合同陷阱。高校自己研发时，囿于场地、技术等因素限制，可能完不成开发任务。而与第三方合作又违反禁止转包并分包的约定，从而进退两难。就本案而言，该项目是涉及军事目标的项目，具有极高的保密性，当然排斥外包。所以签订下游合同时，签订者极易忽视本条约定，从而签订了连环合同中的下游合同。一旦高校违约，校外单位或者人员就高兴了。因为高校资产雄厚稳定，其可能会唾手可得一笔不菲收入。

1. 不涉及和损害甲方技术权益、经济利益和商业秘密　；
2. 其他涉及项目发生变更的情况　　　　；

第九条　在本合同履行中，因出现在现有技术水平和条件下难以克服的技术困难，导致研究开发失败或部分失败，并造成一方或双方损失的，双方按如下约定承担风险损失：

1. 乙方退还甲方已支付合同款，合同余款不再支付；

2. 乙方承担己方在履行合同中所投入的财力、人力、物力损失。

双方确定，本合同项目的技术风险按　当事人认可的专家权威机构确定的方式认定。认定技术风险的基本内容应当包括技术风险的存在、范围、程度及损失大小等。认定技术风险的基本条件是：

1. 本合同项目在现有技术水平条件下具有足够的难度；

2. 乙方在主观上无过错且经认定研究开发失败为合理的失败。

一方发现技术风险存在并有可能致使研究开发失败或部分失败的情形时，应当在10日内通知另一方并采取适当措施减少损失。逾期未通知并未采取适当措施而致使损失扩大的，应当就扩大的损失承担赔偿责任。

第十条　在本合同履行中，因作为研究开发标的的技术已经由他人公开（包括以专利权方式公开），一方应在30日内通知另一方解除合同。逾期未通知并致使另一方产生损失的，另一方有权要求予以赔偿。

第十一条　双方确定因履行本合同应遵守的保密义务如下：

甲方：1. 保密内容（包括技术信息和经营信息）：乙方提供的技术资料。2. 涉密人员范围：参与项目开发所有成员。3. 保密期限：2023年5月26日至2025年5月25日4. 泄密责任：依法追究相关责任。

乙方：1. 保密内容（包括技术信息和经营信息）：设备相关要求、参数、技术指标、技术应用场景。2. 涉密人员范围：参与项目开发所有成员。3. 保密期限：2023年5月26日至2025年5月25日。4. 泄密责任：依法追究相关责任。

第十二条　乙方应当按以下方式向甲方交付研究开发成果：

1. 研究开发成果交付的形式和数量：

（1）靶标安全姿态判别系统（含附件）1套；

（2）技术资料（按附件的技术协议约定）1套。

2. 研究开发成果交付的时间和地点：于2023年10月25日在河北立强科技股份有限公司交付。

第十三条　双方确定，按以下标准及方法对乙方完成的研究开发成果进行验收：<u>双方认可</u>。

第十四条　乙方应当保证其交付给甲方的研究开发成果不侵犯任何第三人的合法权益。如第三人指控甲方实施的技术侵权的，乙方应当<u>承担由此而产生的全部损失</u>。

第十五条　双方确定，因履行本合同所产生的研究开发成果及其相关知识产权权利归属，按下列第 2 种方式处理：

1. <u>甲</u>（甲、乙）方享有申请专利的权利。

专利权取得后的使用和有关利益分配方式如下：<u>甲方享有产品所有权</u>。

2. 按技术秘密方式处理。有关使用和转让的权利归属及由此产生的利益按以下约定处理：

（1）技术秘密的使用权：<u>双方共享</u>；

（2）技术秘密的转让权：<u>双方协商，不得转让</u>；

双方对本合同有关的知识产权权利归属特别约定如下：<u>知识产权归甲方所有</u>。

第十六条　乙方不得在向甲方交付研究开发成果之前，自行将研究开发成果转让给第三人。

第十七条　乙方完成本合同项目的研究开发人员享有在有关技术成果文件上写明技术成果完成者的权利和取得有关荣誉证书、奖励的权利。

第十八条　乙方利用研究开发经费所购置与研究开发工作有关的设备、器材、资料等财产，归　<u>乙</u>　（甲、乙、双）方所有。

第十九条　双方确定，乙方应在向甲方交付研究开发成果后，根据甲方的请求，为甲方指定的人员提供技术指导和培训，或提供与使用该研究开发成果相关的技术服务。

1. 技术服务和指导内容：

（1）<u>培训甲方技术人员掌握靶标安全姿态判别系统使用方法</u>；

（2）<u>靶标安全姿态判别系统软件适应性调整</u>。

2. 地点和方式：<u>河北立强科技股份有限公司</u>。

3. 费用及支付方式：双方协商。

如果是连环合同，有可能由第三方提供培训和指导，因此这里应当明确由乙方或者乙方指定的人员来为甲方提供培训。费用不能写成双方协商，而是写成"费用由乙方支付"。

第二十条 双方确定：任何一方违反本合同约定，造成研究开发工作停止、延误或失败的，按以下约定承担违约责任：

1. 甲方违反本合同第十一条约定，应当 承担违约责任，支付违约金按合同总金额的50%（支付违约金或损失赔偿额的计算方法）。

2. 乙方违反本合同第十一条约定，应当 承担违约责任，违约金合同总金额的50%。

3. 甲 方违反本合同第四条约定，应当 承担违约责任，乙方计划顺延，且由甲方违约引起的乙方不能按时保质完成项目，责任由甲方承担。

4. 乙 方违反本合同第二、三条约定，应当 承担违约责任，支付违约金，违约金为已付金额的10%。

5. 乙方承担产品的试制费用风险，若产品达不到技术要求，乙方退回已经收取的全部费用。

该合同明显是乙方提供的模板，因为违约责任部分没有约定甲方未按期支付合同约定费用的法律责任，而这笔费用的支付是项目启动和开展研究的先决条件。没有约定的原因有可能是甲方等待政府资金入账后才给乙方拨付。因为这个时间不确定，所以甲方就回避了约定支付合同款项的责任。作为甲方，必须明确此笔款项及时支付的时间节点以及违约责任，否则将在整个合同履行过程中陷入被动。

作为高校的乙方对其他条款的审查也应围绕着甲方付款节点展开，哪个环节与付款有关，属于付款的前提条件，那么哪个环节就成为乙方审查的重点。例如，成果验收是支付合同尾款的前提条件，那么一定要明确甲方的组织验收责任，还要明确组织成果验收的触发点，避免乙方工作完成后，验收迟迟不动，尾款遥遥无期。

第二十一条 双方确定，甲方有权利用乙方按照本合同约定提供的研究开发成果，进行后续改进。由此产生的具有实质性或创造性技术进步特征的新的技术成果及其权属，由＿＿甲＿＿（甲、乙、双）方享有。具体相关利益的分配如下：归甲方。

乙方有权在完成本合同约定的研究开发工作后，利用该项研究开发成果进行后续改进。由此产生的具有实质性或创造性技术进步特征的新的技术成果，归＿乙＿（甲、乙、双）方所有。具体相关利益的分配办法如下：＿＿归乙方＿。

第二十二条　双方确定，在本合同有效期内，甲方指定＿舒某龙＿为甲方项目联系人，乙方指定＿李某天＿为乙方项目联系人。项目联系人承担以下责任：

1. 按照约定联系时间、联系方式和联系地点完成交办的相关工作；

2. 防止因人事变动而使本合同难以履行或无法履行；

3. 保证以适当的时间、方式、标准履行本合同。

一方变更项目联系人的，应当及时以书面形式通知另一方。未及时通知并影响本合同履行或造成损失的，应承担相应的责任。

第二十三条　双方确定，出现下列情形，致使本合同的履行成为不必要或不可能的，一方可以通知另一方解除本合同：

1. 因发生不可抗力或技术风险；

2. 技术风险指当事人努力履行，现有水平无法达到，有足够技术难度，同行专家认定为合理失败；

3. 在合同履行中，第三人公开相同的技术成果。

第二十四条　双方因履行本合同而发生的争议，应协商、调解解决。协商、调解不成的，确定按以下第＿1＿种处理：

1. 提交申请方所在地仲裁委员会仲裁；

2. 依法向甲方住所地人民法院起诉。

申请方所在地仲裁委员会改为提交某仲裁委员会，具体明确。

第二十五条　与履行本合同有关的下列技术文件，经双方以＿协商＿方式确定后，为本合同的组成部分：

1. 技术背景资料：＿／＿；

2. 可行性论证报告：＿／＿；

3. 技术评价报告：＿／＿；

4. 技术标准和规范：＿＿/＿＿；

5. 原始设计和工艺文件：＿＿/＿＿；

6. 其他：＿＿＿/＿＿。

第二十六条　双方约定本合同其他相关事宜为：对于双方在本协议中没有明确约定的事项，双方另行协商解决。

第二十七条　本合同一式 4 份，甲方 2 份，乙方 2 份，具有同等法律效力。

第二十八条　本合同经双方签字盖章后生效。

甲方：＿＿＿＿＿＿＿（盖章）

法定代表人/委托代理人：＿＿＿＿＿＿＿（签名）

乙方：＿＿＿＿＿＿＿（盖章）

法定代表人/委托代理人：＿＿＿＿＿＿＿（签名）

2023 年 5 月 26 日

技术开发（委托）合同（二）

委托方（甲方）：＿＿某高校＿＿

住 所 地：河北省某市长春东大街××号

法定代表人：强某千

受托方（乙方）：＿＿云中浪速电气股份有限公司＿＿

住 所 地：＿云中市高新区科韵路×××号＿

法定代表人：张某

电子信箱：＿＿＿yunzhong×××××@163.com＿＿

本合同甲方委托乙方研究开发靶标安全姿态判别系统项目，并支付研究开发经费和报酬，乙方接受委托并进行此项研究开发工作。双方经过平等协商，在真实、充分地表达各自意愿的基础上，根据《民法典》的规定，达成如下协议，并由双方共同恪守。

第一条　本合同研究开发项目的要求如下：

1. 技术目标：靶标安全姿态判别系统 1 套；

2. 技术内容：详见本合同附件1。

3. 技术方法和路线：<u>设计遵循正确性、健壮性、可靠性、易用性、可扩展性、兼容性和可移植性原则。</u>

看了上边的技术开发（委托）合同（一）可知，本合同除了主体有变化，即上游合同的乙方在此成了甲方，而此下游合同乙方则成了原乙方合同权利和义务的概括承受方。也就是说，上游合同的乙方将合同义务整体转让了。联系上游合同不允许转包和分包的相关约定，如果不对本下游合同进行规制，将给高校带来极大的法律风险。

第二条 乙方应在本合同生效后 7 日内向甲方提交研究开发计划。研究开发计划应包括以下主要内容：

1. 阶段性计划内容：<u>方案阶段的任务与节点，详细设计阶段的任务及节点，正样机阶段的任务及节点，设计定型阶段的任务及节点；</u>

2. 具体进度安排、评审、确认和资源保障计划。

第三条 乙方应按下列进度完成研究开发工作：

1. <u>2023 年 4 月 26 日到 2023 年 5 月 26 日，完成方案论证；</u>

上游合同高校方的起讫期限是 2023 年 5 月 26 日到 2023 年 7 月 31 日，而下游合同的履行期限却早于上游合同，这就是签订下游合同时不认真，不研究与下游合同具有密切因果联系的上游合同，从而在履行期限上为自己设置了陷阱。以下几个时间节点也存在类似的重大缺陷。

2. <u>2023 年 5 月 27 日到 2023 年 7 月 31 日，完成详细方案设计；</u>

3. <u>2023 年 8 月 1 日到 2023 年 8 月 31 日，完成调试，并交付；</u>

4. <u>2023 年 9 月 1 日到 2023 年 9 月 30 日，随整机完成正样机试验，优化设计；</u>

5. <u>2023 年 10 月 1 日到 2025 年 10 月 25 日，完成调试，并交付。</u>

第四条 甲方应向乙方提供的技术资料及协作事项如下：

1. 技术资料清单：<u>（1）项目结构设计资料；（2）有关背景技术资料。</u>

2. 提供时间和方式：<u>2023 年 5 月 1 日前，以光盘方式提供。</u>

上述时间节点与上游合同相同，这就意味着，如果下游合同的乙方在最后时间 2023 年 5 月 1 日提供光盘，高校一方就必须当天提交给上游合同的甲方。而如果这些资料有瑕疵，就意味着作为高校的乙方根本没有修正的时间。只能导致违约的事实发生。因此类似这种时间节点一定要在上游合同的后边，留有余地，否则就会导致违约。

3. 其他协作事宜：双方协商。

本合同履行完毕后，上述技术资料按以下方式处理：项目完毕全部交还甲方。

第五条　甲方应按以下方式支付研究开发经费和报酬：

1. 研究开发经费和报酬总额为 人民币贰拾贰万伍仟元整（￥22.5 万元）。

本支付条款的内容是本合同的大漏洞。因为上游合同的支付金额是 15 万元，也就是在上游合同中，高校完全履行合同，只能拿到 15 万元。而在下游合同中，高校却要支付乙方 22.5 万元，也就是高校在出资免费为上游合同的甲方完成开发的项目，这是何苦来哉！签订这样的合同，目的何在？

经办人解释说，多出这 7.5 万元由高校来出。而合同审查人员咨询高校财务处后得知，高校根本没有这笔预算开支。这就意味着这是一个高校明显要预期违约的合同。而作为上游合同甲方和下游合同乙方的校外人员很可能以高校违约为由大敲一笔竹杠。

如果上游合同的甲方与下游合同的乙方属于同一拨人或者具有关联关系，他们很可能利用其关联关系认为造成高校一方违约，然后吃高校的"唐僧肉"。高校财务状况有保障，一般是欠不下钱的。也正因为这一点，高校一旦构成违约，带来的风险极大。

2. 研究开发经费由甲方分期（一次、分期或提成）支付乙方。具体支付方式和时间如下：

（1）合同签订生效后 15 日内支付合同额的 60%；（2）产品验收合格后 30 日内支付合同额的 40%；（3）产品交付之后 30 日完成产品验收 乙方开户银行名称、地址和账号：（略）。

本条约定不仅与上游合同内容重合，而且因为上游合同起始时间晚于下游合同，很可能导致高校一方不能及时付款，造成违约的事实，这是极大的合同风险。尽管高校的本合同的经办人员信誓旦旦表明上游合同的甲方非常讲信用，非常靠谱，一再表明不会出现款项支付脱节的问题，但是合同审查人员坚持原则，坚决不同意签订这个下游合同时间节点早于上游合同的合同。

尤其是合同审查人员判断上游合同的甲方签约目的是套取政府的科研补贴，因此其付款的前提条件是政府补贴到位。其准备待政府补贴到位后才支付给高校合同款项。而上游合同签订后，政府补贴并没有把握到位。在这种情况下，下游合同中高校极大概率违约。如果听信高校经办教师的一家之言，很可能是其个人获益，但却给高校带来极大风险。所以合同审查人员坚持要完善合同，使之逻辑自洽，消除风险，否则不同意签订合同。

第六条 本合同的研究开发经费由乙方以 <u>独立使用</u> 的方式使用。甲方有权并以 <u>合同约定监督研究开发进度</u> 的方式检查乙方研究开发工作和使用研究开发经费的情况，但不得妨碍乙方的正常工作。

第七条 本合同的变更必须由双方协商一致，并以书面形式确定。但有下列情形之一的，一方可以向另一方提出变更合同权利与义务的请求，另一方应当在 5 日内予以答复；逾期未予答复的，视为同意。

第八条 未经甲方同意，乙方不得将本合同项目部分或全部研究开发工作转让第三人承担。但有下列情况之一的，乙方可以不经甲方同意，将本合同项目部分或全部研究开发工作转让第三人承担：

1. <u>不涉及和损害甲方技术权益、经济利益和商业秘密</u>；
2. <u>其他涉及项目发生变更的情况</u>。

第九条 在本合同履行中，因出现在现有技术水平和条件下难以克服的技术困难，导致研究开发失败或部分失败，并造成一方或双方损失的，双方按如下约定承担风险损失：

1. <u>因乙方原因导致研究开发失败或部分失败，乙方退还甲方已支付合同款，合同余款甲方不再支付</u>；
2. <u>因甲方原因导致研究开发失败或部分失败，乙方不退还甲方已支付合同款，合同余款甲方于 7 个工作日内支付给乙方</u>；

双方确定，本合同项目的技术风险按当事人认可的专家权威机构确定的方式认定。认定技术风险的基本内容应当包括技术风险的存在、范围、程度及损失大小等。认定技术风险的基本条件是：

1. 本合同项目在现有技术水平条件下具有足够的难度；

2. 乙方在主观上无过错且经认定研究开发失败为合理的失败。

一方发现技术风险存在并有可能致使研究开发失败或部分失败的情形时，应当在10日内通知另一方并采取适当措施减少损失。逾期未通知并未采取适当措施而致使损失扩大的，应当就扩大的损失承担赔偿责任。

第十条　在本合同履行中，因作为研究开发标的的技术已经由他人公开（包括以专利权方式公开），一方应在　30　日内通知另一方解除合同。逾期未通知并致使另一方产生损失的，另一方有权要求予以赔偿。

第十一条　双方确定因履行本合同应遵守的保密义务如下：

甲方：

1. 保密内容（包括技术信息和经营信息）：乙方提供的技术资料；

2. 涉密人员范围：参与项目开发的所有成员；

3. 保密期限：2023年4月26日至2025年4月25日；

4. 泄密责任：依法追究相关责任。

乙方：

1. 保密内容（包括技术信息和经营信息）：设备相关要求，参数，技术指标，技术应用场景；

2. 涉密人员范围：参与项目开发所有成员；

3. 保密期限：2023年5月26日至2025年5月25日。

4. 泄密责任：依法追究相关责任。

第十二条　乙方应当按以下方式向甲方交付研究开发成果：

1. 研究开发成果交付的形式和数量：

（1）靶标安全姿态判别系统（含附件）1套；

（2）技术资料（按附件的技术协议定）1套。

2. 研究开发成果交付的时间和地点：河北立强科技股份有限公司。

第十三条　双方确定，按以下标准及方法对乙方完成的研究开发成果进行验收：双方认可的技术协议，见合同附件。

第十四条 乙方应当保证其交付给甲方的研究开发成果不侵犯任何第三人的合法权益。如第三人指控甲方实施的技术侵权的，乙方应当 <u>承担由此而产生的全部损失</u>。

第十五条 乙方不得在向甲方支付研究开发成果之前，自行将研究开发成果转让给别人，由乙方提供的研究开发成果，包括且不限于图样资料和软件，未经乙方同意，甲方不得向第三方转让。

第十六条 乙方完成本合同项目的研究开发人员享有在有关技术成果文件上写明成果完成者的权利和取得有关荣誉证书、奖励的权利。

第十七条 乙方利用研究开发经费所购置与研究开发工作有关的设备、器材、资料等财产，归 <u>乙</u>（甲、乙、双）方所有。

第十八条 双方确定，乙方应在向甲方交付研究开发成果后，根据甲方的请求，为甲方指定的人员提供技术指导和培训，或提供与使用该研究开发成果相关的技术服务。

1. 技术服务和指导内容：

(1) 培训甲方技术人员掌握<u>靶标安全姿态判别系统使用方法</u>；

(2) <u>靶标安全姿态判别系统软件适应性调整</u>。

2. 地点和方式：<u>河北立强科技股份有限公司</u>。

3. 费用及支付方式：<u>双方协商</u>。

第十九条 双方确定：任何一方违反本合同约定，造成研究开发工作停止、延误或失败的，按以下约定承担违约责任：

1. <u>甲</u>方违反本合同第<u>十一</u>条约定，应当承担违约责任，<u>支付违约金合同总金额的50%</u>（支付违约金或损失赔偿额的计算方法）。

2. <u>乙</u>方违反本合同第<u>十一</u>条约定，应当承担违约责任，<u>违约金合同总金额的50%</u>。

3. <u>甲方违反本合同第</u><u>四</u>条约定，应当承担违约责任，<u>乙方计划顺延，且由甲方违约引起的乙方不能按时保质完成项目，责任由甲方承担</u>。

4. <u>乙方违反本合同第二、三条最后阶段的任务约定，应当承担违约责任，支付违约金，违约金为已付金额的10%</u>。

5. <u>乙方承担产品的试制费用风险，若产品达不到技术要求，乙方退回已经收取的全部费用</u>。

第二十条 双方确定，在本合同有效期内，甲方指定 <u>李某天</u> 为甲方项目联系人，乙方指定<u>厉某</u>为乙方项目联系人。项目联系人承担以下责任：

1. <u>按照约定联系时间、联系方式和联系地点完成交办的相关工作；</u>

2. <u>防止因人事变动而使本合同难以履行或无法履行；</u>

3. <u>保证以适当的时间、方式、标准履行本合同。</u>

一方变更项目联系人的，应当及时以书面形式通知另一方。未及时通知并影响本合同履行或造成损失的，应承担相应的责任。

第二十一条 双方确定，出现下列情形，致使本合同的履行成为不必要或不可能的，一方可以通知另一方解除本合同：

1. <u>因发生不可抗力或技术风险。</u>

2. <u>技术风险指当事人努力履行，现有水平无达到，有足够技术难度，同行专家认为合理失败。</u>

第二十二条 双方因履行本合同而发生的争议，应协商、调解解决。协商、调解不成的，确定按以下第 <u>1</u> 种方式处理。

1. 提交<u>申请方所在地</u>仲裁委员会仲裁；

2. 依法向甲方住所地人民法院起诉。

第二十三条 与履行本合同有关的下列技术文件，经双方以<u>协商</u>方式确定后，为本合同的组成部分：

1. 技术背景资料：<u>／</u>；2. 可行性论证报告：<u>／</u>；3. 技术评价报告：<u>／</u>；4. 技术标准和规范：<u>／</u>；5. 原始设计和工艺文件：<u>／</u>；6. 其他：<u>／</u>。

第二十四条 双方约定本合同其他相关事宜为：对于双方在本协议中没有明确约定的事项，双方另行协商解决。

第二十五条 本合同一式 4 份，甲方 2 份，乙方 2 份，具有同等法律效力。

第二十六条 本合同经双方签字盖章后生效。

甲方：＿＿＿＿＿ （盖章）

法定代表人/委托代理人：＿＿＿＿ （签名）

乙方：＿＿＿＿＿ （盖章）

法定代表人/委托代理人：_____ （签名）

2023 年 5 月 26 日

看到政府提倡中小企业和高校合作搞科研并给予科研补贴的文件后，合同审查人员就怀疑本连环合同是校外人员利用高校这个平台来套取政府科研补贴的盈利方式。具体办法是通过上游合同得到政府的科研补贴，支付给高校。再通过下游合同将此笔资金支付给自己预先设立的承接该笔资金的公司或者自己的合作公司，然后再通过利润分红，最终支付给整个活动的策划者，也就是上游合同甲方的经办者手里。在此活动中，高校可能获得一笔横向课题经费，对经办人评职称有帮助。也有可能高校不仅得不到任何款项，还有可能倒贴钱为上游合同的甲方开发新技术，提供有价值的测算数据。合同的标的有可能为真，也有可能没有实际意义，只是以套取科研补贴而杜撰的一个噱头。如果是前者，上游合同的甲方不仅免费获得了自己需要的数据，而且通过高校这个平台获得了不菲的收入。如果是后者，则单纯是牟利，违反了政府设立科研补贴的初衷。

而高校的一些教师迫于科研压力，有时对一些项目不辨良莠，为了拿到横向课题，不认真研究合同内容，盲从校外单位或者人员的蛊惑，执意签订对高校明显不利的合同。在这种情况下，高校合同审查人员一定要不徇私情，依法办事，为高校的经济、法律方面的安全把好关。

近年来，还有很多利用科技研发方面的连环合同，以高校这个平台为中介，套取政府或者企业的资金，甚至进行洗钱的行为。作为高校的合同审查人员，遇到这种连环合同时，都要警钟长鸣，查明原委，甄别是非，杜绝高校为他人作嫁衣裳。

此外，在下游合同中，高校支付给合同相对方的款项还涉及国有资产投资方式的合法性问题。即如果是工程项目，应当按照国家发改委 2018 年第 16 号文和第 843 号文，来决定是否走招投标程序。如果属于政府采购，则需要根据《政府采购法》和高校主管部门规定的政府采购的门槛条件决定投资的方式，例如比选、竞争性磋商。只有不在《招标投标法》《政府采购法》约束范围内的出资额度，才可以像本下游合同那样，将高校资金直接支付给合同相对人。否则，不仅可能给高校造成经济损失，而且合同经办人、主管领导、合同审批人员还可能被追究行政责任甚至刑事责任。

第二节　技术服务合同

委托方（甲方）：　河北省大好河山建设工程公司

住　所　地：　河北省某市胜利大街

受托方（乙方）：　某高校

住　所　地：　河北省某市长春东大街××号

本合同甲方委托乙方　对西郊大桥监控系统维修服务项目 进行的专项技术服务，并支付相应的技术服务报酬。双方经过平等协商，在真实、充分地表达各自意愿的基础上，根据《合同法》的规定，达成如下协议，并由双方共同恪守。

本合同内容是发包方委托高校对西郊大桥监控系统维修服务项目进行的专项技术服务，这就涉及高校提供这种服务的资质问题。

高校的办学宗旨是通过教学培养人才，通过科学研究为社会提供服务。高校的这个性质与企业具有本质区别。企业是通过生产加工等方式为社会提供服务，以盈利为目的的经营性组织。企业提供的专业性较强的服务往往需要企业及其人员具备相应资质，例如勘察、设计、施工、监理、造价咨询、质量检测等。

就本案而言，对西郊大桥监控系统维修服务既不属于科研，也不属于教学。明显不在公用事业的范围，而是属于企业经营活动，这不符合高校的办学宗旨。

况且对西郊大桥监控系统维修服务属于专业技术非常强的工作，需要主管部门给企业及其人员颁发相应的资质证书，而高校作为事业单位，显然不具备这类的资质证书。没有资质而承揽这类业务不仅违反国家关于从业资质方面的规定，而且将给高校带来巨大风险。

西郊大桥造价高达数亿元，而本合同维修费用不足 10 万元。维修成功还好，如果维修失败，大桥垮塌，高校将面临灭顶之灾。如此违规行为，如此高昂的经济法律风险，投入与产出实在不成比例。

所以高校合同审查绝不是可有可无，有些违规合同可能影响高校的盛衰兴亡，合同审查人员必须时刻擦亮眼睛，审慎对待。

第一条 甲方委托乙方进行技术服务的内容如下：

1. 技术服务的目标：西郊大桥健康监测系统软件能够正常分析数据，恢复能够正常地采集数据。

2. 技术服务的内容：更换西郊大桥健康监测系统的分析软件。

3. 技术服务的方式：对存在问题的静态应变传感器更换，对存在问题的温度传感器进行更换，对静态采集服务器进行更换，对桥上网络路由器进行更换。

从技术服务的内容来看，作为高校的乙方所承揽的工作显然与教学和科研无关，而是更换传感器、路由器等零部件，对设备进行维修。这不是一所高校应该做的工作，而是一个企业可以做的工作。

高校经办此合同的教师推动高校签订此合同的动机是，首先将其作为横向课题，助力本人评聘职称。其次通过高校对横向课题的管理规定，将合同价款的大部分报销作为自己的收入。可谓一举两得，名利双收。殊不知，通过这样的行为，自己获得的只是蝇头小利，但是一旦失手，给高校带来的可能是数亿元的赔偿，太得不偿失了！

第二条 乙方应按下列要求完成技术服务工作：

1. 技术服务地点： 西郊大桥；

2. 技术服务期限： 合同签订至项目完成；

3. 技术服务进度： 2019 年 12 月 31 日前完成；

4. 技术服务质量要求： 维修项目完成后能够确保西郊大桥健康监测系统基本能够正常运行并能对采集的相关数据进行基本的分析；

5. 技术服务质量期限要求： 所维修内容部分 1 年内正常运行，出现问题由乙方负责重新维修，重新维修的内容要求 1 年内正常运行。

第三条 为保证乙方有效进行技术服务工作，甲方应当向乙方提供下列工作条件和协作事项：

1. 提供技术资料：

(1) <u>西郊大桥健康监测系统相关技术文件</u>；

(2) <u>西郊大桥健康监测系统相关软件的安装文件</u>。

2. 提供工作条件：

(1) <u>维修期间由甲方提供桥梁检测车并配备操作人员及桥检车燃油</u>；

(2) 甲方提供上述工作条件和协作事项的时间及方式：<u>维修工作进行过程中需要</u>。

此处缺乏第 3 项，且语焉不详，说明合同经办人员不认真、不重视，越是这样的合同，合同审查人员越应当提高警惕。

第四条　甲方向乙方支付技术服务报酬及支付方式为：

1. 技术服务费总额为：<u>¥ 84 500.00 元（大写：捌万肆仟伍佰圆整）</u>；

2. 技术服务费由甲方分 <u>2</u> 期（一次或分期）支付乙方。第 1 期支付为合同签订后由甲方支付乙方静态分析软件费用，用于软件研发。第 2 期支付内容为除静态分析软件以外清单的项目，以乙方实际完成的工程量为准。

具体支付方式和时间如下：

<u>合同签订后 30 日内</u>；

乙方开户银行名称、地址和账号为：（略）

本条虽然约定了合同价款，但是没有约定第一期和第二期付款的具体时间和金额。更没有约定税费负担和发票开取的分工和方式 。在核心条款上的约定很是潦草。

第五条　双方确定因履行本合同应遵守的保密义务如下：

甲方：

1. 保密内容（包括技术信息和经营信息）：_____/_____。

2. 涉密人员范围：_____/_____。

3. 保密期限：_____/_____。

4. 泄密责任：_____/_____。

乙方：

1. 保密内容（包括技术信息和经营信息）：＿＿＿。

2. 涉密人员范围：＿＿＿＿／＿＿＿＿＿＿＿。

3. 保密期限：＿＿＿＿／＿＿＿＿＿＿＿＿＿。

4. 泄密责任：＿＿＿＿／＿＿＿＿＿＿＿＿＿。

第六条　本合同的变更必须由双方协商一致，并以书面形式确定。

但有下列情形之一的，一方可以向另一方提出变更合同权利与义务的请求，另一方应当在＿＿／＿日内予以答复；逾期未予答复的，视为同意：

1. ＿＿＿＿／＿＿＿＿＿＿＿＿＿＿；

2. ＿＿＿＿／＿＿＿＿＿＿＿＿＿＿；

3. ＿＿＿＿／＿＿＿＿＿＿＿＿＿＿；

4. ＿＿＿＿／＿＿＿＿＿＿＿＿＿＿。

第五条和第六条都是空白，说明双方经办人未充分磋商合同条款。这类条款如果没有意思表示一致时，最好删去。

第七条　双方确定以下列标准和方式对乙方的技术服务工作成果进行验收：

1. 乙方完成技术服务工作的形式：<u>对存在问题的相关硬件及软件进行更换并进行调试</u>。

2. 技术服务工作成果的验收标准：<u>西郊大桥健康监测系统正常运行</u>。

3. 技术服务工作成果的验收方法：<u>现场验收</u>。

4. 验收的时间和地点：<u>维修项目完成后</u>。

第八条　双方确定：

1. 在本合同有效期内，甲方利用乙方提交的技术服务工作成果所完成的新的技术成果，归＿双＿（甲、双）方所有。

2. 在本合同有效期内，乙方利用甲方提供的技术资料和工作条件所完成的新的技术成果，归＿双＿（乙、双）方所有。

第九条　双方确定，按以下约定承担各自的违约责任：

1. ＿＿／方违反本合同第＿／＿条约定，应当＿／＿（支付违约金或损失赔偿额的计算方法）。

2.＿／＿方违反本合同第＿／＿条约定，应当＿＿／＿＿（支付违约金或损失赔偿额的计算方法）。

3.＿／＿方违反本合同第＿／＿条约定，应当＿／＿（支付违约金或损失赔偿额的计算方法）。

4＿／＿方违反本合同第＿／＿条约定，应当＿／＿（支付违约金或损失赔偿额的计算方法）。

没有约束力的合同条款是形同虚设的，而本合同的违约责任没有做任何约定，这就使合同关于付款金额、付款节点、质量标准、工期起讫都失去了保障。正确的做法应当是针对违反前边关于合同目的、价款、质量、期限等约定内容约定罚则，包括是否继续履行、赔偿损失、解除合同等等。如果是支付违约金，则需要约定计算违约金的基数、比例、计算方式等。

第十条　双方确定，在本合同有效期内，甲方指定＿王某坤＿为甲方项目联系人，乙方指定＿徐某一＿为乙方项目联系人。项目联系人承担以下责任：

1. 就项目进行过程中的相关事宜进行联系、沟通、协商；

一方变更项目联系人的，应当及时以书面形式通知另一方。未及时通知并影响本合同履行或造成损失的，应承担相应的责任。

…………

本条应当约定联系人在价款（单笔以及总和）、工期、质量、现场协调、工程变更等方面的具体权限。一方面保障工程指令明确具体，具有约束力。另一方面，也能对联系人本身给其用人单位带来的风险进行控制。

例如，甲方在工作期间变更承包范围，增加了隧道方面的土建工程施工。这超出了乙方能够承揽的工作范围。但是乙方联系人为了经济利益或者不懂其中利害，承接了这部分工作。这是乙方作为高校来讲绝不允许的。

对于甲方而言，甲方联系人有可能签字认可乙方本不存在的土方量以及土方运距，这样甲方不得不额外支出很多费用。

第十一条　双方确定，出现下列情形，致使本合同的履行成为不必要或不可能的，可以解除本合同：

1. 发生不可抗力；

2. 维修过程中发现新的问题且维修费用超过新建系统费用时；

3. 需要维修的问题在现有技术条件下不能完成时。

第十二条 双方因履行本合同而发生的争议，应协商、调解解决。

协商、调解不成的，确定按以下第 <u>1</u> 种方式处理：

1. 提交某市仲裁委员会仲裁；

2. 依法向人民法院起诉。

关于仲裁委员会的约定必须准确，名称必须与仲裁机构公章上的文字一致。既不能多字，也不能少字。否则可能导致约定不明，仲裁管辖失败。就本案而言，该仲裁委员会没有"市"字。正确的表述就是提交某仲裁委员会裁决。

第十三条 双方确定：本合同及相关附件中所涉及的有关名词和技术术语，其定义和解释如下：

1. _____/_____；

2. _____/_____；

3. _____/_____；

4. _____/_____；

5. _____/_____。

第十四条 与履行本合同有关的下列技术文件，经双方以 _____/_____ 方式确认后，为本合同的组成部分：

1. 技术背景资料：_____/_____；

2. 可行性论证报告：_____/_____；

3. 技术评价报告：_____/_____；

4. 技术标准和规范：_____/_____；

5. 原始设计和工艺文件：_____/_____；

6. 其他：_____/_____。

没有具体内容的条款应当去掉。

第十五条 双方约定本合同其他相关事项为：_____无_____。

第十六条　本合同一式 ___八___ 份，甲乙双方各执___四___份，且具有同等法律效力。

第十七条　西郊系统综合软件著作权及软件源代码由甲乙双方共同拥有。

第十八条　乙方必须与雇佣人员签订劳动合同，并到当地劳动部门备案，按国家法律、法规缴纳各种保险费用，按时支付雇佣人员工资。在本合同履行过程中，如发生任何伤亡事故，均由乙方负责处理并予以赔偿，甲方不承担责任。

通过本条可知，作为高校的乙方，不仅提供技术服务，而且需要提供劳务、材料、必要的机械。这说明本合同的性质已经不再是技术服务，而是施工合同。施工需要具备相应的资质条件，作为以科研和教学为目的的高校显然不能纵容师生以高校的名义在外边从事施工安装工作。这是一个原则性的问题。

本合同另一个巨大风险就是作为高校的乙方，竟然需要雇佣工人完成合同范围内的工作。这就涉及高校与建筑工人是否签订劳动合同的问题，这个问题相当严重。

如果雇佣了工人，从事劳务作业，就需要为其支付医疗、养老、工伤、失业等五险一金的社会保障，否则将承受劳动纠察部门的严厉处分。签合同就要缴纳五险一金，不签合同，一个月后就需要支付双倍工资。一年后农民工就有权和高校签订"无固定期限劳动合同"。拖欠农民工工资，最严重的后果是构成刑法规定的恶意欠薪罪，将被追究刑事责任。

作为高校教师，虽然是所学领域的专家，但是却可能是个法盲。他们对法律的知识盲区以及一意孤行很可能陷高校于万劫不复。

第十九条　涉及本项目相关保险费用已包含在单价中。

既然包含保险费用，应当明确保险的品种、投保金额、受益人等。本条显然属于约定不明。

第二十条　本合同经双方签字盖章后生效。

甲方：河北省大好河山工程公司_____（盖章）

法定代表人/委托代理人：_____（签名）

乙方：某高校_____（盖章）

法定代表人/委托代理人：_____（签名）

年　　月　　日

附件：维修服务项目内容

序号	项目	单位	数量	单价（元）	总价（元）	备注
1	振弦式传感器	个	5	500	2500	
2	温度传感器	个	1	500	500	
3	网络路由器	个	1	1000	1000	工业级
4	静态采集服务器	项	1	30 000	30 000	
5	静态分析软件	套	1	50 500	50 500	
合计					84 500	

通过附件内容可知，合同价款只有材料费，根本不包含劳务费、管理人员工资、保险费、规费、安装费、措施费等。如果这样，本合同应当就是一个买卖合同，而不属于承揽合同、技术服务合同、施工合同的范畴。合同性质和合同内容完全冲突。

总之，本合同无论内容，还是形式，都存在严重问题。合同审查人员如果疏忽大意，或者经不住合同经办人员的软磨硬泡，签订了这个合同，那么在接下来的合同履行过程中，就随时可能"爆雷"。

第三节　专利权转让合同

甲方（转让代理方）：某高校

地址：某市长春东大街×号

联系人：胡某

联系电话：1393131××××

乙方（受让代理方）：武汉启迪知识产权服务有限公司

地址：武汉东湖新技术开发区光谷大道特×号　　联系人：黄某

联系电话：1340712××××

甲乙双方的角色定位错误，甲方应该是转让方，乙方应该是受让方。

依据《民法典》《专利法》及相关法律法规的规定，甲、乙双方在平等自愿的基础上，经协商一致，就下述专利权转让代理的相关事宜达成如下协议，以资共同遵守。

一、转让专利项目信息

序号	专利类型	专利号	专利名称	法律状态
1	发明	201710777311.2	一种装配式承重保温混凝土轻钢混合结构墙板及其制备方法	等年登印费

1. 经甲、乙双方核算，上述专利转让费合计￥：15 000 元，人民币大写 壹万伍仟 元整。

本合同约定：由　乙　方负责办理转让手续，并承担向国家知识产权局缴纳的变更费。

此处还应当补充因专利权转让发生的税费由哪一方承担，例如印花税、契税、个人所得税等。就本案而言，应当约定该费用由乙方负担。

2. 经甲、乙双方协商，采购费付款选择如下方式：

本合同签订之日起　3　个工作日内，乙方向甲方支付专利转让费合计￥：15 000 元，人民币大写：壹万伍仟元整；

3. 本合同签字生效后，至专利权变更合格之前，甲方应维持上述专利的有效性；在专利权变更合格发文之后，乙方负责维持上述专利有效性。

4. 甲方指定收款账户信息如下：

户　名	某高校
账　号	0412 0412 0930 031××××
开户行	工行某桥东支行

二、专利权转让性质

以上专利转让的性质为永久性的专利权转让。乙方支付完全部专利转让费用后，该专利权正式转归乙方或者乙方所指定的受让人所有。

三、双方权利义务

1. 甲方保证该专利权为合法有效，且未被质押、出资入股或被采取任何限制措施；没有专利先用权的存在；没有强制许可的存在；没有实施许可的存在；没有被政府采取"计划推广许可"的情况；甲方保证已取得专利权人的合法授权。

此处应补充著作权声明，首先甲方声明对标的物享有全部知识产权，且合法取得、未质押、未被冻结、与第三人没有权利纠纷。

2. 乙方应按约定时间支付专利转让费预付款或者尾款给甲方，否则本合同自动终止。

3. 甲方应及时将上述专利权转让相关变更资料交付给乙方；合同有效期内，任何影响上述专利权转让的事项或信息，甲方应及时通告乙方。

4. 甲、乙双方应对本合同条款及直接或间接从对方获得的资料、谈话记录等信息承担保密责任。

四、违约责任

1. 由于甲方的原因或行为或该专利存在权利瑕疵导致本合同专利转让申请未能被国家专利局核准，转让手续无法完成，甲方应在 _2_ 个工作日内全额退还乙方已付款项。

约定 2 日有些短，应当改为 7 日。

2. 如因不可抗力因素（如国家政策、法律规定变动等），导致专利权无法转让，合同双方均不承担违约责任。甲方应全额退还乙方已付款项，乙方应向甲方返还全部资料。

3. 甲、乙双方对本合同的书面资料及其他有关的商业机密负有保密责任，不得以任何形式、任何理由透露给任何第三方。

五、其他

1. 本合同未尽事宜，双方可签订补充协议，与本合同具有同等法律效力。合同中除文本空格、双方签章信息外，均为印刷字体。手写部分（包括但不限于添加、删除、修改）须双方在手写处签章确认后才具备法律效力。

2. 本合同在履行过程中，如发生争议，甲、乙双方应友好协商，协商不成，提交某仲裁委员会裁决。

3. 本合同一式 5 份，甲方 3 份，乙方 2 份，自双方签字盖章之日起生效，具有同等法律效力。

4. 本合同扫描件与原件具有等同的法律效力。

甲方（盖章/签字）：　　　　　　　　乙方（盖章/签字）：
授权代表签字：　　　　　　　　　　授权代表签字：

日期：＿＿＿＿年＿＿＿＿月＿＿＿＿日

第六章　高校劳动人事合同

　　高校劳动人事合同包括校内校外两种：校内为劳动合同，校外为劳务合同。校内的《劳动合同》注意事项见本书中篇的第三章和第五章内容，主要包括：第一，合同要确认用人单位具有合法有效的用人资格；劳动者签约时与第三方不存在劳动关系，也不存在违反保密协议、竞业禁止协议等影响双方确立劳动关系的情形；第二，双方都需保证向对方提供的信息、文件和资料真实、有效和完整；第三，用人单位要详细确定试用期不符合录用条件的情形，并就影响劳动者是否签约的重要情况给予提示和解释；第四，约定用人单位对劳动者的岗位进行调整的条件以及劳动者不同意见的申诉，若一个月无异议则表示劳动者已接受；第五，如果工作时间不确定，需通过"不定时工作制"或者"综合计算工时工作制来确定工作时间"；第六，约定每年对劳动者的考核标准以及与工资薪金的联系；第七，工资薪金与聘用通知、薪资信发生冲突时以劳动合同为准，且施行岗位易薪金制，即调整岗位时可以变动薪金；第八，要将用人单位的劳动纪律名称文号写入合同；第九，要有通讯方式确认的约定，即双方将自己的电话、微信、QQ、邮箱、近亲属的联系方式书面告知对方，如果双方向对方已经确认的上述方式送达通知，则视为送达成功，避免一方辩解说未收到；第十，用人单位应当征得劳动者同意才能使用劳动者的个人信息，但必须进行有效的保密；第十一，《劳动合同》一定不能遗漏了违约责任条款，否则一切约定等于前功尽弃；第十二，用人单位的规章制度不仅要张贴在显要处并组织劳动者学习，而且通过单位职工代表大会表决通过，公示执行，否则对劳动者不具有约束力。校外合同则体现为劳务合同的形式，一种为劳务派遣，另一种为双方直接签订劳务合同。

第一节 外聘兼职教师聘用合同

应该将聘用协议书改为"劳务合同",理由是聘用协议书未明确本合同属于劳动合同还是劳务合同,而劳动合同和劳务合同使用完全不同的游戏规则。劳动合同中,劳动者受《劳动法》《劳动合同法》保护,权利相当全面,优渥。劳务合同则是平等主体之间的雇佣合同,一切以合同为准。就高校外聘兼职教师聘用而言,本意均是在师资紧缺时,聘请校外一些退休教师、外籍教师、专业人员提供一些劳务,并非要将其纳入编制内。因此应当在合同名称中旗帜鲜明地表明本聘用协议属于劳务合同,不含社会保障。从而避免未来产生养老、医疗、公积金、工伤、职业年金等方面的纠纷。

甲方(聘用单位):某高校
乙方(甲方教学单位):
丙方(受聘人):
工作单位:＿＿＿＿＿＿＿＿＿＿＿＿＿
身份证号:＿＿＿＿＿＿＿＿＿＿＿＿＿

去掉作为甲方教学单位的乙方,将其写入下文的聘用岗位。同时详细补充丙方的个人情况。例如,性别、民族、年龄、身份证号、护照编号、家庭地址、联系电话、其他联系人等。

甲、乙、丙三方根据《某高校外聘兼职教师管理办法(试行)》规定,本着平等自愿、协商一致的原则,签订本岗位聘用协议书。

第一条 工作岗位

甲方聘用丙方在乙方的教学岗位上工作,在聘期内从事＿＿＿＿＿＿＿＿＿教学岗位。

第二条 聘用期限

1. 聘用期限为＿＿＿年,自＿＿＿年＿＿＿月＿＿＿日起,至＿＿＿年＿＿＿月＿＿＿日止。

2. 聘用期满后,根据需要,甲、乙、丙三方在自愿的原则下,可以续签协议。

补充丙方简况为第三条如下：

第×条　丙方简况

本科院校和专业_____

硕士研究生毕业院校和专业_____

博士研究生毕业院校和专业_____

教师资格证或者其他专业证书名称以及编号：_____

现与丙方签订劳动合同的用人单位_____

现为丙方缴纳社会保险的单位乙方（已退休兼职教师填写原缴纳社保的单位）：_____

配偶或者直系亲属等联系人电话：_____

丙方身体状况：_____

丙方承诺没有违法犯罪记录；

上述情况乙方都已看过并已经确认其真实性。

第三条　权利和义务

1. 甲方和乙方根据教学要求，为丙方提供必要的条件和设施。

2. 丙方须热爱教育事业，认真贯彻党的教育方针，具有较强的敬业精神，恪守职业道德，能教书育人、为人师表；责任心强，组织纪律性强，有一定的教学实践经验，科学的教学方法和企业、行业实践能力；身体健康，退休教师年龄一般不超过65周岁。丙方应保证其资料的真实性。如出现弄虚作假，合同自动解除。

3. 丙方须遵守国家的教育法律、法规和教师职业道德，严格执行甲方和乙方的各项规章制度、工作纪律及规程，保质保量地完成聘期任务。

4. 丙方由乙方进行日常教学管理。

第四条　待遇

按《某高校外聘兼职教师管理办法（试行）》所规定的相关内容执行：甲方支付丙方的报酬只限于丙方受聘于甲方而应得的课时酬金，除此之外，不负担其他任何费用。

第五条　聘用协议的终止和解除

按《某高校外聘兼职教师管理办法（试行）》规定，约定终止条件如下：

1. 协议正常到期终止。
2. 丙方违反《教师法》规定的职业道德。
3. 丙方违反学校教学质量管理规定。
4. 因学校结构性调整无法履行合同约定的工作内容。

本条应补充内容如下：

5. 本合同与甲方上级主管部门政策要求发生冲突；
6. 乙方姓名、年龄、学历、劳动关系等简历造假；
7. 乙方因病或者其他意外情况不能履行职责；
8. 其他违反法律和师德的情况。

补充违约责任作为第六条如下：

（1）甲方支付丙方工资支付，每逾期一日，向丙方支付 100 元违约金。逾期 15 天以上的，丙方有权解除合同，同时有权主张违约金；

（2）丙方在个人简历中隐瞒真实情况或者弄虚作假，甲方有权解除合同，乙方应退还甲方已经支付的工资；

（3）丙方在向学生宣讲不当言论甚至反动言论或者发生两次以上教学事故的，甲方有权解除合同；

（4）丙方猥亵学生或者与甲方教师、学生发生不正当男女关系的，甲方有权解除合同；

（5）劳务合同到期之前，甲方无正当理由解除合同的，丙方有权主张赔偿。赔偿额应为合同得到完全履行后丙方能够获得的报酬；

（6）丙方辞职应提前 15 天通知甲方，否则甲方有权扣除丙方本月工资。

第六条　争议解决条款

因履行合同发生争议的，协商解决。协商不成的，到甲方所在地人民法院诉讼解决高校经常聘请外籍教师授课，因此争议解决地点写为中国相当重要。这样当双方发生劳资纠纷时，就能够保证在中国范围内解决。否则到国外解决，不仅费时费力，而且胜负未卜。还可能引发很多意料之外的问题。

第七条 附则

1. 本聘用协议一式四份，甲、乙、丙三方各执一份，人事处备案一份，经甲、乙、丙三方签字后生效。

2. 本聘用协议条款如与国家法律、法规相悖时，以国家法律、法规为准。

甲方（签字盖章）：　　　乙方（签字按手印）：　　　丙方（签字）：

年　月　日　　　　年　月　日

附件：身份证、学历学位、与原单位的劳动合同复印件、与原用人单位解除劳动合同的证明，已经缴纳社会保险证明。

第二节　高校如何指导大学生签订和履行用人单位、学生和高校三方协议

全国普通高等学校毕业生就业协议书

甲方 用人单位	单位名称		统一社会信用代码			
	单位性质		行业		职位类别	
	通讯地址					
	联系人		电话		邮箱	
	档案转寄单位名称		档案转寄联系人		联系电话	
	档案转寄单位名称					
	户口迁移地址					

乙方 毕业生	姓名		性别		民族	
	身份证号		政治面貌		毕业时间	
	毕业院校				学号	
	院系				学历	
	专业				学制	
	手机				邮箱	
丙方 学校	学校名称		联系人		联系电话	
	通讯地址				邮政编码	

协议内容	本协议供普通高等学校应届毕业生在与用人单位正式确定劳动、人事关系前使用，由用人单位和毕业生在双向选择基础上共同签订，经学校审核后协议生效。是用人单位确认毕业生信息真实可靠、接收毕业生的重要凭证，也是学校进行毕业生就业管理、毕业去向登记及毕业生办理就业手续的重要依据。 为明确甲方、乙方、丙方三方在毕业生就业工作中的权利和义务，甲方、乙方、丙方达成如下协议： 一、甲方要如实向乙方介绍本单位的情况，明确对乙方的要求及使用意图，做好各项接收工作。 二、乙方应按国家规定就业，向甲方如实介绍自己的情况，了解甲方的使用意图，表明自己的就业意见，在规定的时间内向甲方报到。若遇到特殊情况不能报到时，需征得甲方同意。 三、甲方要如实向丙方介绍乙方的情况，做好推荐工作，审核协议信息无误后，报上级主管部门备案，并负责办理就业手续。 四、乙方到甲方报到后。甲方需按照国家有关规定与乙方签订劳动合同。劳动合同签订后，本协议自动终止。 五、甲方正式录用乙方后，需按国家有关规定为乙方缴纳社会保险费，并提供与工作岗位相关的福利待遇。 六、甲方、乙方应全面履行协议，一方违约，另一方依法追究其违约责任，并要求其赔偿违约金，违约金另行约定。如甲方或乙方未如实向对方介绍与签订本协议相关的己方情况或隐瞒不良事实足以影响对方签约意愿的，对方可单方解除本协议，不承担违约责任。 七、甲方乙方协商一致，可以变更协议中双方约定的条款或解除协议。符合下列情况之一，经书面告知对方后，本协议解除： 1. 甲方被撤销或依法宣告破产； 2. 乙方报到时未取得毕业资格； 3. 乙方被判处拘役以上刑罚； 4. 法律法规和政策规定的其他情况。

协议内容	八、当乙方因录用为公务员、升学、参加国家或及地方政府选调生、选聘生、大学生志愿服务、西部计划、三支一扶、农村特岗教师计划、入伍等就业而无法履行本协议的，甲方、乙方另行约定。 九、甲乙方因履行本协议发生争议，由甲乙方协商解决，或提请丙方及有关部门协调解决，也可向人民法院提起诉讼。 十、未尽事宜，由甲乙丙三方依照法律法规和政策另行约定，并视为本协议书的一部分。
补充协议	

高校如何指导大学生签订和履行用人单位、学生和高校三方协议的几个问题：

一、《全国普通高等学校毕业生就业协议书》的法律性质

《全国普通高等学校毕业生就业协议书》（以下简称《协议书》）的法律性质是劳动合同，适用《劳动法》《劳动合同法》和《社会保障法》。

从《民法典》的角度，《协议书的》性质属于预约合同。所谓预约合同，就是约定未来签订正式合同的前置性合同。但是如果预约合同具备了合同的全部实质性条款，也属于正式合同。

二、《民法典》及其关于合同编司法解释对预约合同的规定

第六条　当事人以认购书、订购书、预订书等形式约定在将来一定期限内订立合同，或者为担保在将来一定期限内订立合同交付了定金，能够确定将来所要订立合同的主体、标的等内容的，人民法院应当认定预约合同成立。

当事人通过签订意向书或者备忘录等方式，仅表达交易的意向，未约定在将来一定期限内订立合同，或者虽然有约定但是难以确定将来所要订立合同的主体、标的等内容，一方主张预约合同成立的，人民法院不予支持。

当事人订立的认购书、订购书、预订书等已就合同标的、数量、价款或

者报酬等主要内容达成合意，符合本解释第三条第一款规定的合同成立条件，未明确约定在将来一定期限内另行订立合同，或者虽然有约定但是当事人一方已实施履行行为且对方接受的，人民法院应当认定本约合同成立。

第七条 预约合同生效后，当事人一方拒绝订立本约合同或者在磋商订立本约合同时违背诚信原则导致未能订立本约合同的，人民法院应当认定该当事人不履行预约合同约定的义务。

人民法院认定当事人一方在磋商订立本约合同时是否违背诚信原则，应当综合考虑该当事人在磋商时提出的条件是否明显背离预约合同约定的内容以及是否已尽合理努力进行协商等因素。

第八条 预约合同生效后，当事人一方不履行订立本约合同的义务，对方请求其赔偿因此造成的损失的，人民法院依法予以支持。

前款规定的损失赔偿，当事人有约定的，按照约定；没有约定的，人民法院应当综合考虑预约合同在内容上的完备程度以及订立本约合同的条件的成就程度等因素酌定。

三、如何签订补充协议

补充协议是《协议书》的关键部分，在这个部分，应当约定的内容有：

（1）甲方拟录用乙方，职位类别、岗位名称，试用期以 3 个月为宜，最长不超过 6 个月；

（2）试用期的起薪，转正后起薪。具体洽谈时要明确薪酬是否含税，是否和绩效挂钩，是否包含养老、医疗、失业、生育、工伤保险以及公积金、职业年金等等；

（3）要了解用人单位加班情况，要考虑自己能否胜任加班情况；

（4）如果工作地点在北京、上海，应当和用人单位了解落户问题。这个也是有意留京、留沪的同学最关心的问题；

（5）报到地点、报到期限、实际工作地点；

（6）甲方签约联系人、联系电话；

（7）关于违约责任，甲方、乙方如有一方解除协议或违反协议条款规定的，应承担相应的违约责任，并向对方支付违约金，一般为四千元；

（8）其他补充协议条款：例如毕业生需在入职前完成实习并通过实习考核，未通过实习考核不予入职之类。

四、用人单位不按照《协议书》签订《劳动合同》怎么处理？

按照《劳动合同法》的规定，用人单位不和劳动者签订劳动合同的。从第二个月开始，每月支付劳动者双倍工资、连续一年不签订劳动合同的，劳动者有权要求用人单位和自己签订无固定期限劳动合同。

五、用人单位没有给毕业生缴纳养老金等社会保险如何处理？

按照我国《劳动法》《劳动合同法》规定，用人单位不给劳动者缴纳养老金等社会保险，可以到劳动监察大队举报，也可以通过劳动仲裁或者诉讼解决。用人单位存在这种情况，不仅必须如实缴纳，而且会强制缴纳高额的滞纳金。

六、用人单位拖欠或者拒绝发放工资时如何处理？

用人单位拖欠或者拒绝发工资时，可以到劳动纠察大队举报，也可以通过劳动仲裁或者诉讼解决。用人单位存在这种情况时，不仅必须如实缴纳，而且会因为恶意欠薪触犯《刑法》的恶意欠薪罪，从而承担有期徒刑等刑事责任。

七、用人单位和毕业生发生纠纷怎么解决？

由于《协议书》属于劳动合同，因此发生纠纷时不是到法院诉讼，而是到被申请人一方的劳动仲裁委员会提请裁决。

根据《劳动法》相关规定，提起劳动仲裁不必缴纳任何费用，并且在有无劳动关系等方面实行举证责任倒置原则。

如果对劳动仲裁委员会的裁决结果不服，可以到被申请人住所地的法院提起诉讼，诉讼费也相当低廉，几乎可以忽略不计。对一审法院裁决结果不服，还可以向上一级法院提起上诉。

中　篇

高校合同纠纷相关案例评析

第一章　校企合作纠纷案例

某高校以实验楼为抵押为合作单位贷款纠纷案例
——一个细节将四年两次败诉的结果逆转为大获全胜

一、案情简介

2001 年 12 月 10 日，被告某高校（甲方）与原告金元公司（乙方）签订合作办学协议，主要约定：乙方投资人民币 1000 万元，其中 500 万元于 2002 年 1 月 18 日前汇至甲方指定账户，其余 500 万元于 2002 年 2 月 5 日前汇至甲方指定账户，甲方将位于海东市康乐区联峰北路的康乐校区后勤服务设施经营管理权交予乙方，期限 10 年，以经营收益抵顶乙方投资。甲方在同等条件下将康乐校区一切工程交乙方施工完成。2002 年 1 月 10 日，被告某高校与原告金元公司签订委托管理协议，主要约定：甲方将投资 1000 万元所得某高校康乐校区后勤服务设施，经营管理权交予乙方代为行使，委托经营期限为 10 年，甲方派员监督乙方财务支出，乙方保证优先付清甲方每年的投资回报，即 2002 年至 2005 年 4 月内，乙方每年交付甲方委托管理的物业收益 300 万元，2006 年至 2008 年 3 月，乙方每年交付甲方 200 万元，2009 年至 2011 年 3 月，乙方每年交付甲方 100 万元，付款日期为每年的 12 月 10 日前。违约方每日按双方约定的违约金额的 4‰ 支付违约金。2002 年 1 月 11 日，被告与原告签订《抵押合同》，主要约定甲方将位于某市建工路某高校大门南侧的科技楼的所有权及某高校北校区土地约 50 亩并地上抵押物抵押给乙方，甲方在 100 天内办完土地使用证交付，甲方同意乙方将抵押物再抵押，由此造成的损失由乙方承担。如甲方一年内不能按委托管理协议履行，乙方有权直接参与甲方后勤收费行为，直到收回该协议约定的费用，数目为委托代理协议规定总额及违约金，抵押权的有效期限为甲方全部履行管理协议为止。甲方不能按期偿还，抵押物由乙方全权处理。2002年1月3日，被告某高校与原告签订补充协议中约定将合作办学协议第一条修改为，乙方投资500万元人民币，于2002年1月3日汇至甲方指定账户，将委托代理协议修改为，甲方将投资500万元所得某高校康乐校区后勤服务设施，2002年至2005年4年内，乙方每年交付甲方委托管理物业收益人民币150万元，从2006年至2008年共3年，乙方每年交付甲方委托管理的物业收益100万元。从2009年至2011年共3年，乙方每年交付甲方委托管理的物业收益人民币50万元。将抵押合同修改为：甲方因办学急需，由乙方投资500万元，甲方将位于某市建工路某高校大门南侧的一座科技楼约2000平方米所有权抵押给甲方，而且2003年1月28日被告甲方与原告乙方签订《补充协议（二）》约定：甲方一次性支付乙方。2002年度利息467 544元，支付办理该业务发生的费用和乙方经济损失50万元。从2003年元月一日起，甲方在未执行原四份合同事宜期间，按季度向乙方支付投资款500万元的银行同期贷款利息，按银行结息单为准。甲方如确定无法履行原四份合同，应尽快归还乙方投资额500万元整。还款日为解除5份协议日，乙方归还抵押物，双方解除合同。

2002年1月22日，原告金元公司与第三人怀来农信社签订《抵押担保借款合同》，借款550万元，利率0.495%，上浮40%，期限3年，该笔借款由第三人设计院以某高校划拨给其的科技楼抵押担保。同年1月23日，原告金元公司将该笔借款中的500万元汇往康乐中学。

2003年12月20日，原告金元公司以被告的行为已表明不能履行合同义务为由向法院提起诉讼。

2003年，600万元对于一所地方高校而言还是一笔巨款，相当于五百名教职工人头上顶上了1万多元的债务。当时学校已经到了入不敷出，只能靠贷款给职工开工资的地步。雪上加霜的是，2005年，高校在经济开发区开始建设新校区，为此在银行大量贷款，财务状况急剧恶化。因此这场诉讼对校方而言压力巨大。

高校开始从省会城市重金聘请律师代理这个诉讼，但是4年间2次被中级人民法院判决败诉。

2007年，笔者开始独立代理这个案件。

二、双方的主张

原告要求被告归还投资款和其他费用 650 万元；

被告认为双方签订的合同性质是合作办学，而不是借款协议，《补充协议（二）》显失公平，是无效合同。双方应合理分担损失，我方愿意承担对方大部分损失。

三、本案焦点问题

（1）双方签订的合同是否有效。

（2）合同不能履行是否适用情势变更原则。

（3）《补充协议（二）》是否显失公平。

（4）500 万元款项的去向以及使用问题。

四、一审判决校方败诉

2004 年某市中级人民法院判决某高校败诉，支付原告 500 万元以及利息 666 435 元；承担经济损失 50 万元；交易费 3 万元；财产保全费 2 万元；诉讼费 41 010 元。

五、上诉后发回重审校方又败诉

被告不服，提起上诉，河北省高级人民法院将本案发回原审法院重审。审理过程中，怀来农信社作为有独立请求权的第三人加入诉讼。

原审法院更换了合议庭成员，经过审理，判决被告支付原告 500 万元以及利息 1 781 880 元；承担经济损失 50 万元；交易费 3 万元；财产保全费 2 万元；诉讼费 41 010 元。

六、原审法院第三次审理并作出完全不同的判决结果

被告依旧不服，向河北省高级人民法院提起上诉，河北省人民法院将本案发回原审法院重审。

被告某高校的上诉状

一、金元公司不具有参加本案诉讼的主体资格。

金元公司在与某高校签订合同时还没有提出设立申请，是在签订合作办学合同后，只为运作这个项目而虚注的一个公司，从某高校调取的金元公司工商登记档案资料证明：金元公司是一个没有资金、没有人员、没有办公场所的三无企业，根本不符合《公司法》规定的设立公司应当具备的条件。

根据1994年最高人民法院《关于企业开办的其他企业被撤销或者歇业后民事责任承担问题的批复》第2条规定："人民法院在审理案件中，对虽然领取了企业法人营业执照，但实际上并不具备企业法人资格的企业，应当依据已查明的事实，提请核准登记该企业法人的工商行政管理部门吊销其企业法人营业执照。工商行政管理部门不予吊销的，人民法院对该企业的法人资格可不予认定。"人民法院对金元公司的诉讼主体资格不应予以认定。

二、金元公司自行向康乐中学汇款，应向康乐中学要款，起诉某高校属于起诉对象错误。

解铃还须系铃人，金元公司自己向康乐中学汇款，应当向康乐中学要款。鉴于某高校与金元公司曾经的合作关系，某高校愿意协助金元公司向康乐中学要款。至于金元公司起诉某高校，纯系诉讼主体错误，某高校不能同意金元公司的无理要求。

三、金元公司自行将500万元汇入康乐中学属于自己意志支配的行为，与某高校没有关系。其认为依某高校的指定而划款的主张既不合情理，也不符合双方约定，更没有相关证据支持。鉴此，某高校对金元公司不负还款义务。

（一）2001年4月26日某高校与康乐区人民政府签订转让在建高中协议书，其中约定某高校在合同规定日期将价款支付给康乐区人民政府。2001年12月10日某高校与金元公司签订合作办学协议。两个合同共三方当事人。然而，金元公司既未将款汇入某高校，也未汇入康乐区人民政府，而是汇入合同关系之外的第三人即康乐中学，此举并非履行自己对某高校承诺的合同义务，其行为与某高校没有关系。

（二）根据某高校与康乐区人民政府签订的协议，某高校应是在康乐区政府协助完成"河北某高校成人教育学院"和"河北某高校科教开发中心"法人注册手续后向康乐区政府支付500万元。就是说，该协议是一个附条件的协议，康乐区人民政府若未成就该协议，某高校就享有先履行抗辩权。金元公司支付500万元时"河北某高校成人教育学院"和"河北某高校科教开发中心"注册手续还未开始办理，因此金元公司未按要求时间汇款，应当自己承担汇款不当的责任。

（三）起诉书称，金元公司是按照某高校指定将500万元汇入康乐中学，此乃金元公司一家之言，没有相关证据支持。

民事诉讼的举证规则是"谁主张、谁举证"，即当事人对自己提出诉讼请求所依据的事实有责任提供证据加以证明。金元公司既然主张是按照某高校指定将500万元汇入康乐中学，就有责任向法院提交关于某高校指定其付款的相关证据，即何人、在何时间、在何地点、以何方式指定其将500万元汇入康乐中学，否则应当承担举证不能的责任。这样，金元公司将500万元汇入康乐中学的后果应自负其责，与某高校没有关系。

四、某高校前任校长李某捷与金元公司签订的协议违反法律和法规关于办学的相关规定，据《合同法》（当时有效，下同）第44条第2款，该协议自始无效。

《合同法》第44条第1款规定："依法成立的合同，自成立时生效。"第2款规定："法律、行政法规规定应当办理批准、登记等手续生效的，依照其规定。"

李某捷与金元公司签的是《合作办学协议》，合作办学的地点不是某高校本部，而是海东市康乐区。关于异地办学，法律和行政法规有特别规定。

国务院1986年12月15日发布的《普通高等学校设置暂行条例》第2条规定，全日制大学、独立设置的学院和高等专科学校、高等职业学校的设置，由国家教育委员会审批。

2000年1月14日国务院办公厅《关于国务院授权省、自治区、直辖市人民政府审批设立高等职业学校有关问题的通知》第1条规定，独立设置的高等职业学校，省属本科高等学校以二级学院形式举办的高等职业学校，社会力量举办的高等职业学校，由国务院授权省、自治区、直辖市人民政府审批设立。

根据以上规定，李某捷与金元公司要在异地合作办学，首先应拿到省政府批准设立的手续。没有省政府的批准文件，私自签订的合作异地办学协议是不具有法律效力的。

五、金元公司对某高校主张的 50 万元索赔没有事实依据，不应获得法律支持。

如前所述，某高校前任校长李某捷与金元公司签订的协议违反法律和法规的相关规定，合同无效。金元公司由此导致的损失应当自负其责。

退一步讲，即使合同有效，金元公司对某高校主张 50 万元索赔亦应有证据支持。否则，其主张不能获得法律支持。

六、《抵押合同》是违反法律禁止性规定的无效协议；《抵押担保借款合同》是以合法形式掩盖非法目的的无效法律行为，请求人民法院判决其为违法的无效合同。

《高等教育法》第 38 条第 2 款规定："高等学校不得将用于教学和科学研究活动的财产挪作他用。"《担保法》（当时有效，下同）第 37 条明确规定，教育设施不得设定抵押。依此规定，河北某高校用于教学与科研活动的科技楼属于法律上的禁止流通物。

然而，2002 年 1 月 11 日，李某捷校长与金元公司签订了《抵押协议》（抵押合同签订时，科技楼的产权尚属于某高校），约定将某高校用于教学科研活动的科技楼抵押给金元公司，并同意金元公司以之再抵押。此协议内容涉及的合同标的明显违反法律的有关禁止性规定，应属无效协议。在此基础上形成的其他相关协议亦应归于无效。

《抵押协议》无效，其效力溯及合同签定之时。既然其为自始无效，那么科技楼产权的划拨就没有合法基础。既然科技楼产权的划拨行为违法，那么以之为前提的《抵押担保借款合同》即为无效协议。

科技楼本是某高校校产，却被他人施展腾挪之术变为某高校建筑设计院的企业财产。结合相关协议签订的动机来看，其规避法律，以合法形式掩盖非法目的规避法律的意思相当明显。

《合同法》第 52 条规定："有下列情形之一的，合同无效：……（三）以合法形式掩盖非法目的；……"依据此规定，代理人申请人民法院判决《抵押合同》以及金元公司与怀来农信社签订的《抵押担保借款合同》无效。

综上所述，答辩人希望人民法院判决金元公司与某高校之间签订的上述违法协议无效；金元公司未将 500 万元款项打入某高校账户，因此某高校不负还款义务；金元公司对某高校主张的 50 万元索赔没有事实依据；应依法驳回其对某高校主张的 500 万元赔款附带利息及其 50 万元经济损失的诉讼请求。金元公司与怀来农信社签订的《抵押担保借款合同》违反法律禁止性规定，且以合法形式掩盖非法目的，为无效协议，某高校不负抵押义务

代 理 词

尊敬的审判长、审判员：

我受河北某高校委托，作为某高校的诉讼代理人，发表如下代理意见：

一、金元公司不具有参加本案诉讼的主体资格。

金元公司在与某高校签订合同时还没有提出设立申请，是在签订合作办学合同后，只为运作这个项目而虚注的一个公司，从某高校调取的金元公司工商登记档案资料证明：金元公司是一个没有资金、没有人员、没有办公场所的三无企业，根本不符合《公司法》规定的设立公司应当具备的条件。

1994 年最高人民法院《关于企业开办的其他企业被撤销或者歇业后民事责任承担问题的批复》第 2 条规定："人民法院在审理案件中，对虽然领取了企业法人营业执照，但实际上并不具备企业法人资格的企业，应当依据已查明的事实，提请核准登记该企业法人的工商行政管理部门吊销其企业法人营业执照。工商行政管理部门不予吊销的，人民法院对该企业的法人资格可不予认定。"人民法院对金元公司的诉讼主体资格不应予以认定。

二、金元公司自行将 500 万元汇入康乐中学属于自己意志支配的行为，与某高校没有关系。其认为依某高校的指定而划款的主张既不合情理，也不符合双方约定，更没有相关证据支持。鉴此，某高校对金元公司不负还款义务。

（1）2001 年 4 月 26 日某高校与康乐区人民政府签订转让在建高中协议书，其中约定某高校在合同规定日期将价款支付给康乐区人民政府。2001 年12 月 10 日某高校与金元公司签订合作办学协议。两个合同共三方当事人。然而，金元公司既未将款汇入某高校，也未汇入康乐区人民政府，而是汇入合同关系之外的第三人即康乐中学，此举并非履行自己对某高校承诺的合同义务，其行为与某高校没有关系。

（2）根据某高校与康乐区人民政府签订的协议，某高校应是在康乐区政府协助完成"河北某高校成人教育学院"和"河北某高校科教开发中心"法人注册手续后向康乐区政府支付500万元。就是说，该协议是一个附条件的协议，康乐区人民政府若未成就该协议，某高校就享有先履行抗辩权。金元公司支付500万元时"河北某高校成人教育学院"和"河北某高校科教开发中心"注册手续还未开始办理，因此金元公司未按要求时间汇款，应当自己承担汇款不当的责任。

（3）起诉书称，金元公司是按照某高校指定将500万元汇入康乐中学，此乃金元公司一家之言，没有相关证据支持。

民事诉讼的举证规则是"谁主张、谁举证"，即当事人对自己提出诉讼请求所依据的事实有责任提供证据加以证明。金元公司既然主张是按照某高校指定将500万元汇入康乐中学，就有责任向法院提交关于某高校指定其付款的相关证据，即何人、在何时间、在何地点、以何方式指定其将500万元汇入康乐中学，否则应当承担举证不能的责任。这样，金元公司将500万元汇入康乐中学的后果应自负其责，与某高校没有关系。

三、让某高校承担全部责任不符合民法的公平原则。

金元公司将500万元投资款打入康乐中学的账户，没有打入某高校的账户。债权债务关系发生于金元公司与康乐中学之间，康乐中学收受金元公司500万元，是500万元的占有者和获益者，因此金元公司正确的起诉对象应是康乐中学。

某高校没有收受金元公司的钱，没有义务偿还金元公司的债务。如果让某高校偿还金元公司，将使某高校在没有获得任何对价的情况下赔掉一笔巨款，而真正的获益者康乐中学在没有任何付出的情况下，净赚500万元，一个代人受过，一个不当得利，这是非常不公平的。

而且，由于康乐中学收受金元公司500万元，金元公司有权继续向康乐中学索赔，这导致金元公司重复获赔。而某高校若诉康乐中学，对方则可以未收某高校钱款，无义务退款为由抗辩。这将导致某高校的损失没有地方补偿，从而平白无故地损失一笔巨款，这是非常不公平的。

我国《民法通则》（当时有效，下同）第4条规定了公平原则。公平原则的作用在于克服成文法刚性，不周延等局限性，填补立法空白，弥补法律漏洞，它是作用于全部民法领域的法上之法。民法基本原则与具体法规是水源与水流的关系，污染水源要比污染水流严重得多。一个案件的处理不仅要依据具体法条，而且应符合民法基本原则。

具体到本案，如果忽视 500 万元的占有者康乐中学，让债务关系之外的某高校承担全部损失，这样的处理方式不符合合同关系相对性原理和民法公平原则。

四、某高校前任校长李某捷在与金元公司洽谈合作办学事宜期间，超越校长职权，其代理行为无效。

某高校是政府全额拨款，参照公务员制度管理的事业单位，不同于一般的商业公司。公司是依私法性质的《公司法》设立的，某高校是依公法性质的《高等教育法》设立。《高等教育法》的性质属于行政法，与一般公司不同的是，在从事民事活动期间，某高校不仅要遵守民事法律，而且应当遵守高等教育法等行政法规则。在从事民事活动期间，如果涉及《高等教育法》等行政法律有特别规定，那么应当遵守特别法优先的原则，优先适用行政法的规定。

依据《高等教育法》第 39 条，高校实行中国共产党高等学校基层委员会领导下的校长负责制，这与一般公司是不同的，公司就是董事长说了算，但在高校，学院的领导、发展和基本管理制度是党委说了算。

《高等教育法》第 41 条以列举式明确规定了高等学校校长的六项具体职权，这六项职权主要包括教学、科研和行政管理三个方面。根据以上法律规定，某高校前任校长自作主张地对学院巨额资产作出重大处置的行为是超越职权的无效行为。

民商法上的无权代理行为可以适用表见代理的规定，即《合同法》第 49 条规定："行为人没有代理权、超越代理权或者代理权终止后以被代理人名义订立合同，相对人有理由相信行为人有代理权的，该代理行为有效。"

但行政法上的无权代理行为不适用表见代理规定，在这方面，行政法与民商法存在重大不同。

因为行政法主体行使权力时涉及国家、社会、公众重大利益，所以行政法主体在行使权利时必须有法律的明确授权，也即"法有明文方可为"，与民商法的"法无禁止皆可为"恰好相反。

某高校校长职权是依《高等教育法》第 41 条获得授权的，它的性质属于行政权力，行政权力的行使遵循行政法律规则，即依法行政，有授权则已授权范围行使权力，无授权则确定地没有权力。超越授权范围行使权力，其法律效力自始无效，不适用合同法表见代理的规定，某高校前任校长在与金元公司洽谈合作办学事宜期间，严重超越职权，表现为两个方面：①通过《合作办学协议》进行异地办学，通过《补充协议（二）》对涉及某高校重大利益进行重大处置，而高等教育法根本未赋予校长这种权力；②2006 年 6 月 26 日，某高校党委会否定了异地办学的思路，而他背着校党委，于 2001 年 12 月 10 日私自与金元公司签订合作办学协议。为此，我们请求法院依《高等教育法》第 41 条及行政法的其他相关规定，判定其代理行为无效。

鉴于近年来某些公司董事长利用法定代表人身份，通过关联交易为自己牟取利润，损害所在公司利益，2005 年《公司法》第 20 条规定了"揭穿公司面纱制度"即当公司法定代表人假借公司名义，损公肥私，可判定其非法人行为，还原其个人行为的本来面目。公司法利用"揭穿公司面纱"制度填补了法定代表人以公司名义从事有害公司行为方面的法律漏洞，行政事业单位可以援引行政权力职权法定的原则制止其法定代表人，利用其身份职权从事权力寻租行为。

五、某高校前任校长与金元公司签订的合同均为无效合同。

《民法通则》第 55 条规定："民事法律行为应当具备下列条件：（一）行为人具有相应的民事行为能力；（二）意思表示真实；（三）不违反法律或者社会公共利益。"我认为三个条件金元公司均不具备。

（1）金元公司签订《合作办学协议》等协议时不具备相应的民事行为能力。

双方 2001 年 12 月 10 日签订《合作办学协议》，2002 年 1 月 10 日签订《委托代理协议》，而金元公司直到 2002 年 1 月 11 日才成立。《民法通则》第 36 条第 2 款规定："法人的民事权利能力和民事行为能力，从法人成立时产生，到法人终止时消灭。"金元公司签订《合作办学协议》时还不是民事主体，没有权利能力，更没有民事行为能力，据此可以认为《合作办学协议》是当然无效的合同。应注意的是，该公司尚未注册，即刻了金元公司公章，且用金元公司进行经营活动，这是明显的欺诈行为。即来投资，分文皆无，即来管理，却无任何物业管理经验，明显没有履约诚意。

2002年1月11日抵押合同和2002年1月30日《补充协议（一）》虽签订于公司成立后，但根据某市工商局桥东分局2002年1月10日给金元公司下发的企业名称预先核准通知书，"该预先核准的企业名称保留期自2002年1月10日——2002年7月9日"，在保留期间，不得用于从事经营活动，金元公司与李某捷签订补充协议就是一种经营活动，是一种违反规定的无效行为。

2003年1月28日，金元公司与某高校签订的《补充协议（二）》也没有法律效力。理由是：

①金元公司在与某高校签订《补充协议（二）》时，虽有营业执照但却不具备法人成立应具备的条件，是一个皮包公司，根据1994年最高人民法院相关批复（前已述及），其没有法人资格，因而不具备民事行为能力。

②前任的校长对涉及某高校重大利益进行重大处置，而《高等教育法》根本未赋予校长这种权力。

③《补充协议（二）》是以《合作办学协议》为基础，是对《合作办学协议》的补充，因而其地位是附属于主合同之下的从合同。主合同无效，其补充协议当然无效。

（2）与金元公司签订协议，尤其是《补充协议（二）》不是某高校真实的意思。

某高校前任校长李某捷在《补充协议（二）》中与金元公司约定："甲方如确定无法履行原四份合同，应尽快归还乙方投资额伍佰万元整"。这仅仅可能是李某捷本人的意思，绝不是某高校的真实意思。市场经济中，每个人都是自己利益的最佳判断者，作为一个有理性的人，谁愿意平白无故地替别人负500多万元的债务，这相当于某高校每名员工一下子背上一万多元的债务，这简直是荒唐透顶，匪夷所思的事情。除去那位前任校长，某高校从校党委到每一名教师职工都不会做出这样坑害某高校的意思表示。

虽然《补充协议（二）》盖有某高校的公章，但那是前任校长背着校党委私自盖上的。而且在盖章时不让管公章的人员看见内容，把上面盖住，仅露出盖公章的地方。

在法定代表人与其所在单位意思完全相反的特殊情况下，请法官看看站在其法定代表人对面的广大群体，考虑一下这些被出卖的受害者的真实意思。

法律之所以规定法定代表人，一般情况下能够代表法人，主要考虑法定代表人一般会为本单位提供忠实、勤勉的服务，维护其所代表的法人的利益，这才是立法的初衷和本意。但法律主要考虑一般情况，对于特殊情况则可能留下法律漏洞。具体到本院，如果仅认公章和法定代表人签字，忽视广大教职工的真实意思，笔者认为这恰恰违背了立法的意图，不符合法律内在的精神。

希望审判长和审判员明察秋毫，识破某些人在这方面的丑恶行径。

（3）李某捷与金元公司签订的这些协议违反法律和法规的相关规定

《合同法》第44条第1款规定："依法成立的合同，自成立时生效。"第2款规定："法律、行政法规规定应当办理批准、登记等手续生效的，依照其规定。"

李某捷与金元公司签的是《合作办学协议》，合作办学的地点不是某高校本部，而是海东市康乐区。关于异地办学，法律和行政法规有特别规定。

国务院1986年12月15日发布的《普通高等学校设置暂行条例》第2条规定，全日制大学、独立设置的学院和高等专科学校、高等职业学校的设置，由国家教育委员会审批。

2000年1月14日国务院办公厅《关于国务院授权省、自治区、直辖市人民政府审批设立高等职业学校有关问题的通知》第1条规定，独立设置的高等职业学校，省属本科高等学校以二级学院形式举办的高等职业学校，社会力量举办的高等职业学校，由国务院授权省、自治区、直辖市人民政府审批设立。

根据以上规定，李某捷与金元公司要在异地合作办学，首先应拿到省政府批准设立的手续。没有省政府的批准文件，私自签订的合作异地办学协议是不具有法律效力的。

六、将某高校科技楼划转给建筑设计院的行为无效。

某高校是由国家拨付资金和经费的公益事业单位，根据《行政事业单位国有资产管理办法》（当时有效，下同）第9条规定，某高校的全部资产的所有权均归国家所有，某高校仅享有占有权和使用权，并不有处分权和收益权。因此，某高校并没有对所占用资产的处分权，根据《行政事业单位国有资产管理办法》第24条、第27条规定，如果确有理由需对所占有使用的资产进行处分，应当履行相应的行政审批程序，向其主管部门（省教育厅、省政府、省国有资产管理局、省财政厅）提出申请，相关部门批准后，才有权进行处分。这种行政审批行为在民法上来讲相当于取得所有权人的授权，未取得授权所实施的行为是无效的民事行为。

科技楼及其占用范围的土地是国家拨付某高校教育资产的一部分，某高校时任校长未经校领导办公会研究，未向上级主管部门请示，采取隐瞒欺骗的方法将2000平方米价值800万元的科技楼无偿划转给第三人建筑设计院，这种行为不能认为是学校的行为，而是时任校长李某捷以学校名义实施的一种严重损害国家利益的个人行为，其性质已经触犯了《刑法》的有关规定。

七、《抵押合同》和《抵押担保借款合同》是以合法形式掩盖非法的无效法律行为。

《高等教育法》第38条第2款规定："高等学校不得将用于教学和科学研究活动的财产挪作他用。"《担保法》第37条明确规定，教育设施不得设定抵押。依此规定，某高校用于教学与科研活动的科技楼属于法律上的禁止流通物。

然而，2002年1月11日，李某捷校长与金元公司签订了《抵押协议》（抵押合同签订时，科技楼的产权尚属于某高校），约定将某高校用于教学科研活动的科技楼抵押给金元公司，并同意金元公司以之再抵押。此协议内容涉及的合同标的明显违反法律的有关禁止性规定，应属无效协议。在此基础上形成的其他相关协议亦应归于无效。

1月14日，李某捷让某高校主管房产证件的干部李某旗将科技楼产权证交给他用。然后开始实施使科技楼脱离某高校的一系列运作。

1月16日，为掩人耳目，获得合法的形式，李某捷与某高校下属的某高校建筑设计院（企业性质）签订产权转让协议，约定将科技楼转让给设计院，声明是为设计院扩大规模，开拓市场，增加收入，提高效益。其真实目的是为金元公司提供贷款担保。《抵押合同》试图将法律禁止挪作他用、禁止被提供担保的财产设定抵押，这种目的明显是非法的。

1月18日，李某捷亲自去办了产权转移登记手续，从而使科技楼变为企业形式的建筑设计院名下的房产。

1月22日，科技楼被金元公司"合法"地抵押给怀来农信社联社。

就这样，作为皮包公司的金元公司在某高校前任校长的慷慨赞助下，将本是国有资产的科技楼为自己做了担保，摇身一变，成了拥有550万元身家的投资人。纵观科技楼由禁止流通物变为他人抵押物的全过程，其形式似乎很合法，但其签订《抵押合同》时科技楼产权仍属某高校这一点，即表明了这两个合同是以合法形式掩盖非法目的行为。

1999年《合同法》第52条规定："有下列情形之一的，合同无效：……（三）以合法形式掩盖非法目的……"依据此规定，代理人申请人民法院判决《抵押合同》以及金元公司于怀来农信社签订的《抵押担保借款合同》无效。

八、第三人怀来农信社为金元公司发放贷款存在故意弄虚作假行为，具有严重过错，应自行承担相应的经济损失，即本金及利息损失。

从2002年1月18日某市房屋产权产籍监理处给怀来农信社出具证明的内容、房产转移手续和抵押手续为同时办理及怀来农信社信贷员具体办理相关事宜的情况综合分析判断，贷款人对借款人的企业状况描述、资信判断及以某高校的教学资产抵押过程中存在主观恶意。

根据中国人民银行《关于合理确定流动资金贷款期限的通知》（银发〔1997〕417号，当时有效，下同）及农村信用社的规定，流动资金不得投放中长期贷款，短期贷款期限不得超过1年，对仅成立10天的金元公司投放为期3年的中长期流动资金贷款是严重的违规行为，并且在贷款发放审批程序中也存在诸多严重违规情形。

贷款人对借款人的资信具有审查的义务，金元公司借款时成立仅有10天的时间，注册资金仅为50万元，金元公司于2002年1月22日向第三人怀来农信社申请贷款550万元，怀来农信社于申请的当日就向金元公司发放了550万元的贷款，而这一时间是信用社领导审批同意发放贷款的前一天。

以上事实足以认定怀来农信社作为一个金融机构违规操作，弄虚作假，由于贷款人的过错，造成放出贷款本金及利息不能收回，就应当自行承担其经济损失。

综上所述，答辩人希望人民法院判决金元公司与某高校之间签订的上述违法协议无效；金元公司未将500万元款项打入某高校账户，因此某高校不负还款义务；金元公司对某高校主张的50万元索赔没有事实依据；依法驳回其对某高校主张的 500 万元赔款附带利息及其 50 万元经济损失的诉讼请求。金元公司与怀来农信社签订的《抵押担保借款合同》违反法律禁止性规定，且以合法形式掩盖非法目的，为无效协议，某高校不负抵押义务。

原审中级人民法院经过开庭审理认为，被告与原告签订的《合作办学协议》《委托管理协议》《抵押合同》《补充协议》《补充协议（二）》是双方真实的意思表示，且合作办学协议系其他协议的基础，但因情势变更均未实际履行，存在继续履行的必要和可能，原告要求解除合同的诉讼请求符合法律规定，应予支持。双方签订的抵押合同及其协议中有关抵押的条款违反了法律法规的规定，被告主张是无效合同的抗辩理由成立。应予确认。原告要求被告返还投资款 500 万元，并支付业务费用及经济损失 50 万元和投资款利息的诉讼请求，双方虽在协议中有合意，但原告将 500 万元汇入康乐中学账户并非双方的约定，亦不能证实是汇入了被告指定的账户。且原告系经营公司，故该 500 万元汇款的真实用途存在或然性，不能确认，资金亦不能认定。如果认可原告的诉讼请求，有悖于公平、公正、权利义务对等和以事实为根据的司法原则。因此，原告应就是否已指定汇款一节承担举证不能的法律后果。关于经济损失 50 万元，因原告未提供证据证实损失的实际存在和具体数额，使双方的约定缺乏事实依据。本院不予采信。原告要求被告支付业务费用 3 万元，因该款为代垫款项而非约定款项，不属本案调整范围，可经协商或另案诉讼解决。第三人信用联社明确表示将另案行使诉权，为尊重其意思自治，不再追加信用联社和设计院为本案第三人。经本院主持调解，当事人未达成一致。

根据《合同法》第 52 条第 5 项、第 94 条第 1 项、最高人民法院《关于民事诉讼证据的若干规定》第 2 条的规定，判决如下：①原告某市金元公司与被告某高校签订的《合作办学协议》《委托管理协议》《抵押合同》《补充协议》《补充合同（二）》予以解除。②包括原告的其他诉讼请求，本案诉讼费 61 010 元由原告承担。

七、原审原告上诉高级人民法院被驳回，被告大获全胜

原审原告不服，向河北省高级人民法院提起上诉。经开庭审理被驳回。

答 辩 状

首先答辩人认为某市中级人民法院 2007 年 7 月 9 日作出的 ［2007］ 张商初字第 31 号民事判决所认定的事实清楚，适用法律正确，体现了人民法院司法公正的原则，因此，请求二审法院驳回上诉人的上诉请求，维持原判。

其次，就上诉人的上诉理由作出如下答辩。

一、一审法院认定上诉人 "不能证实是汇入了被告指定的账户" 及 "500 万元汇款的真实用途存在或然性" 是完全正确的。

本案的基本事实是，上诉人从未向河北某高校汇过任何款项。上诉人证明自己向河北某高校的投资行为即曾经向海东市康乐中学汇过 500 万元。答辩人认为，该汇款是上诉人自己的商业行为，与河北某高校无关。因此，上诉人并未向河北某高校投过资，上诉人应当实事求是地承认这一点。上诉人的损失应向收款人追索。

二、一审法院认定 "经济损失 50 万元没有证据支持" 完全正确

上诉人系一空壳皮包公司，注册资金虚假，没有任何资本金，其汇往康乐中学的 500 万元款项还是非法以某高校房产提供抵押而取得的。如果说有损失，只能说某高校有损失。

三、一审判决《抵押合同》无效有明文法律依据

《担保法》第 37 条规定："下列财产不得抵押：……（三）学校、幼儿园、医院等以公益为目的的事业单位、社会团体的教育设施、医疗卫生设施和其他社会公益设施……"最高人民法院《关于适用〈中华人民共和国担保法〉若干问题的解释》（当时有效，下同）第 5 条第 1 款规定："以法律、法规禁止流通的财产或者不可转让的财产设定担保的，担保合同无效。"

尽管抵押合同的标的物——某高校科技楼归某高校建筑设计研究院实际使用，但其所有权在 2002 年 1 月 22 日之前确定无疑地属河北某高校所有，因此，2002 年 1 月 11 日签订的《抵押合同》因违反《担保法》第 37 条以教育设施为抵押标的物，其效力当然无效。

综上所述，一审法院判决认定的事实清楚，证据确凿，适用法律正确，请二审法院依法驳回上诉人的上诉请求，维持一审判决。

八、对原独立请求权人（抵押权人）取得的又一场胜诉

由于贷款人怀来农信社具有独立的请求权，金元公司诉某高校借款纠纷一案结束后，怀来农信社以金元公司和某高校建筑设计院为被告于 2007 年 7 月向某市中级人民法院提起诉讼，请求判令第一被告承担 550 万元借款本金以及 1 909 375 元利息；50 万元损失以及 276 525 元利息；第二被告以自有科技楼承担抵押担保责任。

由于涉案 500 万元汇至康乐中学，后 500 万元又被康乐区政府使用，因此诉讼中某高校建筑设计院请求追加康乐中学、康乐区政府为第三人。

康乐区政府的代理人系司法局局长、民法学博士，他告诉笔者，他们正想通过诉讼解决此事。因为某高校在海东建设校舍，未支付农民工工资，农民工围攻中直机关。康乐区政府不得不垫付农民工工资 600 万元，这笔款项应当由某高校来支付。笔者答复这件事应当另案处理，法官也表示应当另案处理。

就贷款人兼抵押权人的诉讼请求，笔者提出以下答辩意见：

答 辩 状

就怀来农信社要求我校履行担保义务的诉讼请求，我们的答辩观点是，我校不应当承担担保义务，理由如下：

怀来农信社要求建筑设计院履行担保义务的依据是 2002 年 1 月 22 日农信社、金元公司和设计院三方签订的抵押担保借款合同。该抵押担保借款合同包括两部分，第一部分是主合同，即金元公司与农信社之间签订的借款合同；第二部分是从合同，即设计院与农信社之间签订的抵押担保合同。我对这个合同的看法是：主合同违规，从合同无效。由于我们答辩的重点是从合同，所以我在此仅对抵押担保合同无效的理由进行论述，对主合同暂时不予评论。

作为从合同的抵押担保合同无效的理由在于：

一、该抵押担保合同以合法形式掩盖非法目的，因此是无效合同。

《担保法》第 37 条规定："下列财产不得抵押：……（三）学校、幼儿

园、医院等以公益为目的的事业单位、社会团体的教育设施、医疗卫生设施和其他社会公益设施……"

本合同的标的物是某高校科技楼，科技楼是某高校用于教学、科研活动的教育设施是国有资产，依据《担保法》第37条的禁止性规定，科技楼当然不能抵押。任何将这种教育设施抵押出去的想法、意图以及目的都是非法的，都是非法目的。

然而，事实的结果是，这种非法目的还是得逞了，科技楼最终被抵押了出去，并且外表上拥有了一个合法的形式。

所以看待这个问题应揭开形式，还原内容；透过现象，看到本质，注意其搞恶意抵押的非法目的。

二、抵押人以存在权利瑕疵的房地产提供抵押的行为无效。

《城市房地产管理法》第47条第1款规定："房地产抵押，是指抵押人以其合法的房地产以不转移占有的方式向抵押权人提供债务履行担保的行为。……"

也就是说，抵押人要以房地产提供抵押，其权利来源必须合法。否则就失去提供抵押的前提条件。

具体到本案，担保合同的抵押物被登记部门错误登记，导致该标的物所有权错误。因此抵押人的所有权是有瑕疵的，以有瑕疵的、不合法的房地产提供抵押，该抵押作为的效力是无效的。

综上所述，我认为，设计院不应承担担保责任。

2007 年 9 月 18 日

开庭审理结束后，笔者向合议庭提交了代理词。

代 理 词

尊敬的审判长、审判员：

我受河北某高校，建筑设计院的要求，作为某高校的诉讼代理人，发表如下代理意见。

我认为建筑设计院没有义务承担抵押担保义务，理由是：

一、抵押担保合同的标的物——河北某高校科技楼的所有权归属问题存在争议，因此不能用于提供担保。

建筑设计院对科技楼的产权来自某高校的无偿划拨，某高校是国家拨付资金和经费的公益性事业单位，根据《行政事业单位国有资产管理办法》第5条规定，某高校全部资产的所有权归国家所有，某高校仅享有占有权和使用权，并不享有处分权和收益权。第27条规定："行政事业单位处置资产（包括调拨、转让、报损、报废等）应向主管部门或同级财政、国有资产管理部门报告，并履行审批手续，未经批准不得随意处置。……"

根据以上规定，科技楼转让给建筑设计院必须依法进行。没有相关批准手续，不论采取什么形式都是无效的。

某市房屋产权户籍中心对科技楼所有权的变更登记，其性质是行政确权行为。该行政确权行为违反《行政事业单位国有资产管理办法》的有关规定，是违反法律的错误登记行为，按依法行政的原则，应予变更登记并对受损害的当事人予以赔偿。

怀来农信社、金元公司与建筑设计院签订的合同，其性质属民事约定，而国家对国有资产保护方面的规定在性质上是法律规定，法定优于约定，与法定冲突的约定无效，这是最基本的法理。因此，怀来农信社无权以科技楼折价偿还担保贷款的本息。

二、金元公司无权以科技楼所有权为自己贷款提供担保。

金元公司以科技楼提供担保的合同依据是2002年1月11日与某高校签订的抵押合同。该合同第1条规定，某高校将科技楼抵押给金元公司，第2条规定，金元公司可以科技楼再抵押，由此造成的损失由乙方承担。

科技楼产权是2002年1月18日划给设计院的，而该抵押合同是2002年1月11日签订的，当时科技楼产权尚属某高校，该抵押合同直接违反《担保法》第37条的禁止性规定，属确定无疑的无效合同。

金元公司以这份无效抵押合同为依据，将科技楼抵押给怀来农信社其行为显然是无效的。

三、怀来农信社在发放贷款过程中，未尽到专业贷款机构的谨慎和注意义务，同时兼具违法操作行为，具有严重过错，应自行承担相应的损失和风险。

首先，怀来农信社对金元公司资信情况的判断审查不正确，这是其发放这么一大笔贷款给一皮包公司的原因之一。

在信贷员意见栏中，信贷员认为金元公司是一家股份制公司，依当时

《公司法》，股份制公司的注册资金为 500 万元，这与金元公司的真实情况不符。

该意见认为，随公司业务的扩大，与某高校合作办学，因而申请贷款。事实上，金元公司刚刚成立，尚没有开展业务，谈不上什么扩大，这显然是对金元公司缺乏基本的了解。

该意见显示，怀来农信社是知道金元公司与某高校合作办学事宜的，既知合作办学，就应了解国家在合作办学方面的规定，因为一旦对方违反法律规定去合作办学，显然会对放贷产生巨大风险，然而怀来农信社对此中存在的巨大风险认识不够，其调查结论完全肯定信贷员意见。可见，根本未予调查，贷款人意见栏中注明，"经联社集体研究，同意出贷 550 万元"。作为专业提供贷款的金融机构，决策人员应是比较资深的金融人士，为什么集体研究中，为什么不对金元公司的资信情况进行认真分析，明知科技楼原属某高校校产，为什么不对其权合法性进行研究论证，另外，金元公司申请贷款时用的是企业短期借款申请书，而抵押担保借款合同的第 1 条中，注明此贷款种类是中长期贷款。这种帮法合乎规定吗？

其次，金元公司贷款主要用于康乐中学在建高中的校舍建设，因此应申请基本建设贷款。然而，抵押担保贷款合同却写明贷款用途为流动资金，这都说明怀来农信社在放贷过程中未尽到专业贷款机构的基本注意义务，对借款人提供的各项材料仅作形式审查，而未作实质审查，因此导致损失与自身失误直接相关。

从 2002 年 1 月 18 日某市房屋产权产籍监理处给怀来农信社出具证明的内容、房产转移手续和抵押手续为同时办理及怀来农信社信贷员具体办理相关事宜的情况综合分析判断，贷款人对借款人的企业状况描述、资信判断及以某高校的教学资产抵押过程中存在主观恶意。

根据中国人民银行《关于合理确定流动资金贷款期限的通知》（银发〔1997〕417 号）及农村信用社的规定，流动资金不得投放中长期贷款，短期贷款期限不得超过 1 年，对仅成立 10 天的金元公司投放为期 3 年的中长期流动资金贷款是严重的违规行为，并且在贷款发放审批程序中也存在诸多严重违规情形。

贷款人对借款人的资信具有审查的义务，金元公司借款时成立仅有 10 天的时间，注册资金仅为 50 万元，金元公司于 2002 年 1 月 22 日向第三人怀来农信社申请贷款 550 万元，怀来农信社于申请的当日就向金元公司发放了 550 万元的贷款，而这一时间是农信社领导审批同意发放贷款的前一天。

四、怀来农信社贷出金额的大部分应由康乐中学偿还。

1. 金元公司不能偿还怀来农信社的根本原因是，金元公司将借款中的 500 万元打入了康乐中学的账户，也即金元公司对康乐中学拥有 500 万元的债权。如果金元公司能够实现这个债权，那么它就有能力偿还怀来农信社的借款。

可是金元公司怠于向康乐中学主张自己的债权，从而导致某高校和怀来农信社陷入纠纷。

《合同法》第 73 条第 1 款规定，因债务人怠于行使其到期债权，对债权人造成损害的，债权人可以向人民法院请求以自己的名义代位行使债务人的债权。

根据《合同法》对代位权的规定，怀来农信社有权以自己的名义向康乐中学行使代位求偿权。

2. 康乐中学收受金元公司 500 万元属不当得利，应当退还该笔款项。

所谓不当得利，指一方没有法律或合同上的依据而占有另一方的财产，从而对另一方构成不当得利之债。

就本案而言，康乐中学既无法律依据，也无合同约定，却占有他人 500 万元巨款，这个行为的性质应属不当得利，应予退还。

3.《民法通则》第 4 条规定："民事活动应当遵循自愿、公平、等价有偿、诚实信用的原则。"康乐中学与金元公司之间不存在任何交易关系，康乐中学在没有支出任何对待给付或合同对价的情况下，坐拥 500 万元巨款，这种行为与民法等价有偿原则严重不符。

总之，康乐中学占用的 500 万元巨款是本案的症结所在，如果康乐中学的 500 万元能物归原主，那么某高校、金元公司与怀来农信社的债务关系便能全部解套。反之，若 500 万元不能归位，怀来农信社与金元公司、某高校的债务纠纷便不会有什么结果，即使一方胜诉，对方也没有能力偿还这笔巨款，因为这笔钱并不在对方手里。

综上所述，我们坚持这样的立场，建筑设计院没有担保义务。怀来农信社应向康乐中学主张代位权，这是本案的症结所在。一旦康乐中学归还 500

万元款项，本案的债权债务纠纷便会全部迎刃而解。

2007 年 9 月 18 日

补充代理意见

经过几次庭审，答辩人认真听取了怀来农信社，金元公司以及康乐中学等各方发表的大量陈述，并对照相关法律规定进行了细致的分析。答辩人认为怀来农信社与金元公司、某高校建筑设计院（以下简称"设计院"）三方签订的抵押担保借款合同既未成立，也未生效。退一步讲，即使成立，也是无效合同。

一、根据 2000 年 12 月 13 日最高人民法院《关于适用〈中华人民共和国担保法〉若干问题的解释》第 56 条规定，上述抵押担保借款合同中的抵押行为不成立。

最高人民法院《关于适用〈中华人民共和国担保法〉若干问题的解释》第 56 条第 1 款规定："抵押合同对被担保的主债权种类、抵押财产没有约定或者约定不明，根据主合同和抵押合同不能补正或者无法推定的，抵押不成立。"考察上述抵押借款合同，答辩人认为其主债权种类和抵押财产均存在自相矛盾情况，因而属于最高人民法院《关于适用〈中华人民共和国担保法〉若干问题的解释》第 56 条第 1 款规定的约定不明情形。

首先，根据三方签订的抵押借款合同，无法认定主债权的种类是短期借款合同还是中长期贷款合同，是流动资金借款合同还是基本建设贷款合同。据该合同第 1 条第 1 款，贷款种类为中长期贷款。然而第 2 款却规定借款用途为流动资金。按照中国人民银行《关于合理确定流动资金贷款期限的通知》（银发〔1997〕417 号）及农村信用社的规定，流动资金不得投放中长期贷款。就本合同而言，如果贷款种类是中长期贷款，那么其贷款用途便不应是流动资金，反之，如果确定贷款用途是流动资金，那么贷款种类便不得为中长期贷款，因为流动资金贷款期限不得超过一年。二者的严重冲突使人无法认定其主债权的种类。

其次，关于抵押财产亦为约定不明，具体理由是：

（1）抵押房产必须连同土地一同抵押。反之，抵押土地也必须连同其上的房产一并抵押。上述合同仅约定了抵押房产绝对未提及对应土地的抵押问题。而该土地使用权性质为划拨土地，在交易中对其如何处分必须明确，不容回避，上述三方在签订抵押贷款合同时恰恰忽视了这个问题。因而属于抵押财产约定不明确。

（2）抵押行为的标的物本身为争议财产，三方以争议财产设定抵押，其约定必然不明。

（3）2002 年 1 月 11 日，河北某高校与金元公司签订抵押合同，约定将同一标的物，科技楼抵押给金元公司。仅过 10 天，设计院又将该科技楼抵押给怀来农信社。同一标的物被抵押两次，而且两个合同的双方当事人完全不同，这就使这两次抵押行为产生重大矛盾。

如何解释一物两抵的情况，是设计院对农信社的抵押行为？还是金元公司对农信社的再抵押行为？如何协调两个抵押行为的法律关系？该抵押贷款合同没有相关解释，即对抵押财产约定不明确。

所谓合同成立，指合同主体的意思表示达成一致。本案中合同当事人的意思表示自相矛盾。相互冲突，尚未达成一致。合同未成立，当事人之间不存在权利和义务关系。设计院也就没有担保责任。

二、根据我国房地产转让过程中，"房随地走，地随房走，房地一致"的原则以及《担保法》的相关规定，怀来农信社，金元公司与设计院三方签约后在形式上完成了房屋的抵押登记，却未完成土地使用权的抵押登记。因为未完成全部登记，所以合同并未生效。

《担保法》第 36 条规定："以依法取得的国有土地上的房屋抵押的，该房屋占用范围内的国有土地使用权同时抵押。"此即我国物权变动中须遵循的"房随地走，地随房走，房地一致"原则。据此，怀来农信社、金元公司在签担保合同时应同时办理房产和土地使用权抵押手续，并在相关部门做整体登记后，其抵押登记才算完成。而事实上，怀来农信社与金元公司仅办理了房屋所有权登记手续，仅完成了全部登记的一部分。

《担保法》第 41 条规定："……抵押合同自登记之日起生效。"此处之登记包括房屋所有权和土地使用权整体的他物权登记。由于三方签订的抵押借款合同欠缺土地使用权的抵押登记，因而合同并未生效。

在合同并未生效的情况下，合同各方之间不存在权利义务，上述合同内容对各方不具有法律约束力，据此，设计院没有担保义务。

三、退一步讲，即使该合同成立，亦因违反法律规定而成立无效合同。

首先，以科技楼作抵押标的物违背法律规定。

《城市房地产抵押管理办法》第8条第2项规定，用于教育、医疗、市政等公共福利事业的房地产不得设定抵押。

科技楼在形式上的产权人是某高校建筑设计研究院，作为资深的、专业的金融从业人员，原告应当注意到，建筑设计研究院名字之前冠之以某高校，这就意味着科技楼是某高校的校产，是服务于教育事业的国有资产。尽管在形式上，设计院对科技楼拥有独立产权，但设计院与学校的建筑系是两套人马，一块牌子，设计院在编职工人事关系在某高校，工资由某高校发放，设计院既是学校学术研究部门，也是学生实习基地，因此，无论科技楼产权属于谁，它在事实上都是教育从属部门，既是学校学术研究的场所，也是学生进行实习的基地，一句话，它是服务于教育目的的房产。

值得注意的是，《担保法》和《城市房地产抵押管理办法》第8条第2项仅以房地产用途来作为能否提供担保的标准，并未区分产权类型，也就是说，无论是企业，还是非企业，只要该房地产用于教育事业，即不能用于设定抵押。根据以上规定，用服务于教育目的、科技研发的科技楼设定抵押是违背法律规定的，因而签订抵押贷款合同也是无效的。

其次，科技楼的权属有争议，不能设定抵押。

科技楼的产权原属某高校，2002年1月18日某市房管局在没有河北省教育厅、财政厅、省国资委同意产权转让批准文件的情况下，将科技楼的所有权过户给设计院。这个所有权的变动过程，违反国家关于国有资产管理的相关法律，因此，科技楼的产权事实上处于一种不确定的状态，根据《城市房地产抵押管理办法》第8条第1项，科技楼不能设定抵押。

四、抵押贷款合同无效的主要责任在怀来农信社和金元公司。

首先，作为审批方，怀来农信社在贷款发放上掌握主动权，作为申请人，设计院和金元公司处于被农信社审查、选择的地位，因此，如果合同失效，主要是怀来农信社判断错误的结果。

其次，怀来农信社明知河北某高校与设计院的关系，却故意无视设计院的教育背景，造成贷款方向上的重大失误。

最后，怀来农信社在资信审查方面及贷款发放方面，存在一系列失误，内部管理不严，审贷较为粗放，造成损失应从自身多找原因，以期今后亡羊补牢，提高管理水平，此点在前述代理词中已有论及，在此不再赘述。

2008 年 4 月 8 日

中级人民法院审理后认为：原告怀来农信社与被告金元公司、被告某高校建筑设计研究院签订的抵押担保借款合同是当事人的真实意思表示，抵押物已进行了依法登记，合同内容不违反法律法规的禁止性规定，合法有效，当事人各方均应全面、适当履行。原告要求被告偿还借款本息、拍卖抵押物、清偿债务及第三人康乐中学承担民事责任的诉讼主张事实成立，且符合法律规定，应予支持。被告某市金元公司无法定事由不偿还借款本息，显属违约，应依约继续履行合同义务。被告某高校建筑设计研究院认为抵押担保无效的抗辩主张于法无据，不予采信。根据公平、公正原则，其对借款人不能偿还的借款本息，承担抵押担保责任。第三人康乐中学无合法依据，根据收受 500万元汇款属不当得利，依法应当返还该款项及孳息。第三人海东市康乐区政府无合法依据批准使用该 500 万元系该款项的实际使用人，根据权利义务对等原则，应对康乐中学返还该 500 万元及孳息承担连带返还的法律责任。因被告某市金元公司未参加诉讼且查无下落，该 500 万元及孳息应直接返还给原告。根据《民法通则》第 92 条、最高人民法院《关于贯彻执行〈中华人民共和国民法通则〉若干问题的意见（试行）》第 131 条、《合同法》第 107条、《担保法》第 33 条规定，判决如下：①第三人康乐中学于本判决生效之日起 7 日内返还原告怀来农信社 500 万元、孳息 1 909 375 元（按五年期存款利率计，自 2002 年 1 月 24 日至 2008 年 6 月 3 日），合计人民币 6 909 375 元，第三人海东市康乐区人民政府承担连带返还责任。②被告金元公司于本判决生效之日起 7 日内偿还原告怀来农信社借款本金 50 万元，利息 276 526.5元（按约定利率计，自 2002 年 12 月 21 日至 2008 年 6 月 30 日），合计人民币776 526.5 元。被告设计院承担抵押担保责任。如果未按本判决指定的期限履行给付义务，应当按照 2007 年《民事诉讼法》第 229 条规定，加倍支付迟延履行期间的债务利息。本案诉讼费人民币 55 300 元，二被告各负担 1 万元，第三人康乐中学、海东市康乐区人民政府连带承担 35 300 元。如不服本判决，可于接到判决书的次日起 15 日内，向本院提交上诉状及副本 4 份，并交纳诉讼费，上诉于河北省高级人民法院。

判决生效后，除了某高校，其他当事人均不服判决，分别向河北省高级人民法院提起上诉。河北省高级人民法院经过审理驳回上述各当事人的上诉请求。至此这场困扰某高校五六年的重大诉讼获得了完胜。

八、案件的执行

执行过程中，康乐区政府将 500 万元返还给了怀来农信社。由于某市金元公司无法联系，该 50 万元以及利息由某高校承担。最后双方通过协商，某高校支付原告 60 万元，双方纠纷解决，再无任何瓜葛。

该款支付后，笔者亲自到原告处拿回某高校科技楼的《他项权证书》，原告为笔者出具了《还款证明书》。

笔者到某市房管局不动产登记处递交《他项权证书》《还款证明书》，某市房管局不动产登记处将某高校科技楼的《房屋所有权证书》交给笔者。至此这场历时五年的重大诉讼画上了完美的句号。

九、本案的经验总结

（一）本案获胜的关键

《道德经》说："天下难事必作于易，天下大事必作于细。"法学是关于正义的学问，但是法学不全是大道理，宏大叙事，而是一个个具体的正义。这个具体的正义需要在诉讼过程中去发现。

本案以前的两次大败均因为从情势变更、显失公平等理论问题入手，而笔者发现了一个关键的问题，就是金元公司自己将 500 万元打进康乐中学账户，金元公司一直坚称是某高校指定打入。如果某高校不承认，金元公司又没有证据证明，那么这笔款项就与某高校无关。

就是这个小小的发现打赢了这个大案子。

（二）坚持下去有时能够看到奇迹

拿破仑说，"战斗的胜负往往决定于最后的五分钟"，诉讼也是如此。本案历经五年，败诉两次，前途黯淡。然而笔者没有放弃，坚持打了第三次诉讼，经过扎实的证据、细致的说理，有说服力的逻辑，终于使本案峰回路转，柳暗花明。

第二章　高校建设工程合同纠纷案例

一、案情简介

2008 年 8 月，甲高校（以下简称"甲方"）作为发包人与乙承包商签订施工合同，乙承包商（以下简称"乙方"）承建甲方新校区建设的部分办公楼，包工包料，合同价款 10 500 万元，工期 1 年，质量要求合格。丙材料供应商（以下简称"丙方"）为乙方供应部分钢材和水泥。

2009 年 9 月，丙方起诉甲方和乙方，认为甲方未付清乙方工程款，导致乙方不能支付丙方材料款，请求法院将甲方欠乙方的工程款共 220 万元直接付给丙方。丙方同时申请了财产保全，冻结了甲方的全部银行账户。高校所在地马上要买煤烧锅炉，以备过冬。但是现在账户都被冻结，无法买煤。甲方领导特别着急。

甲方律师拿到起诉状后，了解到本工程尚未完工，但是已经支付 92% 的工程款。扣除质保金，事实上已经不欠工程款。因此要求财务部门将所有支付给乙方工程款的银行凭证全部收集复印，以证明甲方不欠乙方工程款。此举遭到甲方财务主管的强烈反对。因为凭证特别多，收集起来不容易。而且如果拿到法庭，中间有丢失的危险。但是甲方律师坚持自己的要求，财务人员满腹怨言，但是因为单位账号被封，本月工资可能发不了，为解燃眉之急，只好照做。

二、关于代位权的相关法律知识

（一）合同法的相关规定

《合同法》（当时有效，下同）第 73 条规定："因债务人怠于行使其到期债权，对债权人造成损害的，债权人可以向人民法院请求以自己的名义代位行使债务人的债权，但该债权专属于债务人自身的除外。代位权的行使范围以债权人的债权为限。债权人行使代位权的必要费用，由债务人负担。"

（二）《合同法》司法解释的规定

最高人民法院《关于适用〈中华人民共和国合同法〉若干问题的解释（一）》（当时有效）第11条规定："债权人依照合同法第七十三条的规定提起代位权诉讼，应当符合下列条件：（一）债权人对债务人的债权合法；（二）债务人怠于行使其到期债权，对债权人造成损害；（三）债务人的债权已到期；（四）债务人的债权不是专属于债务人自身的债权。"

三、本案焦点问题

（1）甲方是否欠乙方工程款，如欠款，是否已经到期。

（2）乙方是否欠丙方材料款，如欠款，是否已经到期。

（3）乙方是否怠于行使自己的到期债权。

（4）丙方是否因为乙方怠于行使自己的到期债权而受到损害。

四、开庭过程和判决结果

（一）开庭准备

乙方律师酒气熏天走进法庭，律师函、授权委托书均为空白，法官询问原因，其满不在乎，称庭后补交。这种游戏法律的态度笔者很不认可。

（二）法庭调查

1. 丙方举证

所举证据只有一张复印件，证明乙方拖欠丙方的120万元已到期。乙方对此无异议。但甲方坚持要求丙方出具原件，否则认为该证据缺乏真实性。

甲方的律师要求丙方出具甲方欠乙方工程款，且已经到期的证据，否则认为不构成代位权诉讼，请求法院驳回原告起诉。

丙方表示没有这方面的证据。

法官认为让丙方出具上诉证据实在是勉为其难，因为丙方是外部人，不可能知道甲方与乙方的事情。但甲方的律师要求丙方出具甲方欠乙方工程款，且已经到期的证据。

2. 甲方举证

甲方本有确凿证据，即已付全部工程款 92%，但此时发现原告没有证据，遂决定不再举证。即使其已经将所有付款收据和相应复印件准备好。

法官要求甲方举证，甲方律师回答：证据分为本证和反证，原告应举本证，然后被告出具反驳证据。"谁主张，谁举证"，现在对方作为原告，根本拿不出证据，我方就没有必要举证了。

庭审出现僵局。

3. 乙方举证

口头认定工程有变更，增加工程量，产生增项 500 万元。

甲方律师认为不足为凭，且增加工程量是因为乙方出现工程事故，导致塌方，应该责任自负。程序上讲，乙方也是被告，不应客串原告的角色。

其次，甲方律师认为，本案施工单位为甲方施工建造室外排水管沟，由于施工质量问题，导致排水管沟塌方 300 多米。重新建造排水管沟产生的清理现场以及建设费用不是工程变更，而是乙方工作失误。相应费用应当由乙方承担。

（三）法庭辩论

原告丙方认为，甲方拖欠乙方的工程款和乙方拖欠丙方的材料款均已到期，乙方怠于行使自己债权给丙方造成损害，完全具备行使代位权条件，法庭应支持丙方诉求。

债务人乙方同意代位权人原告的观点。

次债务人甲方认为，代位权行使的前提条件是两个债权均已合法到期，可是原告仅凭欠款复印件不能证明乙方与丙方债权的真实性以及债权是否已经到期，另一方面，乙方施工的室外管沟尚未竣工验收合格，工程量和工程款价格均未确定，工程款尚未竣工结算，债权根本没有到期。

乙方认为，管沟塌陷是因为设计原因，因为施工图设计说明要求管沟用砖混方式去做，实际上管沟的建设有国家强制性标准，该标准要求管沟用钢筋混凝土去做。乙方使用的是甲方给的图纸，因此图纸出现问题时，甲方应当承担责任。

甲方律师答辩认为，施工图设计中已经明确管沟做法适用国家标准，虽然下边又按照砖混方式进行设计，乙方应及时发现存在的问题，与设计单位和甲方沟通。可是一方为了省事，不进行沟通就自作主张进行施工，导致地下管沟大面积塌陷，这是乙方责任导致的工程事故。

出事后，甲方另外雇施工队重新施工，修建了塌陷的300多米地下管沟。甲方按照原合同支付了乙方92%工程款，又自费修建了室外管沟，承受了重大损失。现在乙方将工程塌陷导致的费用损失作为工程变更向甲方主张，没有任何法律依据。因此甲方根本不欠乙方工程款，乙方应当就自己的工程事故向甲方赔偿。

三方各执一词，互不相让。

法官说：休庭，现在分配举证责任：因为证明甲方和乙方的债权债务关系的证据掌握在甲方手里，丙方无法就此进行举证，甲方拖欠乙方工程款的证据应当由甲方提供。乙方拖欠丙方材料款的证据由乙方举证。限双方在闭庭后15日内将上述证据提供给合议庭，逾期提交视为举证不能，将承担败诉结果。

甲方律师举手说，这样分配不公平。按照"谁主张，谁举证"的民事诉讼规则，代位权诉讼中的两个到期债权都应当由原告举证，原告没有相应证据，应承担举证不能的后果。现在原告没有相应证据，让被告提供相关证据，实质上属于举证责任倒置。《民事诉讼法》对举证责任倒置的情形有明确规定，本案不属于其中任何一种情形，因此，相应证据不应当由被告提供。

（四）判决结果

驳回原告起诉。判决结果宣布前不久，甲方所有银行账号都已经解封。

五、案例评析

（一）在判断准确的情况下，坚持自己的诉讼策略

本案原告没有相关证据，次债务人甲方律师发现这种情形，没有屈从法官压力，最终取得胜诉。

（二）讲究庭审策略，随机应变

为了应对本次诉讼，甲方律师要求甲方财务部门将所有支付乙方工程款的凭证，包括原件和复印件都准备好，并在开庭时带到法庭。这些证据相当多，装满了汽车的后备厢。但是开庭后，次债务人甲方律师发现债权人除了乙方欠材料款的一张复印件以外，没有任何其他证据，于是决定不再提交相

关证据。主审法官知道相关证据已经带到法庭，因此要求甲方提交证据。甲方律师知道提供证据对自己不利，等于替原告举证，因此坚持不再举证。因此，诉讼策略不能僵化，应该根据现场发生的变化，随机应变。

如同前面讲的勘察案例。建设单位律师在二审庭审中，否认支付给施工单位的是加固款，而是房屋修缮款。勘察单位律师马上抓住这个重大漏洞，指出既然是甲方的房屋修缮行为，那么发生的费用与勘察单位没有任何关系。这个反击直击被上诉人建设单位的要害，使其只好辩解是在打筏板等，但是已经苍白无力。当时勘察单位律师要是提醒书记员将被上诉人建设单位代理人说的话记载下来就更完美了。

（三）不受他人蛊惑，紧紧咬住对手的要害

本案的胜负关键就是代位权要求的两个债权都合法到期，而这个需要甲方举证，为此法官和债务人均劝说甲方提交相关证据，但是甲方律师不受蛊惑，紧紧咬住对手的要害，使对手无计可施。

（四）当图纸总说明与工程具体做法发生矛盾时，应当如何解决？本案室
　　　外管沟塌陷应当由谁承担责任

图纸总说明明确管沟执行国家标准，而国家标准的做法是钢筋混凝土结构。然而施工图纸又按照砖混方式进行设计，施工单位按图施工，最终室外管沟出现300多米的塌陷事故。

笔者认为以上事故属于混合责任，首先甲方应在施工前组织图纸会审，如果组织了图纸会审，但设计方和施工方没有发现问题，那么甲方无责任。本案的主要责任方是设计方和施工方，设计方不应当在设计中出现如此重大的设计错误，这些错误在设计交底时就应当发现，可是却没有发现，设计人专业水平和工作态度都有欠缺。就施工方而言，作为一个一级资质的施工企业，属于有经验的承包商，对设计上的矛盾应当及时发现。发现错误应当与设计单位和甲方及时沟通，共同确定施工工艺和做法再进行下道工序，不能不问青红皂白，胡乱施工而不计后果。所以作为一个有经验的承包商，犯下这种错误确实难以自圆其说。

本案设计方是甲方下属的设计院，如果设计方有责任，最终还是甲方买单。有句话说的是，不怕神一样的对手，就怕猪一样的队友。甲方虽然成功阻击代位权人的起诉，但是室外管沟的责任以及损失可能承担还会引起一场

诉讼。

（五）与法官的相处方式：不卑不亢、有理有节

法官作为正义的最后一道防线应当保持中立，立场不偏不倚，这样才能保证判决结果公平。然而现实中，有些法官只注重实体正义，缺乏程序正义观念，不注重举证规则，开庭比较随意。就本案而言，法官甚至要求甲方律师，按照要求举证，否则承担举证不能责任。作为律师，一方面应当遵守法庭规则，绝不与法官产生正面冲突，另一方面也不能一味迁就，应当不卑不亢、有理有节。

第三章　高校人事关系纠纷案例

一、案情简介

刘某红是某高校的一名讲师，丈夫在北京一家军队单位服役。2014年，刘某红不辞而别到北京与丈夫团聚。之后过了半年，刘某红回高校声称已经找到工作，要求高校把自己的档案转给她的用人单位，同时要求高校为她缴纳她不在高校这段时间的社会保险。高校对此表示拒绝。

刘某红遂到高校所在地的劳动仲裁委员会提起仲裁。

二、劳动仲裁的过程

刘某红的仲裁请求是：①将申请人档案交付申请人；②支付申请人不在学校期间的工资；③为申请人缴纳上述期间的养老、医疗、工伤等社会保险。

学校法律顾问的答辩意见是：①本案不属于劳动仲裁委员会管辖，因为申请人属于河北省教育厅的编制人员，是国家干部。其和学校之间不属于劳动关系；②刘某红不辞而别，给学校教学造成了不好的影响，应当对学校进行赔偿。

劳动委员会认为，本案属于劳动关系纠纷，劳动仲裁委员会是劳动者的"娘家人"，申请人的合法请求应该予以支持。

由于劳动仲裁委员会支持了刘某红的仲裁请求，高校只好到法院提起诉讼，以推翻其仲裁结论。

三、法院审判过程

起 诉 状

原告：某高校，住所地：高新区长春东大街×号，法定代表人：安某卓，联系电话：1593130××××

被告：刘某红，女，汉族，34 岁，高新区长宁大街红花苑小区×号楼二单元××××室，电话：1371795××××

诉讼请求：①撤销某经济开发区人民法院 9 月 19 日做出的张开民初案字第 399 号判决书；②改判上诉人不支付被上诉人工资；③上诉人不将档案交给被上诉人；④诉讼费由被上诉人承担事实和理由：

第一，本案不应当适用《人事争议处理规定》，因为该《规定》由中共中央组织部、原人事部、中国人民解放军原总政治部制订。在法律渊源上既不属于法律又不属于行政法规。

第二，《人事争议处理规定》规定提起仲裁的仲裁时效是 60 天。被上诉人 2013 年 7 月提出调动请求，2013 年 9 月上诉人停发被上诉人的工资，这个事实被上诉人是知情的。2014 年 5 月被告到某市劳动人事争议仲裁委员会申请仲裁，此时早已过了 60 天的仲裁时效。上诉人在一审起诉状中提到这个问题，然而一审法院在判决书中没有对这个焦点问题予以说明。请二审法院查明这个事实并依法裁判。

第三，某劳仲案字［2014］第 220 号裁决书支持了被上诉人 2013 年 9 月至 2014 年 5 月的工资。判决书第二项支持了被上诉人 2013 年 9 月至 2014 年 8 月的工资。这项判决违反"不告不理"的民事诉讼法原则，在被上诉人没有提出反诉的情况下，裁决了诉求中不存在的东西。

总之，上诉人请一审法院裁决的仲裁时效等问题一审法院没裁决，被上诉人没有请一审法院裁决的 2014 年 6 到 8 月工资等不该裁决的事项一审法院却作出了裁决。请二审法院查明事实，依法判决。

此致某中级人民法院

上诉人：某高校

2014 年 10 月 7 日

刘某红的律师作出如下答辩：①根据中共中央组织部、原人事部、原中国人民解放军总政治部制订《人事争议处理规定》，本案属于劳动仲裁委员会管辖，其作出的裁决合法有据；②原告没有对刘某红作出开除的决定，刘某红仍然是该高校的教师，所以工资和社会保险都应当正常支付和缴纳；③根据《档案管理规定》，原告应当将刘某红的档案交还给本人。

四、本案的处理结果

在法院的二审过程中，双方经过协商，调解结案。刘某红放弃了让高校缴纳社会保险、支付不在学校期间工资的要求。学校同意将刘某红的档案交付给刘某红。

调 解 书

上诉人：某高校，住所地：高新区长春东大街×号，法定代表人：刘某，职务：校长。

委托代理人：张某，某高校教师，联系电话：1593130××××。特别授权。

被上诉人：刘某红，女，汉族，34 岁，高新区长宁大街文化苑小区 5 号楼二单元××××室，电话：1371795××××。

委托代理人：李某峰，河北正硕律师事务所律师，联系电话：1593130××××。特别授权。

上诉人与被上诉人因人事关系纠纷，现诉至某市中级人民法院，双方经协商，现达成调解协议如下：

一、上诉人同意将被上诉人的档案交给被上诉人。交给的方式为：被上诉人向上诉人出示某市中级人民法院就本案签发的调解书，并向被上诉人送达被上诉人的档案接收单位开具的商调函。然后上诉人将档案邮寄至被上诉人的档案接收单位。

二、上诉人同意为被上诉人缴纳公积金中应由单位即上诉人缴纳的部分，双方确定的缴纳期间为 2013 年 9 月至 2015 年 3 月，共 19 个月，双方收到某市中级人民法院就本案签发的调解书后 10 日内到相关机构办理公积金补缴手续。

三、被上诉人承诺放弃向上诉人主张归还档案、补缴前述期限内公积金以外的一切权利。

四、双方自本调解书达成后，不得对上述调解内容反悔，并承诺双方的劳动人事关系再无任何纠葛。

本调解书自上诉人加盖公章、被上诉人代理人签字并按手印之日起生效。共 3 份，上诉人、被上诉人、中级人民法院各持一份。

上诉人   被上诉人

2015 年 3 月 15 日   2015 年 3 月 15 日

五、本案的启示

（一）高校与员工所签劳动合同不能使用网上下载的通用格式，应当根据本单位的具体情况制订具有高校特色的《劳动合同文本》

高校属于事业单位，绝大多数高校教职工都在省市教育主管部门有编制，因此有些高校在签订劳动合同时有些流于形式，基本就是套用劳动合同法的条文或者网上下载个文本。这样会形成很多疏漏，在未来发生一些劳动人事方面的争议。如果网上下载，也不能随意下载，而是到教育部、国家劳动人事社会保险局官网上下载。即使这样也要结合本单位的特色，全面细致地制订自己的《劳动合同法》文本。

（二）高校要制定自己独特的考勤制度，这样才能切实执行教职员工的考勤制度

不同于其他行业的是，高校教师不坐班，这个特点使高校考勤的标准与机关和企业都不相同。就本案而言，刘某红一年多没有从事教学活动，单位认为其属于自动离职甚至旷工。但是刘某红却辩解说，其所在的土木工程学院没有给她排课。因为不用上课，又不坐班，所以就没有到校。

由于高校教师不坐班，因此高校应当确定自己独特的考勤制度。首先教师应当按时上课；其次应当参加学校组织的例会等组织活动，还需参加学校的科学实验、带学生实习、指导本科生或者研究生的毕业论文、毕业设计、驻村扶贫、乡村振兴等活动。如果没有上课的任务，那么应当按时参加例会等组织活动，连续三次未参加将给予处分。无故连续七次不参加，高校有权解除劳动合同。本案的刘某红连续一年多不到校，还要通过劳动仲裁要求学

校支付工资、缴纳社会保险等，就是钻了学校考勤不规范的制度空子。

（三）高校给教师排课时应当通过《任务书》的形式书面下达，教师接
　　　受排课任务时应当本人签字。避免本案中教师认为学校不给排课，
　　　因而不到校的情形

本案双方的一个争议焦点就是，刘某红不来学校上课的原因是本人拒
绝，还是学校不给排课。学校作为用人单位，在这方面承担举证责任。而
学校又没有排课的书面手续，因此没有确凿的证据证明刘某红旷工，因此
陷入被动。

（四）高校《劳动合同》要设置广义的资料物品交接制度

虽然高校教师的工作与国家机密、商业机密接触不多，接触的禁忌资料
物品也不多，但是有些资料和物品依然相当重要。

高校大概每十年进行一次教学评估，评估不过则降级，本科可能降为专
科。另外国家重点学科、科研平台、重点专业都要在一定的期限内进行评估。
教师们经手的毕业论文、试卷、记分簿、课件等等资料相当重要，一旦丢失，
很可能导致专业评估失败或者全校教学评估失败。此外，化学、生物实验室
中，有些物品绝不能流向社会，否则后果不堪设想。这都是关系高校生死存
亡的大事。

因此，高校《劳动合同》要设置广义的资料物品交接制度，教师离职时，
要将手头的资料、物品、设备、工具等交接清楚，否则不能离校，也不能取
走本人的档案。

《劳动合同》还要规定，高校离职后，不得再以原任职的高校名义从事
其他活动，尤其是对原任职的高校有害的活动，否则将面临高额违约金
惩罚。

（五）高校《劳动合同》要设置广义的竞业禁止条款

有些高校地处偏僻地区，教师队伍流动性较大，不少教师拿到博士学位
或者评上正教授之后就"高山走俊鸟"，或者"孔雀东南飞"了，这种情况
对于上述这些高校在延揽人才以及留住人才方面非常不利。所以有必要在
《劳动合同》约定，教师辞职后一年内不得进入高校担任与本校相同或类似专
业的职位，甚至教师辞职后一年内不得进入高校担任高校教师。教师辞职后
不得游说原任职高校的教师离职，亦不得为原任职高校有离职倾向的教师推

荐高校教职，否则将承担高额违约金。

就本案而言，如果该高校在《劳动合同》中设置了广义竞业禁止条款，刘某红的离职就面临一些困难，如果执意离校，需要和校方协商，取得校方的谅解。

第四章　高校与员工住房关系纠纷案例

一、案情简介

郑某笠原是某高校的一名教授，2012 年辞职，去了北京市的一所高校。离校前不久，他在原供职单位新校区家属院刚分了一处新房，由于刚分房就走人，所以学校要求他将房子退还给学校，他本人同意并退还。过了一段时间，郑某笠的妻子觉得这样吃了大亏，于是就一纸诉状将郑某笠原供职的高校告上了法庭。要求高校将房子退还给郑某笠。

收到法院诉状后，法律顾问才知道，该房子已经分给另一名新来的教授了，于是开始收集证据，准备应诉。

二、开庭情况

原告的诉讼请求是：①将滨湖苑小区×号楼×单元×房屋退还给原告或者退还等值的房款；②诉讼费由被告承担。

针对原告的诉讼请求，被告发表如下答辩意见：

一、某高校有权收回具有福利性质的团购房

本案诉争房屋是某高校委托城达公司为某高校职工建设的具有福利性质的团购房，房屋仅分配给在职在编的教职工，对于因个人原因调离某高校的职工，某高校有权利要求其交回分得的团购房。因此即使上诉人主体适格，某高校也有权利要求原告交回住房。

根据某高校一审提供的第二组证据（《某高校校长办公会纪要》《某高校新校区教职工住宅建设项目协议书》）可知，某高校出让自有土地 101.03 亩给城达公司，"主要用于教职工住宅建设"，甲方"负责选定户型及各户型数量"，"教职工住宅团购价不超过 2600 元/平方米"。"因团购房带有福利性质，为稳定人才队伍，为将来引进人才保留适当房源，按照教代会通过的《分房方案》中分房范围为在编在职教职工和离退休人员的原则，在正式交付团购房之前，因个人原因申请调离学院的，必须退回团购房。"

某高校在某艰苦地区办学，教职工工资福利相对于其他地区尤其是京津地区以及南方沿海城市而言不可同日而语，因此人才流失非常严重，近年来已经有一百多名教授、博士、硕士流失到京津南方沿海城市等地。为了留住人才，学校一方面倾力提高教师待遇，主要是为教职工提供廉价的住房，稳定教师队伍，另一方面，为了避免有些教职工分到房子后就申请调动，同时在新旧单位享受优惠住房待遇，高校也要求教职工在正式交房之前申请调动的交回带有福利性质的团购房，以备招聘人才填补其调动导致的岗位空缺。这是贫困地区办学不得已采取的措施，不是针对某个教师实施的歧视行为。

本案上诉人及其丈夫郑某笠教授在某市林园路通过房改已经获得某高校分配的一处 130 平方米的福利房，地砖墙砖洗手池座便器均由学校赠与，售价仅 35 万元左右。2011 年原告及其郑某笠教授在某高校分得第二套住房（滨湖园×号楼×单元×室）后，立刻要求调动工作，并长期不来学校上班，其工作只能由其他教师承担。这种行为对某高校造成很大的损失，也在教职工中产生了恶劣影响，其行为导致其丧失了《分房方案》中规定的分房对象主体资格，因此某高校依据职代会通过的《分房方案》要求其交回所分房屋是有据可循且合情合理的。

二、诉争房屋的原购买人郑某笠教授包括上诉人已经同意退回所分滨湖园房屋，并与城达公司办妥退房手续，也即解除购房协议的意思表示已经履行完毕。

根据某高校提供的第三组证据［郑某笠本人签名的文化苑小区×号楼×单元×室退房款，郑某笠签名的退房并领回购房款的说明、城达公司已经将全部购房款打进郑某笠（李某娟）在建行账户的转账支票存根］可知，诉争房屋的原购买人郑某笠教授包括上诉人已经同意退回所分房屋，并与城达公司办妥退房手续。也即解除购房协议的意思表示已经履行完毕，现原告又事后反悔，法院不应支持上诉人的反悔行为。

三、上诉人解除购房协议无效的主张没有证据支持，应驳回其诉讼请求。

上诉人在上诉状中认为某高校与城达公司恶意串通，损害上诉人合法权益，因而解除购房协议无效。但是直至开庭结束，上诉人也没有提交证明某高校和城达公司恶意串通的证据。尤其是上诉人提交的证据除交纳违约金收据（与本案无关联性）是原件外，其余证据均为复印件，不具备证据的真实性。因此上诉人提交的证据在证据形式和证据内容方面均不能证明某高校和城达公司存在恶意串通。根据谁主张谁举证的原则，上诉人应承担举证不能的法律责任。

四、上诉人对违约补偿金的赔偿请求属于劳动人事争议，与本案属于不同的法律关系，应当另案处理。

上诉人主张对其缴纳的违约补偿金进行赔偿，但该主张与房屋买卖合同纠纷没有关系。并且该违约补偿金属于劳动人事关系上的纠纷，应另案申请劳动仲裁部门裁决，不宜与本案一并审理。

综上所述，上诉人的主张没有证据支持，请求法院驳回上诉人全部诉讼请求。

法庭调查阶段，被告该高校提供了如下证据：

证 据 目 录

序号	证据名称	证据内容	证明目的	页数
1	选房通知单	2011 年 7 月 16 日郑某笠分到滨湖园×号楼×单元×室并由本人签名		1
2	在职教职工选房登记册（滨湖园×号楼）	某高校滨湖园×号楼选房登记，郑某笠选的是×室		2
3	在职教职工房源	某高校滨湖园 7 号楼选房登记，郑某笠选的是 901 室	证明原告主体资格不适格	1
4	某高校关于公布教职工团购住宅分房方案的通知	分房地范围、方法、程序。均价 2600 元/平方米		4
5	收据	2011 年 7 月 4 日，郑某笠交纳了预购房订金 69 136 元。		1
6	收据	2011 年 12 月 15 日，郑某笠交纳了购房款 10 020 元。		1

序号	证据名称	证据内容	证明目的	页数
7	某高校新校区教职工住宅建设项目协议书	某高校委托某市城达房地产开发有限公司建设带福利性质的住宅楼	某市城达房地产开发有限公司承建某高校新校区教职工住宅，房屋销售价格均价为 2600 元。×号楼×单元×室是某高校分给郑某笠的带福利性质的住房，销售价远低于市场价，郑某笠正式交房前申请调动的需交回所购的团购房	
8	某高校校长办公会纪要	仅分给在编在岗的教职工，正式交房前调动的需交回所购的团购房		2
9	退房款证明	2013 年 11 月 16 日，郑某笠收到某市城达房地产开发有限公司滨湖园小区×号楼×单元×室退房款 359 649 元。	购房协议已经解除	3

三、一审判决结果

一审法院经过庭审，驳回了原告的诉讼请求。

四、二审开庭过程以及判决结果

原告不服一审判决，提起上诉。二审法院对案件开庭审理。一审原告要求撤销一审判决，改判被上诉人退还房屋。

该高校法律顾问代表学校发表了如下代理意见；

就李某娟诉某高校房屋买卖合同纠纷一案发表如下代理意见：

一、原告主体不适格，无权起诉某高校

根据某高校提供的第一组证据 [郑某笠本人签名的分房通知单、选房人签名、在职职工房源、《某高校关于公布教职工团购住宅分房方案的通知》、某市城达房地产开发有限公司（以下简称"城达公司"）给郑某笠出具的预购房订金收据等] 可知，滨湖园×号楼×单元×室（面积近 140 平方米）是某高校分给原某高校机械工程学院郑某笠教授的房屋。原告是原某高校为照顾郑某笠而从外单位调入的工人，根据某高校的分房方案，不能分得这么大面积的住房。所以，原告主体不适格，无权作为原告起诉某高校。

二、某高校有权收回具有福利性质的团购房

本案诉争房屋是某高校委托城达公司为某高校职工建设的具有福利性质的团购房，房屋仅分配给在职在编的教职工，对于因个人原因调离某高校的职工，某高校有权利要求其交回分得的团购房。因此即使原告主体适格，某高校也有权利要求原告交回住房。

根据某高校提供的第二组证据（《某高校校长办公会纪要》《某高校新校区教职工住宅建设项目协议书》）可知，某高校出让自有土地101.03亩给城达公司，"主要用于教职工住宅建设"，甲方"负责选定户型及各户型数量"，"教职工住宅团购价不超过2600元/平方米"。"因团购房带有福利性质，为稳定人才队伍，为将来引进人才保留适当房源，按照教代会通过的《分房方案》中分房范围为在编在职教职工和离退休人员的原则，在正式交付团购房之前，因个人原因申请调离学校的，必须退回团购房。"

某高校在某地艰苦办学，教职工工资福利相对于其他地区尤其是京津地区以及南方沿海城市而言不可同日而语，因此人才流失非常严重，近年来已经有一百多名教授、博士、硕士流失。为了留住人才，学校一方面倾力提高教师待遇，主要是为教职工提供廉价的住房，稳定教师队伍，另一方面，为了避免有些教职工分到房子后就申请调动，同时在新旧单位享受优惠住房待遇，学校也要求教职工在正式交房之前申请调动的交回带有福利性质的团购房，以备招聘人才填补其调动导致的岗位空缺。这是贫困地区办学不得已采取的措施，不是针对某个教师实施的歧视行为。

本案原告及其郑某笠教授在某市林园路通过房改已经获得某高校分配的一处130平方米的福利性房，地砖墙砖洗手池坐便器均由学校赠与，售价仅五万元左右。2011年原告及其郑某笠教授在某高校分得第二套住房（滨湖园×号楼×单元×室）后，立刻要求调动工作，并长期不来学校上班，其工作只能由其他教师承担。这种行为对某高校造成很大的损失，也在教职工中产生了恶劣影响，其行为导致其丧失了《分房方案》中规定的分房对象主体资格，因此某高校依据职代会通过的《分房方案》要求其交回所分房屋是有据可循且合情合理的。

三、诉争房屋的原购买人郑某笠教授包括原告已经同意退回所分滨湖园房屋，并与城达公司办妥退房手续，也即解除购房协议的意思表示已经履行完毕。

根据某高校提供的第三组证据［郑某笠本人签名的文化苑小区×号楼×单元×室退房款，郑某笠签名的退房并领回购房款的说明、城达公司已经将全部购房款打进郑某笠（李某娟）在建行账户的转账支票存根］可知，诉争房屋的原购买人郑某笠教授包括原告已经同意退回所分房屋，并与城达公司办妥退房手续。也即解除购房协议的意思表示已经履行完毕，现原告又事后反悔，法院不应支持原告的反悔行为。

四、原告主张解除购房协议无效的主张没有证据支持，应驳回其诉讼请求。

原告在诉状中，认为某高校与城达公司恶意串通，损害原告合法权益，因而解除购房协议无效。但是直至开庭结束，原告也没有提交证明某高校和城达公司恶意串通的证据。尤其是原告提交的证据除交纳违约金收据（与本案无关联性）是原件外，其余证据均为复印件，不具备证据的真实性。因此原告提交的证据在证据形式和证据内容方面均不能证明某高校和城达公司存在恶意串通。根据谁主张谁举证的原则，原告应承担举证不能的法律责任。

五、原告对违约补偿金的赔偿请求属于劳动人事争议，与本案属于不同的法律关系，应当另案处理。

原告主张对其缴纳的违约补偿金进行赔偿，但该主张与房屋买卖合同纠纷没有关系。并且该违约补偿金属于劳动人事关系上的纠纷，应另案申请劳动仲裁部门裁决，不宜与本案一并审理。

综上所述，原告的主张没有证据支持，请求法院驳回原告全部诉讼请求。

五、二审判决结果

二审法院经过审理，驳回了上诉人（一审原告）的上诉请求，其没有达到占有该房屋的目的。高校获得胜诉。

第五章 高校与劳动者劳动合同纠纷案例

一、案情简介

申诉人张某自称 1995 年 8 月 23 日经人介绍到学校从事卫生清扫工作，学校未与其签订劳动合同，未给申诉人缴纳任何社会保险。2008 年 3 月管理人员要求申诉人与后勤公寓中心签"物业卫生保洁服务承包协议"申诉人拒绝，并提出补缴养老保险，签订无固定期限合同。学校不同意，并于 2008 年 6 月 6 日将申诉人口头辞退，工资发放到 2008 年 6 月 15 日。工作岗位已由他人接替。张某不服遂到劳动争议仲裁委员会提起仲裁。

张某的诉讼请求：①补缴 1995 年 8 月至 2008 年 6 月的养老保险费并医疗保险。②支付最低工资标准差额 25 600 元及经济补偿金 6400 元。③支付违法解除劳动关系赔偿金 16 120 元。额外经济补偿金 4030 元。④失业金 8580 元。⑤2008 年 1 月至 5 月未签劳动合同的双倍工资 3330 元。⑥要求签订无固定期限劳动合同。

二、劳动纠纷案例法律依据

（一）法律

（1）《劳动法》1995 年 1 月 1 日施行；

（2）《劳动合同法》2008 年 1 月 1 日施行；

（3）《劳动争议调解仲裁法》2008 年 5 月 1 日施行。

（二）法规

（1）《劳动合同法实施条例》2008 年 9 月 18 日自公布之日起实施；

（2）《工伤保险条例》2004 年 1 月 1 日施行。

（三）司法解释

（1）最高人民法院《关于审理劳动争议案件适用法律若干问题的解释》2001 年 4 月 16 日施行。

（2）最高人民法院《关于审理劳动争议案件适用法律若干问题的解释（二）》，2006 年 10 月 1 日施行。

（四）规章

（1）《集体合同规定》1995 年 1 月 1 日施行。

（2）《工伤认定办法》2004 年 1 月 1 日施行。

（五）其他

《工会法》《职业病防治法》《河北省统一企业职工基本养老保险制度实施办法》《河北省机关事业单位聘用人员基本养老保险暂行办法》《企业最低工资规定》《最低工资规定》《违反和解除劳动合同的经济补偿办法》。

三、劳动法基本知识

（一）诉讼的前置程序——劳动仲裁

劳动合同纠纷不能首先到法院起诉，而是先到当地劳动仲裁委员会仲裁，并且不收取任何费用。只有不服劳动仲裁的结果时，才可以到法院起诉。

（二）仲裁时效

劳动仲裁的时效为一年，自知道或者应当知道自己的权利被侵害时起开始计算。但因欠薪发生争议的不受此限制。

（三）举证责任倒置的证据规则

《劳动争议调解仲裁法》第 39 条第 2 款规定："劳动者无法提供由用人单位掌握管理的与仲裁请求有关的证据，仲裁庭可以要求用人单位在指定期限内提供。……"《劳动争议调解仲裁法》第 6 条规定："……与争议事项有关的证据属于用人单位掌握管理的，用人单位应当提供；……"

（四）双倍赔偿

用人单位不与劳动者签订劳动合同的，从未签订合同的第二个月开始，向劳动者支付双倍工资。

（五）无固定期限合同

用人单位连续一年不与劳动者签订劳动合同、连续十年不与劳动者签订劳动合同、连续两次签订固定期限劳动合同的，劳动者有权与用人单位签订无固定期限合同。

（六）不适用劳动合同情况

季节性用工、非全日制用工、劳务派遣或者劳务承包等情况。

四、用人单位的答辩理由

（1）双方不存在劳动关系，证人所陈述事实不具证明力。

（2）工作年限不是申诉人所说的：从 1995 年算起。

（3）根据《劳动法》第 28 条规定，2008 年 3 月之前的工资差额已超过仲裁申诉的时效。因为双方签的最近合同为 2007 年 8 月到 2008 年 2 月 26 日，相应的经济补偿金也过了仲裁时效。

（4）张××系自动离职，而非被口头辞退。

《劳动合同法》第 36 条和第 46 条规定，协商解除劳动合同，用人单位首先提出的，应付经济补偿。第 37 条规定，劳动者提前通知解除的，提前以书面形式通知用人单位。《劳动法》第 28 条规定：劳动合同期满，用人单位同意续订合同，且维持或提高劳动条件，劳动者不同意续订的，劳动合同终止，用人单位不支付经济补偿。

（5）根据《劳动法》第 25 条，劳动者严重违反劳动纪律或用人单位规章制度的，用人单位可以解除劳动合同。

劳动部《关于贯彻执行〈中华人民共和国劳动法〉若干问题的意见》第 39 条规定，用人单位依《劳动法》第 25 条解除劳动合同，可以不支付劳动者经济补偿。

（6）支付失业金无法律依据。

（7）双倍工资只能从 2 月份开始支付。

五、张某对用人单位答辩理由的反驳

（1）关于劳动关系应适用举证责任倒置。

（2）不知道最低工资多少，补偿金一直主张。

（3）高校劳动纪律，规章制度，未经职代会通过，违反劳动法且未公示，因而不能作为处罚的依据，且该通知未公示，未给本人所盖公章无法人资格。

（4）应支付失业金。

（5）应为申诉人补偿1995年8月到2008年6月的养老保险及医疗保险。

六、仲裁委员会裁决书

（1）为申诉人交养老保险及医疗保险。低于社评工资947的部分，支付20%，即947×20%＝189。189×11＝24 948元。

（2）失业金：（501×12月）＋（429×6）＝8586元（2005年3月28日转为非农业）。

（3）赔偿金：620×11月×2倍＝13 640元。

（4）最低工资补偿：220元/月×2月（4月、5月）＝440元。

（5）双倍工资：620×2月＝1240元。

某高校自裁决书送达之日起15日内支付劳动者张某某合计48 854元。

七、若构成工伤将如何处理

劳动者如果构成工伤，可以根据《工伤处理条例》到社保局的工伤认定科申请工伤认定以及确定赔偿数额。

《工伤认定办法》第14条规定："职工或者其亲属认为是工伤，用人单位不认为是工伤的，由该用人单位承担举证责任。用人单位拒不举证的，劳动保险行政部门可以根据受伤害职工提供的证据或者调查取得的证据，依法作出工伤认定决定。"

八、若达到伤残

若劳动者认为自己已经达到伤残程度，可以根据《劳动能力鉴定 职工工伤与职业病致残等级》（GB/T 16180—2006）向劳动能力鉴定委员会提出伤残鉴定。劳动能力鉴定委员会组织特定医院以及医务人员对申请人进行伤残鉴定，然后经过劳动能力鉴定委员会开会讨论，最终确定是否达到伤残程度以及伤残的等级。

九、高校与劳动者签订劳动合同时的建议

在雇佣劳动者，尤其是雇佣农民工方面，很多高校领导或者员工有个错误认识，认为这些人都是临时工，可以随时解除劳动合同。这是大错特错的。

市场经济体制下，已经无所谓长期工、临时工之说。只要产生劳动关系，就是《劳动法》意义上的劳动关系。有些高校的食堂、保卫处、后勤处、图书馆、行政办公室等二级单位雇用了很多农村务工人员，发生劳动纠纷的风险特别高尤其是很可能会发生群体性事件，甚至影响到高校正常的教学秩序或者社会秩序。而且一旦被劳动纠察大队发现违反劳动法的情形，或者被劳动者起诉，那么付出的代价可能远远高于用人单位的预期。所以在招募劳动者方面，高校一定要认识到这方面存在非常高的法律风险，亡羊补牢。

由于劳动仲裁不收费，所以有些律师在接受劳动者法律咨询之后，可能将劳动者的诉求扩大到十倍以上，并且和劳动者约定：劳动者主张的部分胜诉后归劳动者，高于劳动者主张的部分胜诉后归代理律师。这种情况下，高校的法律风险就更加巨大，高校将面临严峻的考验。

有鉴于此，笔者对高校提供以下建议；

（一）需要不占编制的劳动者时，通过劳务派遣公司用工，尽量不直接雇用劳动者

互联网时代，劳动法方面的视频俯拾皆是，劳动者的法律意识也很强。劳动者在劳动关系存在时，往往任劳任怨。但是一旦不在高校干了，则往往状告高校加班未支付加班费等。尽管很多是通过熟人介绍进来，但是在利益面前也不会顾忌太多。

（二）与劳务派遣公司以及所派遣人员明确法律界限，防止劳务派遣人员将高校作为控诉的对象

劳务派遣人员有时会发生工伤，甚至死亡的现象，这时有的劳务派遣单位一躲了之。劳务派遣人员往往认为高校有一定经济实力，因此不仅通过诉讼，而且会通过要挟手段甚至闹访来压迫高校就范。所以在签订劳务派遣协议时，一定要向派遣人员明确用人单位是劳务派遣公司，而不是高校。工资一定由劳务派遣公司发放，而不是高校发放。劳务派遣人员发生工作失误时，由派遣公司做出处分，而不是由高校来处理。

（三）如果与应聘人员签订劳动合同，要将《劳动法》的一些原则规定细化、量化，使之具有可操作性

例如，《劳动合同法》第 39 条规定了在试用期被证明不符合录用条件的，用人单位可以解除合同，这里的不符合录用条件，就需要将其具体化。例如，可以约定劳动者应聘时提供虚假材料（包括但不限于学位、学历、户口、护照、体检证明、工作经历）、无法提供入职所需要的社会保险、住房公积金等用人单位需要的材料、用人单位根据《员工手册》考评劳动者未达到规定的等级或分数等情形。

再如约定高校（甲方）为劳动者（乙方）缴纳社会保险时，要事先约定劳动者未按照甲方要求转移档案、社会保险账户造成社会保险欠缴、漏缴的，相应责任由乙方承担，由此给甲方造成损失的，乙方应向甲方承担相应的赔偿责任。

《劳动法》规定，劳动者触犯刑法，应当承担刑事责任的，用人单位有权解除合同且不予补偿。用人单位应当将刑事责任的范围告知劳动者，例如被公诉，但公诉机关决定罪轻不起诉、疑罪不起诉、酌情不起诉时是否属于解除劳动合同的范围。被判处缓刑或者被免予刑事处分时是否属于解除劳动合同的范围。

（四）对于某些特殊工种可以设定不定时工作制、综合计算工时工作制，以免在劳动时间发生误会

食堂等工作岗位无法实行连续的八小时工作制，可能凌晨四五点就需要为早餐做准备，晚上八九点还在清洗炊具，很容易被理解为严重加班。对此应当设定不定时工作制、综合计算工时工作制，以明确用人单位和劳动者的权利和义务。

（五）对于重要岗位的工作，高校聘用员工时，应当要求劳动者提供担保或保证人，以免发生事故后劳动者无法联系，造成损失甚至扩大损失

对于食堂饭菜取样员、电工、保密室保管员、接触实验室违禁物品的员工、网络中心机房等重要岗位，聘任员工应当要求其提供担保或者在本高校提供保证人。如果需要承担经济责任，而责任人无法联系或者拒绝承担责任时，保证人应当承担连带责任。尤其是由于员工故意或者重大过失导致安全

事故，员工本人无力赔偿时。例如，食堂饭菜样品保管员没有按规定对饭菜进行取样，市场监督管理局对学校作出罚款 10 万元的处分。那么这个钱应当由肇事员工以及保证人承担。

（六）大数据时代个人信息的保管与处理

大数据时代，个人信息不仅关系到员工精神层面的利益，而且与经济利益息息相关。一旦信息泄露，或许将面临灭顶之灾，因此，用人单位责任重大。为此高校应当与所聘任的员工约定个人信息的种类范围、使用的目的、双方在个人信息保护方面的责任划分、劳动者就个人信息对用人单位的授权等，以免将来出现法律纠纷。

第六章　高校知识产权纠纷案例（一）

一、案情简介

2008 年的一天，某高校收到所在市中级人民法院的一份起诉状，原告是宁波某公司，认为学校在未经许可的情况下，将其享有著作权的电视剧《奋斗》放到学校网站上播放，严重侵犯了原告的著作权。现通过起诉向学校主张赔偿金 10 万元，律师费 1 万元，并要求学校向其登报赔礼道歉。

经调查，学校为了丰富学生的业余文化生活，在校园网上放了四百多部电影和电视剧。如果原告的起诉成立，那么接下来这四百多部影视剧都将被起诉并索赔。这个赔偿额将是学校不能承受之重，所以学校领导非常重视这场诉讼。

接受任务后，学校网站负责人和学校法律顾问对起诉状做了认真研究，在最高人民法院裁判文书网查看了相似的案例。为开庭做了充分的准备。

二、开庭过程

原告律师宣读了起诉状：原告是宁波某公司，享有电视剧《奋斗》的信息网络传播权，而被告在未经原告许可的情况下，擅自将《奋斗》在本校网站上向社会公众提供在线播放服务，侵犯了其信息网络传播权，因此要求法院判决被告构成侵权并赔偿损失。

原告代理律师宣读了起诉状后，向法庭提交了六组证据：第一组证据是北京市某公证处出具的公证书，证明北京某影视公司是电视剧《奋斗》的原始著作权人；第二份是浙江省一家公证处出具的公证书，证明原始著作权人——北京某影视公司将自己的信息网络传播权授权给了原告；第三组证据是北京另一家公证处出具的一份公证书，证明原告收集被告侵犯著作权事实和证据的方法和过程；第四份证据是律师费发票一张；第五份证据是公证费 6000 元；第六份证据是《奋斗》的 DVD 光盘一张，上面有出品人"北京某影视公司"字样。举证完毕，原告律师特意补充了一句说，我们已就同样情形起诉了山东的一所高校，一审判决已经宣判，判决山东那个高校侵权并赔偿原告 9 万元，希望法庭借鉴山东省那家法院的判决。

客观地说，原告律师在这个案件中是下了很大功夫的。六组证据，一环扣一环，并且还有山东省一家中级人民法院的判断作为佐证。

针对原告的举证（本证），学校法律顾问作出如下答辩：

第一，原告的第一份证据是北京市广电局颁发的《国产电视剧发行许可证》，该《发行许可证》不能证明北京某影视公司是电视剧《奋斗》的整体著作权人和原始著作权人。因为 2001 年《著作权法》第 15 条明确规定，"电影作品和以类似摄制电影的方法创作的作品的著作权由制片者享有"，而制片者一般指获得版权局进行著作权登记。具体到本案的问题就是，北京某影视公司既无《制作许可证》又未在国家版权局进行著作权登记，仅凭《发行许可证》难以证明北京某影视公司就是原始著作权人，因为发行权仅是著作权十七项子权利之一。

第二，针对原告第二组证据，被告代理人提出，既然北京某影视公司的原始著作权有问题，那么它授权原告行使信息网络传播权就更有问题。另外，按照原告提供的证据，北京某影视公司仅有电视剧《奋斗》的发行许可证，且不论其发行许可证的来源是否正确，退一步讲，即使他的发行许可证没有问题，他也不能授权原告行使信息网络传播权。因为发行权与信息网络传播权是两种平行的权利，是著作权这个属权利之下并列的两种权利，彼此不能相互授权。也就是说，你只能依据自己的发行权授予他人发行权，而不能依据自己的发行权授予他人信息网络传播权。

第三，针对原告提供的第三组证据，被告代理人质证意见认为，北京市公证处仅对原告律师的取证过程做了公证，并没有给出结论，说明被告侵犯了原告权利。况且被告网站贴有声明："本节目仅供校内用户使用"，原告未经许可点击进入行为恰恰侵犯了被告的权利。

第四，对于原告提供的律师费和公证费发票，被告质证说，从这些发票上看，并不能显示出这笔费用的发生与这起所谓的侵权纠纷有什么联系。因此这 16 000 元与本案没有关联性。

第五，原告提供 DVD 光盘一张，与第一组证据结合起来，意在证明北京某影视公司是《奋斗》的原始著作权人，然而，被告律师指出，原告提供了 DVD 光盘恰恰证明了《奋斗》的整体著作权人并非北京某影视公司。因为光盘标明北京某影视公司仅是电视剧《奋斗》的出品人，而且并非唯一出品人，仅是联合出品人之一。而出品人并不等于制片者，况且既是联合出品，那么出品人就并非一家，如果对外授权，也得共同进行，不能由一家出品人独家对外授权。

第六，被告代理人又对原先每组证据与第六组证据结合起来北京某影视公司是真正著作权人的说法给予驳斥。被告代理人说，北京某影视公司如果是真正的著作权人，拿出一份确凿的证据就能说明问题，哪用得着结合起来证明，这本身就是一种证据不足的表现。

原告举证过后，被告代理人也提供了六份证据。

第一份证据是学校本科教学培养方案。第二份证据是省教育厅关于高校精品课申报的通知，第四份是教育部关于对中山大学等四十所高校进行本科教学评估的通知。被告代理人通过这四份证据，试图证明学校使用电视剧《奋斗》是出于教学、科研目的，并且是少量使用，属 2001 年《著作权法》第 22 条规定的免责情形。

第五份证据是某大酒店关于教育部评估专家曾在此入住的证明，第六份证据是网通公司大客户营销中心的证明。被告代理人的证明目的是，学校网站是局域网性质，一般处于封闭状态，校外人无法登录观看，因此不存在向公众传播的问题。之所以暂时接入公网，是因为教育部本科教学评估和省精品课评估的教学工作需要，并且这种情况仅持续了一段时间即关掉。况且这些行为不仅是必要的教学行为，而且是政府行为，对高校而言属于不可抗力。

通过以上六份证据，高校为自己提供了免责的理由。当然原告律师也对被告的证据进行了质证。

进入法庭辩论阶段，高校代理人又依据 2006 年《信息网络传播权保护条例》的第 20、21、22、23 条论证了高校不承担赔偿责任的理由。值得一提的是，学校网管中心负责人是一位头脑冷静、思路清晰的网络专家，他从网络技术的角度将学校没有侵权的道理做了生动形象，专业技术性很强的阐述。而原告的律师仅懂得法律，但计算机、网络方面的专业知识非常欠缺。因此，当网管中心负责人发言结束，他竟然无言以对，他对《信息网络传播权保护条例》第20条至第23条及学校方关于网络技术方面的说明没有提出什么有力的抗辩，他在高校一方两名代理人默契的攻击下陷入被动。

学校法律顾问在法庭辩论阶段发表了代理词。

代　理　词

尊敬的审判长，审判员：

就原告诉我校侵权纠纷发表如下代理意见：

一、原告未能证明自己是电视剧《奋斗》的著作权人，因此无权向我校索赔。

1. 根据原告提供的证据目录，其以证据一证明北京某影视公司为《奋斗》的著作权人。而证据一是北京市广电局颁发的《国产电视剧发行许可证》，该《发行许可证》不能证明北京某影视公司是《奋斗》的整体著作权人。

2. 原告未能提供国家广电部颁发的《奋斗》的制作许可证。

3. 原告证据六为《奋斗》光盘一份，说明电视剧每集后面署有"某影视公司联合出品"，原告代理人认为"联合出品"即北京某影视公司拥有整体著作权的证据。

我们认为原告主张的"联合出品"人即著作权人的说法无法律依据。因为2001年《著作权法》第15条规定，电影作品和以类似摄制电影的方法创作的作品的著作权由制片者享有。而联合出品人非制片者。且联合出品者主体必为二人以上，原告代理人一人也可署名联合出品的说法是不对的。

二、在原告未证明北京某影视公司为《奋斗》原始著作权人情况下，其以发行权授予原告信息网络传播权便缺乏法律依据。

三、退一步讲，即便原告确实拥有《奋斗》剧的网络传播权，我校使用该剧也属于《著作权法》第21条，和2006年《信息网络传播权保护条例》第6条规定的合理使用范围，理由见答辩状。

四、庭审中，我方认为，我校使用《奋斗》剧符合2006年《信息网络传播权保护条例》第 20、21、22、23 条规定的免责情形。原告对我方主张的前三条没有提出异议。对我方主张的符合《信息网络传播权保护条例》第 23 条仅在形式上异议，没有提出令人信服的理由来否定我方的合理主张。

五、再退一步，即便原告确实拥有《奋斗》的信息网络传播权，再假设我校非教学、科研目的使用《奋斗》剧，原告的索赔数额也确实过高。

据原告所取证据三，《奋斗》剧的点击率为 3099 次，而《奋斗》剧总共 32 集，也就是说，每个登录我校校园网的人若看完《奋斗》剧，均须至少点击 32 次。这样，3099 次的点击率便证明仅有不足百人通过我校校园网观看过《奋斗》剧。

据原告提供的正版《奋斗》光盘，其标价每张 55 元，百人观看仅会导致百人不买光盘，而百张光盘价格不过 5000 余元。扣除教学使用部分，扣除出版发行成本，扣除批发零售之间的差价。足以证明原告损失非常小。无论从被告盈利情况还是原告受损情况，索赔 10 万元均非实事求是。

三、一审判决结果

最后的结果是，法院判决高校赔偿各种损失 6000 元。相对于原告提出的十几万元高额索赔，被告在这起诉讼中的抗辩是成功的。

原告对这个判决结果当然不满意，收到判决书后向河北省高级人民法院提起上诉。要求撤销一审判决，支持其全部诉讼请求。

四、二审的审理过程以及判决结果

针对原告的上诉请求，学校作出如下答辩：

（一）上诉人在一审时的举证未能证明自己合法地享有电视剧《奋斗》
的信息网络传播权，因而其无权以原告身份主张赔偿

首先，上诉人以公证过的电视剧《奋斗》的《发行许可证》来证明北京某影视公司是《奋斗》的原始著作权人，这是完全不能成立的，因为发行权仅是著作权十七种二级权利的一种，绝非原始著作权。

其次，上诉人从仅有《发行许可证》的北京某影视公司那里得到授权行使信息网络传播权的行为是完全不能成立的。因为拥有发行权的一方只能授予他人行使发行权或次级权利，而不能授权他人行使异己的、与自己权利平

行的、自己都没有的权利。

上诉人如不能证明北京某影视公司享有原始著作权或信息网络传播权，那么他自己的信息网络传播权便是无源之水。

一审中，无论是上诉人提供的电视剧《奋斗》的《发行许可证》，还是其关于自己是"联合出品人"的自我解释，均不符合《著作权法》关于电视剧的著作权人属于制片者的法律规定。因此，上诉人的举证不能证明自己合法地享有电视剧《奋斗》的信息网络传播权，因而其无权以原告身份主张赔偿。

（二）退一步讲，即使上诉人为适格原告，其提出的索赔额也远远超出自己的实际损失。一审法院正是基于此项理由作出赔偿 6500 元的判决

从上诉人与北京某影视公司签订的授予合同来看，上诉人并未向北京某影视公司支付任何转让费用，这一点决定了上诉人在获得某影视公司的信息网络传播权以没有支出任何成本，因此其索赔 10 万元的主张纯属无本生意，试图以没有任何对价的授权书获取高额利润。

电视剧在制作中必定会投入大量人力物力，在制作光盘等介质过程中也会有很多投入，这是毋庸置疑的。但请问在上述制作和销售过程中，上诉人投入一分钱了吗？如果上诉人没有投入，那么是如何计算出 10 万元损失的，是依据什么提出高额索赔的。上诉人在一审时未提供受到损失的事实依据、证明和计算方式。

再者，电视剧《奋斗》自播出时便早已滥觞于互联网，打开百度，google 等搜索网站，可以随时、任意观看《奋斗》，观众如果想看，随时可在其他门户网站观看，用得着登录某高校一个局域网性质的校园网站舍近求远吗？

如此可知，上诉人宣称的性质非常恶劣，后果非常严重，纯属夸大之词。

再次，《奋斗》在我校的点击率为 3099 次，按《奋斗》共 32 集来看，被观看不足百次，这个后果有上诉人说得那么严重吗？

（三）一审法院未认定律师费是完全正确的

该律师费发票并未注明其与本案有什么关系，因此它与本案不存在关联性，不能证明是因本案而专门支出的律师费，不予认定是完全正确的。

（四）我校的使用行为符合法律、法规、规定的免责情形

一审中，我校共提供六组证据，证明了如下事实：

我校网站是局域网站，校外人无法登录，因此没有向公众传播的问题。但自 2007 年 6 月始，教育部和河北省教育厅对我校进行本科教学评估，教育部专家和河北省教育厅专家要通过网上对学校本科教学情况和精品课建设情况进行专业评估。

为了完成这个任务，我校只好将局域网暂时接入公网，以供专家远程登录。这在客观上导致了这段时间内校外人也可登录学校网站。但这是教育部和省教育厅的硬性要求，否则便不能通过教学评估，学院不能因此放弃教育部和河北省教育厅组织的本科教学评估和精品课评估活动。这是一个存在冲突、矛盾的问题，但学校必须选择暂时开放校园网。我们认为，如果因此导致侵权，也属著作权法信息网络传播权规定的免责情形。因为这是政府行为导致的，属于不可抗力。并且完全用于教学和科研的目的。

尤其值得一提的是 2006 年《信息网络传播权保护条例》的第 21 条～第 24 条规定的免责情形，我校完全具备，一审开庭时，我校已详细阐述，一审答辩状，代理词中也已详述。对此，上诉人对此未做抗辩，希望二审法院关注该条例的相关规定，依法作出判决。

综上所述，我们认为一审法院判决存在不当。宁波某公司提交的证据并不能证明其拥有电视剧《奋斗》的信息网络传播权，一审法院不应当判决某高校对宁波某公司的信息网络传播权构成侵权。当然也不应判决对其进行赔偿。

法庭辩论阶段，某高校发表了对宁波某公司与我校著作权纠纷一案的补充代理意见：

（一）原告没有《奋斗》剧的信息网络传播权，因此原告无权主张索赔

1. 原告提供的国产电视剧发行许可证仅能证明北京某影视公司享有《奋斗》剧的发行权，而非信息网络传播权。让与人不具有《奋斗》信息网络传播权，意味着让与方与受让方的信息网络传播权转让合同没有标的，受让方的信息网络传播权因此失去合法根据。

2. 原告主张《奋斗》光盘上署名北京某影视公司为联合出品人之一，该公司便享有原始、整体著作权。我校对此不能苟同。

依著作权法，电视剧作品的著作权人为制片者享有，制片者为持有国家广电部颁发的电视剧制作许可证并在国家版权局登记的著作权人。在本案中，原告及其授权方北京某影视公司既无《奋斗》剧制作许可证，也未举证其在国家版权局进行登记，按谁主张谁举证的原则，原告应承担举证不能的后果。

至于原告所讲的出品，并非 2001 年《著作权法》列出的十七种权利之一。著作权如同物权一样属法定权利，著作权法中未列举出品权，那么所谓出品权便无合法依据，至于以之作为整体著作权的依据就更无道理。

何况原告说明《奋斗》为联合出品，意谓出品人非某影视公司一家。果真如此，北京某影视公司在无共同共有人同意或追认的情况下单发授权宁波某公司的行为应为无权处分行为。

（二）［2008］京中信内经证字 07988 号公证书证明的事实，仅有在原告证明自己确凿无疑地享有《奋斗》剧信息网络传播权才有意义，否则即使有上述事实，也与原告无关

（三）我校依《信息网络传播权保护条例》第 21、22、23、24 条，主张我校乃依法合理使用《奋斗》剧。原告在代理词中未做任何异议。我们认为，原告对我方答辩状及庭审中明确的观点没有任何回应这种做法，应视为对我校相关答辩观点的承认

（四）再退一步，假如原告确实享有《奋斗》剧的信息网络传播权，原告主张的赔偿也应提供索赔依据，不能随意要价

1. 与山东某高校付费观看不同，我校网站免费供师生观看，没有任何营利行为，原告不能依此提供索赔数额。

2. 就原告所受损失而言，原告信息网络传播权乃无偿取得，因此没有实际损失。

3. 《奋斗》剧非原告投资、制作和发行等，因此原告对《奋斗》剧没有付出任何生产和销售等方面的成本。

4. 我校网站属局域网性质，之所以在一段时间内接入公网，是国家教学评估和河北省精品课评审的需要。政府指令对高校而言属不可抗力因素，是免责条款。让学校为政府行为买单，对学校是不公平的。

5. 原告证据表明，我校网络上《奋斗》剧点击率为 3099 次，该剧共 32

集，3099 次的点击率意味着仅有不足百人观看。(此点见代理词相关观点)

6. 原告提供诉讼代理费发票未载明款项的用途，不能证明与本案有关。

综上所述，在原告不能提供其拥有信息网络传播权，我校属 2006 年《信息网络传播权保护条例》第 21、22、23、24 条规定的免责情形，且原告根本不存在实际损失，并未提供索赔依据等情况下，我校请求人民法院依法驳回原告起诉。

最后二审法院驳回了一审原告的上诉请求，维持了一审判决结果。

第七章　高校知识产权纠纷案例（二）

一、案情简介

2010 年左右，很多公司都在做一项业务，就是在网上搜索事业单位或者大型国企在单位网站放置影视剧并播放的记录。一旦发现，立刻带领公证处人员到网吧取证。然后获得影视剧著作权人的授权，并协商诉讼成功后索赔额的分配。接下来到法院起诉。某高校 2008 年就此类案件已经被诉，早已将挂在 VOD 上的影视剧全部下架。但是有些企业在下架前早已取证完毕，没有立刻起诉的原因是没有必胜的把握，只是在观望。当看到第一个提起诉讼的已经获得了一定的赔偿额，因此相继提起了信息网络传播权侵权诉讼。

针对上述企业的诉讼，高校采取了应对策略，首先，通过以前的诉讼，尽量拖延时间，以便消耗掉两年的诉讼时效，这个策略很成功。其次通过网上检索，发现了一种新的技术，能够在不上网的情况下，搜索到学校网站，并且观看被起诉侵权的影视剧，这种方法已经有胜诉的判例。学校经过组织相关教师研究，已经具备了这种技术。所以在新一轮信息网络传播权侵权诉讼中，高校较以前更有经验，更有胜诉的把握。

开庭前，高校法律顾问特意到法院阅读了案卷，认为原告证据组织得不好，甚至没有公证，这样就更有信心了。

二、开庭过程

因为已知原告核心证据未公证，证据整体上没有多大的力度，且原告代理人不是律师，而是一个学生样的年轻人。所以开庭前，高校法律顾问很自信。审判长宣布开庭后，原告代理人猛地清了一下嗓子，那个声音特别响亮。

进入法庭调查程序后，原告开始举证。此时，高校的法律顾问惊奇地发现，原告代理人并没有用其起诉时向法院提交的那一套证据，而是拿出了一套经过公证的非常缜密的证据。尽管做了很多年律师，但是高校法律顾问平生第一次见识到还有这么玩的，当时头就大了。这就意味着这套新的证据法律顾问并没有见过，一时有些慌。忽然法律顾问想起，既然开庭时才提交证据，那么一定是过了举证期限了。按照过去的《民事诉讼法》，未在法官指定期限内提交证据，视为放弃举证权利。于是法律顾问又有了信心。法律顾问向对方指出，举证已经过了期限，相当于已经放弃了举证权利。说完就很得意地等着看对方的囧样。没想到对方年轻的代理人响亮地一清嗓子，胸有成竹地说，指定的举证期限是 30 天，最后一天是上周末。按照《民事诉讼法》的规定，最后一天是节假日的，顺延到假期结束后的第一天。今天是星期一，也就是顺延到今天，正好没有过期。这一番答辩令学校的法律顾问目瞪口呆，因为只有律师界的老江湖才能如此沉稳老辣，不由得开始佩服眼前这个年轻人。

幸亏法律顾问也是个老律师，他向法官提出，由于原告提供了与起诉时截然不同的证据，且本案属于知识产权诉讼，非常专业，被告需要仔细研究证据然后才能答辩，因此要求主审法官重新制定答辩期限。主审法官觉得申请有道理，遂重新指定了 15 天的答辩时间。当天暂时休庭。

三、高校重新组织证据的过程

回到学校后，法律顾问认真研究了对方的证据，同时广泛搜索最高人民法院入库案例，终于发现有些央企已经有了对付这种诉讼的办法。于是法律顾问会同学校的计算机专家按照网上发布的判决书记载的方法如法炮制，终于从技术角度研究出破解对方证据的办法。这就是在不接入互联网的单机状态下，搜索并登录学校的校园网，打开涉案电视剧。由于属于不上网状态也能做到这一点，所以，原告起诉学校侵犯信息网络传播权就不成立。

然后，法律顾问与学校技术专家往返五六次到市公证处，将这个单机状态下登录学校网站并观看影视剧的方法做了公证。由于公证员对计算机以及互联网领域不擅长，双方为了表达清楚，在措辞以及表述方面反复推敲，终于对这个过程做了规范、完整和准确的公证。在这个过程中，高校的技术力量起到了决定性的作用。

四、再次开庭

重新开庭后，法律顾问将学校千辛万苦研发的新证据提交法庭，当庭展示不上网而能够做原告所做的所有事，不仅对方代理人感到错愕，就是法官们也感到不可思议。而且这个过程在公证处做了公证。

法庭辩论阶段，学校法律顾问宣读了代理词：

尊敬的审判长、审判员：

受某高校委托，现发表如下代理意见：

一、原告的起诉已过诉讼时效，不应得到法律保护

原告在诉讼状中称其于 2008 年 8 月发现我校对其构成侵权，其所谓实时抓拍显示的时间是 2008 年 8 月 10 日，至 2010 年 8 月 9 日恰好两年。从 2010 年 8 月 10 日起原告的权利已过诉讼时效，不应再得到法律保护。（事实上，既然知道 2008 年 8 月 10 日去公证，那么其知道自己被侵权的时间必然早于此日，因为委托律师、申请公证并等候受理申请都需要一段时间。这样诉讼时效的起算时间应远远早于 2008 年 8 月 10 日）

退一步讲，即使诉讼时效从 2008 年 8 月 10 日起算，本案原告两年时间里没有行使诉权，这其中必有一定的原因，或许是不可告人的原因。然而在诉讼时效即将截止之时，原告寄出诉状，某市中级人民法院收到诉状已是 2010 年 8 月 10 日，恰恰是诉讼时效已经截止的时间。

更重要的一点在于，本案原告寄出起诉状时，并未同时寄出诉讼费。本代理人认为一个完整的起诉活动应当由递交诉状和交纳诉讼费行为组成，尤其是缴费行为最能体现当事人的真实意思。只递诉状而不缴费说明当事人意思尚未确定，还没有做出最后的决定。联系到原告两年时间里都未起诉就更能证明了这一点。

只寄诉状，仅仅表达了起诉的意向，并不能代表已经行使诉权，因而不能起到中断诉讼时效的作用。只有起诉的同时并交纳诉讼费，才能说明当事人真正做出起诉的决定。否则当事人可能因为许多原因撤回诉状。

本案原告直至 2010 年 9 月 6 日才寄出诉讼费，某中级人民法院于收到诉

讼费的当天立案。此时已超出诉讼时效近一个月的时间。

原告辩称，曾于 2010 年 8 月初向被告寄过索赔函并查找过，但我校并未收到原告所称的索赔函。或许是 2010 年 8 月初，学校正放暑假，因而邮件无法送到。但是原告两年时间里怠于行使权利，却在诉讼时效即将截止的时刻，声称自己刚刚寄出过索赔函，佯称令被告停止侵权等，这简直是睁着眼睛说胡话。我校网站是局域网，对方发所谓的索赔函时，难道就没有登录互联网看一看吗？所有这些，都不过是原告编制的一系列把戏。

二、原告据以证明我校侵权的［2008］某顺证经字第 271 号公证书不能实现其证明目的。

原告要证明我校侵犯其信息网络传播权的目的，在证据保全中必须同时满足以下条件：（1）证据内容是在网络环境下采集的；（2）确保用于操作的计算机服务器硬盘中事先没有任何与本案相关的内容存在；（3）如需复制下载，则用于复制下载保全内容的载体本身事先没有任何与本案相关的内容存在。在满足了上述前提条件的情况下，才可以确定该证据所提取的内容源自被控网络的唯一性（就本案而言，即某高校网络）。

然而在本案中，［2008］某顺证经字第 271 号公证书没有确认其操作的电脑已连接互联网，并从互联网上下载网页的记录。若这一点无法证明，那么就不能证明我校通过互联网向公众传播其享有著作权的影片，其以下的任何操作都失去了意义。

不仅如此，操作员钟某及公证人员也未对电脑硬盘及光驱、U 盘接口等情况进行检查。没有关于计算机服务器硬盘内容已经格式化处理的记录。这样就使其打开的影片《暖春》在来源上呈现多元化，可能来自网上，也可能来自硬盘、光盘或 U 盘等多种渠道。不能得出其打开的影片来自某高校网站的唯一的、排他的结论。从而使其公证书对其诉讼主张失去证明作用。

［2008］某顺证经字第 271 号公证书也未记载刻录光盘由谁提供，是空盘还是存在预存内容。若为后者，则难以排除该公证书下载内容并非来自某高校网站真实内容的可能性。

所谓信息网络传播权，是指以有线或无线方式向公众提供作品表演或录音录像制品，使公众可以在其个人选定的时间和地点获得作品表演或录音录像制品的权利。原告主张我校在学校网站上提供了《暖春》的在线播放，侵犯了其信息网络传播权。但原告提交的公证书未确定操作电脑时是否连接互联网。是否对电脑硬盘上的本机文件进行搜索、检查和清理。

三、某市公证处［2010］某证经字第416号公证书对［2008］某顺证经字第271号公证书已构成反证。足以推翻后者的公正事实。

某市公证处［2010］某证经字第416号公证书证明，在不接入互联网情况下，通过对相关软件、程序的设置，也能达到与上网相同的浏览网页和在线播放等效果。也就是说，原告在公证过程中所做的，我校在公证人员监督下，在不接入互联网的情况下，也完全能够做到。这个结果证明，原告所做的公证与其证明目的之间不是必然和唯一的联系，不能证明我校通过互联网向公众传播影片《暖春》。

2007年修正的《民事诉讼法》第67条规定："经过法定程序公证证明的法律行为、法律事实和文书，人民法院应当作为认定事实的根据。但有相反证据足以推翻公证证明的除外。"

就本案而言，某市公证处［2010］某证经字416号公证书的证明内容足以否定原告提供的公证书证明的事实与原告证明目的之间的必然性和唯一性。因而原告提供的公证书不能作为认定事实的依据。

四、原告著作权身份以及与其委托人之间的授权环节存在问题。

法庭辩论中，原告信誓旦旦地宣称国家相关法律规定，出品人就是著作权人，因此本案原告作为出品人就是著作权人。然而本代理人按照原告提供的法条查询，根本就没有原告在法庭上宣称的相关内容。

《暖春》出品人并非一人，原告一家单独起诉涉嫌无权处分。然而法庭辩论中，原告声称国家相关法律规定，对于合作拥有的著作权，每一个著作权人拥有除转让外的一切权利，因此原告有权单独起诉。本代理人按照原告提供的法条查询，根本就没有原告在法庭上宣称的相关内容。

五、原告提供的公证书关于影印件与原件相符的公证证明存在严重瑕疵，不能实现原告欲证明自己拥有上述影片合法的信息网络传播权的证明目的。

例如［2007］并某证民字第1024号公证书的证明内容只有一句话："兹证明前面的文件的影印件与原本相符"不知说的是哪个影印件与原本。

其他公证书的瑕疵与此类似，不再赘述。

总之，原告主体不适格，起诉已过诉讼时效。［2008］某顺证经字第271

号公证书其公证过程非常不严谨，不周密，破绽百出。因为根据现有的网络技术，通过人为设定或修改等方式对预存内容进行技术处理。在不连接互联网的情况下，在我校网页上完全能够显现本不属于我校网站的虚拟内容包括点击率和信息。造成访问我校网站的假象。鉴于上诉情况，原告主张我校在网站上提供《暖春》在线播放并侵犯其信息网络传播权的证据不足，恳请人民法院驳回其所有诉讼请求。

此致

某市中级人民法院

五、一审判决结果

一审法院驳回了原告的诉讼请求。

六、二审庭审过程以及判决结果

原告不服一审判决，向河北省高级人民法院提起上诉，开庭期间，学校法律顾问通过《答辩状》《代理词》批驳了一审原告的观点。

二审答辩状

尊敬的审判长、审判员：

受被上诉人某高校委托，现发表如下答辩意见：

一、原告的起诉已过诉讼时效，不应得到法律保护。

原告在诉讼状中称其于 2008 年 8 月发现我校对其构成侵权，其所谓实时抓拍显示的时间是 2008 年 8 月 10 日，至 2010 年 8 月 9 日恰好两年。从 2010 年 8 月 10 日起原告的权利已过诉讼时效，不应再得到法律保护。（事实上，既然知道 2008 年 8 月 10 日去公证，那么其知道自己被侵权的时间必然早于此日，因为委托律师、申请公证并等候受理申请都需要一段时间。这样诉讼时效的起算时间应远远早于 2008 年 8 月 10 日。）

更重要的一点在于，本案原告寄出起诉状时，并未同时寄出诉讼费。本代理人认为一个完整的起诉活动应当由递交诉状和交纳诉讼费行为组成，尤其是缴费行为最能体现当事人的真实意思。只递诉状而不缴费说明当事人意思尚未确定，还没有做出最后的决定。联系到原告两年时间里都未起诉就更能证明了这一点。

只寄诉状，仅仅表达了起诉的意向，并不能代表已经行使诉权，因而不能起到中断诉讼时效的作用。只有起诉的同时并交纳诉讼费，才能说明当事人真正做出起诉的决定。否则当事人可能因为许多原因撤回诉状。

本案原告直至 2010 年 9 月 6 日才寄出诉讼费，某中级人民法院于收到诉讼费的当天立案。此时已超出诉讼时效近一个月的时间。

原告辩称，曾于 2010 年 8 月初向被告寄过索赔函并查找过，但我校并未收到原告所称的索赔函。或许是 2010 年 8 月初，学校正放暑假，因而邮件无法送到。但是原告两年时间里怠于行使权利，却在诉讼时效即将截止的时刻，声称自己刚刚寄出过索赔函，佯称令被告停止侵权等，这简直是睁着眼睛说胡话。我校网站是局域网，对方发所谓的索赔函时，难道就没有登录互联网看一看吗？所有这些，都不过是原告编制的一系列把戏。

二、原告著作权身份以及与其委托人之间的授权环节存在问题。

在上诉人的证据目录中，上诉人证明其是电影《暖春》的著作权人的证据有两项：一是《暖春》的公映许可证；二是其提供的所谓正版光盘。

首先《暖春》的公映许可证不是上诉人证明其是电影《暖春》的著作权人的直接证据。

公映许可证的目的是审查制作单位所拍摄的电影在政治上是否有问题，是否违背公序良俗。拥有公映许可证只能说明这部电影通过了政治等方面的审查，可以向社会公映。设立电影审查制度并对通过审查的电影颁发公映许可证的目的不是说明电影的著作权人是谁，因此他不是著作权归属的法定证明文件。因此《暖春》的公映许可证不是上诉人拥有电影《暖春》著作权的直接证据。

其次，上诉人不能证明其在一审时提供的《暖春》光盘是正版光盘。

2002 年最高人民法院《关于审理著作权民事纠纷案件适用法律若干问题的解释》第 7 条第 2 款规定，在制品上署名的法人或者其他组织视为著作权、与著作权有关权益的权利人，但有相反证明的除外。

上诉人要证明自己是制品上签名的人，无疑应承担相应的举证义务，即证明该制品是正版，且来源合法。而本案上诉人提供的制品即光盘却令人存疑。

第一，该光盘制作粗糙，价位偏低，不像正版光盘。

第二，上诉人一审时没有提供购买光盘的正式发票和小票，因而不能证明自己提供的《暖春》光盘是正版光盘并经合法方式获得。希望二审法院查明此事。

第三，上诉人没有证据证明自己是《暖春》的制片人或电影制作单位

2010年《著作权法》第15条规定："电影作品和以类似摄制电影的方法创作的作品的著作权由制片者享有……"

《电影管理条例》第15条规定："电影制片单位对其摄制的电影片，依法享有著作权。"根据本条规定，电影片的摄制单位是电影片的制作单位，电影片的著作权属于制作单位。

上诉人认为自己是出品单位，因而就是著作权人。我们认为出品单位可能同时也是制片者或制作单位，但也可能不是制片者或制作单位，两者并不必然地画等号。

也就是说，上诉人即使证明自己是出品单位，也没尽到充分的举证责任。只有证明自己就是《著作权法》和《电影管理条例》中规定的制片者和电影制作单位时，才能无争议地获得著作权人身份。

第四，根据《电影管理条例》，拍摄电影必须领取《摄制电影许可证》或《摄制电影片许可证（单片）》以及《电影发行经营许可证》等证照。《暖春》的《摄制电影许可证》或《摄制电影片许可证（单片）》或者国家版权局的相关登记证明才是著作权身份的权威证明。现在上诉人没有上述相关证明，因此不能证明自己的著作权人身份。

第五，退一步讲，即使上诉人是著作权人，但他在没有与其他著作权人协商、没有其他著作权人授权情况下，没有权利单独起诉。否则属于无权处分行为。

根据原告提供的《电影片公映许可证》，电影《暖春》的摄制单位是天津宏利。《电影管理条例》第15条规定："电影制片单位对其摄制的电影片，依法享有著作权。"根据本条规定，电影片的摄制单位是电影片的制作单位，电影片的著作权属于制作单位。据此上诉人也无权单独起诉，以一成员的身份独享全体成员的利益，这既不能为潜在的著作权人所容，也不能为第三人认可。

三、原告提供的公证书关于影印件与原件相符的公证证明存在严重瑕疵，不能实现原告欲证明自己拥有上述影片合法的信息网络传播权的证明目的。

例如［2007］并某证民字第1024号公证书的证明内容只有一句话："兹证明前面的文件的影印件与原本相符"不知说的是哪个影印件与原本。

其他公证书的瑕疵与此类同，不再赘述。

四、原告据以证明我校侵权的［2008］某顺证经字第271号公证书存在诸多瑕疵，表现为没有已连接互联网的记载、没有对计算机及其硬盘、接口等的清洁状态记载、用于取证的计算机处于非公证人员钟某的控制之下，没有说明光盘的来源和是否有预存内容记载、没有提供同步录像的光盘从而也无法对其进行质证等。这样一个存在诸多瑕疵，甚至是重大瑕疵的公证书，不能成为定案的依据。

原告要证明我校侵犯其信息网络传播权的目的，在证据保全中必须同时满足以下条件：（1）证据内容是在网络环境下采集的；（2）确保用于操作的计算机服务器硬盘中事先没有任何与本案相关的内容存在；（3）如需复制下载，则用于复制下载保全内容的载体本身事先没有任何与本案相关的内容存在。在满足了上述前提条件的情况下，则可以确定该证据所提取的内容源自被控网络的唯一性（就本案而言，即某高校网络）。

然而在本案中，［2008］某顺证经字第271号公证书没有确认其操作的电脑已连接互联网，并从互联网上下载网页的记录。若这一点无法证明，那么就不能证明我校通过互联网向公众传播其享有著作权的影片，其以下的任何操作都失去了意义。

不仅如此，操作员钟某及公证人员也未对电脑硬盘及光驱、U盘接口等情况进行检查。没有关于计算机服务器硬盘内容已经格式化处理的记录。这样就使其打开的影片《暖春》在来源上呈现多元化，可能来自网上，也可能来自硬盘、光盘或U盘等多种渠道。不能得出其打开的影片来自某高校网站的唯一的、排他的结论。从而使其公证书对其诉讼主张失去证明作用。

［2008］某顺证经字第271号公证书也未记载刻录光盘由谁提供，是空盘还是存在预存内容。若为后者，则难以排除该公证书下载内容并非来自某高校网站真实内容的可能性。

上诉人的上诉状称，"根据《最高人民法院知识产权案件年度报告（2008）》

中的指导意见，在此种情况下，公证书可以不重复描述网络、硬盘的相关连接状态或清洁状态"，上诉人断章取义，故意对指导意见做歪曲理解。事实上该《指导意见》就新传在线诉中国网通自贡分公司网络侵权案，认为原告取证时，如果未采取相应措施，导致虚拟网页与真实的互联网同时并存，在此情况下，"最高人民法院认为此类公证书虽能证明在公证员面前发生了公证书记载的行为，但还不足以证明该行为发生在互联网环境中"。新传在线诉中国网通自贡分公司网络侵权案的结果是原告新传在线因为取证时存在虚拟网页与真实的互联网同时并存的可能性而败诉。

这个案件恰好说明，在网络传播权纠纷案件中，原告取证时其操作必须严谨无误，从而保证结论的唯一性和排他性。如果发生诸如用以取证的计算机来源不明、公证书未记载电脑及其硬盘是否清洁等情形，人民法院将根据具体情况来判断公证证明的网络信息是来自互联网还是本地电脑。

具体到本案，[2008] 某顺证经字第 271 号公证书没有确认其操作的电脑已连接互联网，并从互联网上下载网页的记录、没有对电脑硬盘上的本机文件进行搜索、检查和清理，其正类似于最高人民法院知识产权案件年度报告中指导意见中提到的新传在线公司的取证情形。

此外，一审中，上诉人没有出示所谓的同步录像光盘，当然也就无从对其进行质证。我们认为一个完整的网络证据，应由文字和光盘组成，现在上诉人仅有一半的证据，缺失了另一半。因此我们认为上诉人提供的是一个不完整的证据。一个不完整的、名不副实的证据不能成为定案的依据。

五、某市公证处 [2010] 某证经字第 416 号公证书对 [2008] 某顺证经字第 270 号公证书已构成反证。足以推翻后者的公正事实。

某市公证处 [2010] 某证经字第 416 号公证书证明，在不接入互联网情况下，仅向计算机插入一张光盘，也能达到与上网相同的浏览网页和在线播放等效果。也就是说，原告在公证过程中所做的，我校在公证人员监督下，在不接入互联网的情况下，也完全能够做到。这个结果证明，原告所做的公证与其证明目的之间不是必然和唯一的联系，不能证明我校通过互联网向公众传播影片《暖春》。

2007 年《民事诉讼法》第 67 条规定："经过法定程序公证证明的法律行为、法律事实和文书，人民法院应当作为认定事实的根据。但有相反证据足以推翻公证证明的除外。"

就本案而言，某市公证处〔2010〕张证经字416号公证书的证明内容足以否定原告提供的公证书证明的事实与原告证明目的之间的必然性和唯一性。因而原告提供的公证书不能作为认定事实的依据。

六、在网络侵权纠纷中，权利人取证时没有互联网状态、计算机及硬盘是否清洁的记载，光盘来源不明等等。在这种情况下，人民法院在许多判例中判决证据不足、驳回起诉。

例如，广东中凯文化有限公司诉中国电信股份有限公司侵犯电影《无极》和《杀破狼》判例中，北京市西城区人民法院判决驳回原告起诉，北京市中级人民法院判决驳回上诉，维持原判。

再如，广东伟佳音像制品有限公司诉中国网通秦皇岛分公司判例中，秦皇岛市中级人民法院判决驳回原告起诉，河北省高级人民法院判决驳回上诉，维持原判。

七、再退一步，即使是不当使用了上诉人拥有版权的东西，上诉人也不能得理不饶人，漫天要价，将对方一个疏忽当成发财的机会。

2010年《著作权法》第49条第1款规定："侵犯著作权或者与著作权有关的权利的，侵权人应当按照权利人的实际损失给予赔偿；实际损失难以计算的，可以按照侵权人的违法所得给予赔偿。赔偿数额还应当包括权利人为制止侵权行为所支付的合理开支。"

2002年最高人民法院《关于审理著作权民事纠纷案件适用法律若干问题的解释》第24条规定："权利人的实际损失，可以根据权利人因侵权所造成复制品发行减少量或者侵权复制品销售量与权利人发行该复制品单位利润乘积计算。发行减少量难以确定的，按照侵权复制品市场销售量确定。"

根据以上规定，本案的实际损失完全可以计算出来，上诉人应当提供其诉讼请求中主张金额的计算方式。

真理向前迈一步就是谬误，纵然是你有理，但你对自己的贪婪不加节制，这时候你已经不仅仅是维权了，你是开始讹人了。

上诉人为索要高价，还炮制了一份服务合同，且不说双方是否存在黑白合同，合同是否真正履行，有无付款凭证，是广泛撒网还是针对某高校一家，只说其收费标准，就表现得异乎寻常，远远高于市场行情。很明显，这份合同是双方合谋用来对付侵权人的。侵权人固然有错，但是如果权利人故意夸大损失，索取巨额赔偿，就不诚实了，就是恶意维权了。

至于原告支出的律师费，更是无发票，无支付用途等，不能证明其与本案具有关联性，因此不应得到法律支持。

总之，上诉事实已过诉讼时效、原告主体不适格、［2008］某顺证经字第270号公证书其公证过程是非常不严谨，不周密，破绽百出、某市公证处［2010］某证经字第416号公证书对［2008］某顺证经字第270号公证书已构成反证。鉴于上诉情况，原告主张我校在网站上提供《暖春》在线播放并侵犯其信息网络传播权的证据不足，恳请河北省高级人民法院驳回上诉，维持原判。

经过庭审，二审法院维持了一审判决结果。此时距离我校第一次被起诉的时间早已过了两年的诉讼时效。也就意味着，学校在校园网挂了四百多部影视剧的事件已经过了诉讼时效了。果然，自此以后，再也没有人就此事再起诉学校。一场巨大的危机就这样化解掉了。

第八章　高校与学生因实习中受伤引发的合同和侵权责任竞合纠纷案例

一、案情简介

某高校作为工科学校，生产实习是学生教学的必备内容。某公司是该市一家国有建筑公司，是该高校的实习基地，在该市承包了海胡庄园的施工工作。高校和公司签订了校企合作，为学生提供实习场地的合作协议。原告张某系某高校经济管理学院 2012 级工程管理专业学生，2015 年 7 月，该学院组织学生参加工地实习，在海胡庄园项目的工地上观摩钢筋绑扎、外墙砌筑等工序。在从二楼沿着楼梯向一楼走去时，张某一时不慎，摔倒在楼梯上，并从二楼楼梯跌落到一楼，脑袋磕破，流了不少血。经过医院急救，张某脱离了生命危险。伤愈后，张某做了伤残鉴定，确定为 10 级伤残。住院期间，张某各种费用共计花费 10 万多元。

张某父母向公司主张赔偿，公司不同意。张某父母又向高校主张赔偿，高校认为自己没有责任，但是出于人道主义，给予张某 5 万元补偿。张某遂向法院提起诉讼，要求建筑公司和学校赔偿医疗费、残疾赔偿金等共计 35 万余元。

二、开庭过程

首先，原告宣读起诉状。

其次，两被告宣读答辩状。

第一被告建筑公司的答辩意见认为，原告从二楼跌落的原因是本人注意力不集中，疏忽大意导致。建筑公司既不是原告的用人单位，本身也没有过错。因此没有赔偿义务。本来工地禁止外人进入，但是出于公司的社会责任感，公司为了帮助高校培养人才，为学生提供了实习机会。这是"好意施惠"行为，如果因此担负巨额赔偿，将来公司不敢再和高校合作，为建筑专业学生提供生产实习的机会。

第二被告某高校的答辩意见是，第一，高校和建筑公司签订了校企合作协议，发生学生伤害案件，学校同意依约依法处理，第二，参加实习前，高校已经召开实习动员大会，对学生进行了安全培训，已经尽到了自己的义务，第三，工地安全防护措施还是有些不到位，第四，张某本人一边走一边看手机，注意力不集中，违反了安全教育中的注意事项，应当对自己的伤害承担主要责任，第五，高校已经垫付 5 万元，如果法院判决学校有责任，就用这 5 万元折抵赔偿。如果法院判决高校没有责任，这 5 万元就作为馈赠。

在法庭调查阶段，原被告各自出示了自己的证据，各方也发表了自己的质证意见。法庭辩论阶段，原被告在坚持自己的答辩意见以及质证意见情况下，谈了一些其他的理由。建筑公司认为原告系农村户口，不应当按照城镇居民的标准主张赔偿。

三、判决结果

鉴于高校和建筑公司实习以前已经充分进行安全教育，所以学生应当承担 80% 责任。高校和建筑公司在具体保护措施方面还需完善，例如，楼梯应加装围护，学校组织活动有疏漏，两方各承担 10% 的责任，

四、本案评析

（一）高校与学生的法律关系以及法律适用

在校大学生与学校具有两方面的法律关系，首先是行政管理关系，高校是接受国家授权对大学生进行行政管理的单位，对于学位授予、毕业证发放、特定行政处罚行使行政管理职能。高校在处理行政法律关系时依据的是我国《教育法》《高等教育法》《行政处罚法》《民办教育促进法》等法律以及《普通高等学校学生管理规定》《高等学校信息公开办法》等部门规章，还有学校自己制定的规章制度。对学生的行政处分应当遵循法律优先、法律保留、过罚相应、程序正当等原则，其次是平等的民事关系，高校和学生在衣食住行等生活方面的法律关系属于民事法律关系，适用《民法典》等相关法律法规

界定双方的权利和义务。

就本案而言，高校不是以强制性管理的角色出现，不是通过行政决定等具体行政行为的方式约束学生，因此不属于行政管理关系，而是高校自治范围内平等主体的民事关系，应当适用《民法典》处理本案的纠纷。

（二）本案当事人是合同关系还是侵权关系

笔者认为在这起事故中，学生和高校既存在民事合同关系，也存在民事侵权关系。理由如下：

首先，合同分为有名合同和无名合同，凡是《民法典》合同编分则列举出来的合同均为有名合同，权利义务按照民法典分配的权利义务履行即可。所谓无名合同，是指《民法典》合同编分则未列举出来的合同。就本案而言，实习是课堂教学活动的延伸，学生和学校在实习过程中实际存在民事合同关系。一方面，学生履行了缴纳学费的合同义务，有权行使教师授课的权利，学校行使了收费权利，获得了教育服务的对价，就应当提供理论和实践方面的服务。

其次，本案学生和高校之间也可能存在侵权关系。《学生伤害事故处理办法》第9条第4项规定："学校组织学生参加教育教学活动或者校外活动，未对学生进行相应的安全教育，并未在可预见的范围内采取必要的安全措施的"，应当依法承担责任。如果学生参与实际操作，达到普通劳动者的工作时间，学生与高校或者实习单位可能构成雇佣关系，发生伤亡事故，适用《民法典》第三编第七章关于侵权责任的规定。

（三）在合同责任和侵权责任竞合时，学生如何主张权利

在合同责任和侵权责任竞合时，学生有权选择适用任一法律关系主张赔偿。具体选择方式决定于举证责任的难易以及各自赔偿数额的多少。就本案而言，由于缺乏违约责任的规定，所以适宜根据侵权责任的法律规定主张权利。

（四）如何完善高校组织学生教学、实习的过程，避免被法院认为未进行相关安全教育

第一，应当制订《安全教育手册》，人手一本，并制作签收记录。第二，安全教育内容应在实验室、实习场所悬挂在醒目位置，并组织学习。第三，要系统组织线上线下结合的学习和考试，不达到规定分数，没有实习资格，

将考试分数登记入册。第四，组建学生实习小组，大家互相提醒和关照，同去同回，首尾照应。第五，带队教师要尽职尽责，朝乾夕惕，做好安全预案，写好实习记录。第六，如果保险公司有相关方面的险种，最好要求学生上意外伤害方面的保险。第七，对最高人民法院裁判文书网进行类案检索，搜集相关诉讼案例，总结经验，吸取教训。第八，对违反安全条例的学生通过扣分等形式进行处罚，以惩前毖后。

工地项目经理和安全员结合工地现场和过往真实案例，对于实习学生应当再一次进行安全教育。尤其对于未完工程更应加倍注意，对于尚未安装栏杆的楼梯，要清扫上边的灰渣、石子等物，对于变电箱等危险设备，要关门上锁，防止某些好奇心强的学生胡乱操作。工地应当全程录像，作为呈堂供状，达到已经在可预见的范围内采取必要安全措施的证明目的。

下　篇
高校合同管理的经验教训总结

第一章　高校如何签订合同

一、签约的准备阶段

（一）充分了解对方的资信情况

在最高人民法院裁判文书网、企业信用信息公示网、天眼查、企查查、企信宝等网站查询对方注册资金、股权结构、经营状况、诉讼情况等信息。

（二）充分考察、协商、谈判（略）

（三）确定发包的方式

高校采购的范围一般包括工程、货物和服务。如果是工程，应当根据《建筑法》《招标投标法》，国家发改委2018年16号、843号文来确定是否需要通过招标的方式发包。如果服务在100万元以上、材料200万元以上、单项工程400万元以上就必须招标，否则不仅合同无效。还要追究直接责任人的法律责任。如果是货物或者服务的采购，那么就应当根据《政府采购法》确定是否属于政府采购的范围，需要用哪种形式发包，例如比选、竞争性磋商等。

（四）需要学校领导批准或者学校上级主管部门批准的合同，一定要办完批准手续

每份合同需要按照分工报学校领导批准后才能加盖合同专用章。

有些合同需要上级主管部门批准，例如学校建设新校区，同时将旧校区卖给所在市政府的国有土地储备中心，这样的合同涉及国有资产的重大处置。因此购置新校区国有建设用地使用权以及出卖旧校区国有建设用地一定要报请学校的上级主管部门即省教育厅批准同意。

签订这类合同，应当将上级主管部门同意作为合同生效的条件，如果上级主管部门没有批准，则合同不发生法律效力。

二、合同的形式

（一）选用纸张

（1）字数在两页以内的，用一张打印纸正反面打印；

（2）四页以内可用 A3 纸正反面打印，这样相当于 A4 纸四页；

（3）四页以上应每页签字并搓开签字盖章，或搓开纸张，加盖骑缝章；

（4）如果是投标书，不仅加盖骑缝章，还可能加盖封边章；

（5）高校应有自己带水印或者 logo 的专用纸张，签约时使用本单位专用纸张。

笔者参加的诉讼中，经常遇到对方偷换合同内部纸张的情况，例如在一起建设工程诉讼中，甲方合同中有乙方免费为甲方打井三口的条文。而乙方所持合同文本中就没有这个字样。后经审核发现，双方合同每页一般为 22 行，只有甲方合同文本中有三页均为 23 行。而甲方合同中关于打井一事共三行文字，恰好在三页中每页加了一行。由于甲方没有证据证明合同出现变更，所以法院推定甲方单方变换了合同的纸张，加上了对自己有利的条款。由于不是乙方真实意思，法庭对甲方主张乙方免费为甲方打井的观点未予支持。

还有一个诉讼，作为房开公司的发包人合同文本中有工期延误一天，违约金每天 3‰的约定。而乙方所持文本中，却没有这样的约定。如果按照甲方所持文本，乙方需要支付给甲方违约金 5000 万元。

所以，合同的表述能一页说明白的，绝不用两页。

（二）合同文本

（1）有示范文本的尽量用示范文本，同时要读懂示范文本，必要时修改示范文本。

以建设工程施工合同为例，其在国内存在住建部的示范合同文本系列和发改委等部门的标准合同系列，还有自己的行业文本。行业内通常使用示范文本。实践中，很多人不看通用条款的意思，也搞不清通用条款和专用条款的关系。导致合同内容前后矛盾。

如果采用对方提供的格式合同，例如银行，供电供热部门，要收集对方所提供的文本属于格式合同的证据。以便排除对方合同中的强势条款。

（2）高校应建立自己的合同范本系列。例如，采购应有自己的买卖合同文本、基建应有自己的建设工程合同文本。订约时应事先准备好相应的合同文本，使双方在自己提供的合同范本基础上订约，而不是被动地使用对方提供的文本，在对方提供的文本基础上再做修改是有困难的。

（3）高校应设立法律顾问处。当对方要求修改自己准备好的合同文本时，可将法律顾问处作为保卫合同条款的防火墙。

（4）首页注明合同编号，每页注明第几页，共几页，以防丢页或被换页。

笔者参加的一起诉讼中，首次开庭对方作为建设工程的承包人，其结算报告共180多页，因为要进行造价鉴定，所以案件在三年后才得以判决。在后期开庭时，作为原告的承包人，其结算报告只剩下了100页。由于没有标明页码，无法搞清承包人的结算报告一共多少页。最后工程造价只好按照所剩余的页数计算。承包人在工程造价上受到了很大损失。

（三）原件形成后，立刻复印。只有重大场合才取出原件，否则一律使用
　　　　复印件，以防丢失或毁坏

《今日说法》节目就曾讲过这样的案例，债务人以还钱为借口，邀请债权人吃饭。借口还钱时要看一眼借条。但是当债权人递给债务人借条原件时，债务人却立刻将借据吃掉。也有的抛出窗外，让同伙接走。也有其他花招将借条原件毁掉。因此不能轻易出示原件。并应当将原件复印备份。

（四）合同文件由专人专门管理（略）

三、评估己方在签约中的地位

（1）处于有利位置时，首先应利用优势地位，通过订约将自己的风险降到最低，其次可拖至对方所能容忍的最后期限，然后突然拿出自己起草完且己方加盖公章的合同，使对方不得不签。

（2）处于不利位置时，不要慌乱，制订上中下三策，至少要将司法管辖权争取过来。如果实在无法撼动对方的既定条款，就只能在合同履行时见机行事了。

（3）一定要掌握对方的底线，例如对方是否急需资金周转。当对方反复向你解释，滔滔不绝时表明对方心情迫切。可做条辅助线，请合作伙伴助拳。如买衣服。

四、合同正文

（一）准确界定合同的名称和性质

1. 合同的分类：有名合同与无名合同

有名合同依据《民法典》合同编分则规范，无名合同应借助合同范本谨慎地控制风险。

2. 合同的名称及其性质对于合同解释及合同履行的意义

例如，劳动合同和劳务合同只有一字之差，但是适用的法律完全不同，法律后果和法律责任也完全不同。劳务合同一次性结算，不涉及社会保障问题。劳动合同则涉及"五险二金"、双倍工资以及无固定期限劳动合同的问题。对于用人单位而言，责任相当大。

再如有资金往来时，未明确是借款还是投资，导致将来出现纠纷。因为借款需要偿付本息，投资则没有本息。如果生意失败，投资人无权要求收回投资。

（二）当事人条款一定要非常详细

首先当事人的名称一定要写全称、不得写简称。而且要和营业执照和公章上的名称一致。

很多合同的当事人条款仅写了名称，这是非常危险的。一定要在当事人名称之下列明当事人的地址、法定代表人、开户行和银行账号、联系方式等。对方地址的法律含义在于能够确定有权管辖的法院。联系方式的意义在于能够送达合同变更、催款、解除等文书，尤其是对于法院送达开庭传票和判决书来讲特别重要，否则不能立案，不能开庭，不能判决，不能执行。开户行和银行账号的意义在于财产保全以及执行。法定代表人的意义在于确定对方各种文书是不是公司意思表示，合同行为能否成立。

（三）合同的目的性条款

合同条文无法囊括签订和履行过程中的各种可能性，因此需要拟定目的性条款来弥补合同具体条文的局限性。《民法典》第 142 条、第 466 条均规定了目的性条款在合同解释上的地位。

例如，甲在学校附近购房意在孩子就近上学，但在签订购房合同时却未注明此合同目的，当对方拖着不迁出户口时无计可施。

（四）不仅要审查合同意思表示的真实性，还要审查合同内容的合法性与
　　　合规性

合同意思表示的真实性属于事实判断，决定合同是否成立。合同是否合法属于价值性判断，决定合同是否有效。除了审查是否合法，还要审查是否合规，即是否符合教育部、省教育厅颁发的相关政策文件。

（五）保护国有资产

高校属于事业单位，全部财产属于国家，所以签订合同尤其是处分财产时，要仔细评估是否导致国有资产流失。否则难以向纪检、监察、审计部门解释清楚。

例如，房屋、校园内场地的租赁合同中，租金的确定不应低于同等地段的市场价。废品处理时，有时难以量化，往往是估堆定价，然后委托第三方出售。此时这些废品的真实价值就很难说清楚。

（六）合同条文整体上要完整全面

通常不能遗漏《民法典》第470条规定的内容，即标的、数量和质量、价款酬金、履行的时间地点、履行的方式、违约责任以及争议解决的办法等。根据需要，还可加上反贿赂、保密、独家谈判权、保证金等条款

（七）一定要详细，不厌其烦，要从最坏的方面思考问题

如存车，应写明车牌、成色等。举例如下：

房屋拆迁中，补偿条件为一套房和100万元，由于考虑不周，将二者用"，"隔开，最后被对方串改为"或"字，从而遭受重大损失。

买卖商品房时，双方未约定过户的费用、未约定地下室车位的归属导致纠纷。

（八）用词准确，不留争议

如买卖商品房时，一定明确买卖的是所有权，而不是产权，更不仅仅是房屋

（九）书写工整、清晰，不留争议

例如，把"万"写成了"3"，导致成千上万的损失。

（十）手写部分，后面一定要有"以下无正文"这样的字样，避免对方
　　　添加内容

例如：放贷方在借据上加上月息2%这样的字样。

（十一）一定不允许对方在合同中设置赔偿责任的"封顶条款"或者
"保底条款"

很多技术服务型公司甚至一些官方的合同示范文本中，对方都设置了赔偿责任的"封顶条款"或者"保底条款"。例如设计合同，设计院往往在条款中加上了设计出现失误，赔偿额不超过设计费这样的字样。还有勘察、监理、造价咨询、中介公司等单位签订合同时，也刻意设置这样的保险墙。作为高校一方，一定要毫不犹豫地将其删掉。

（十二）合同条款的设置上不可漏掉"违约责任"条款

非法律人士拟定合同时，往往在正面约定上下不少功夫，往往忽略违约责任。而违约责任是合同的关键性条款，没有它，就如同老虎失去了牙齿，合同很大程度上就白订了，因为合同失去了刚性的约束。

（十三）在己方处于优势且违约概率较低的情况下，要最大限度扩大违约
赔偿的范围

要在合同中约定一方违约时，不仅赔偿全部损失，而且要承担守约方因维权而产生的费用，包括但不限于诉讼费、财产保全费、公证费、律师费、差旅费等。

（十四）合同的争端解决方式是胜负关键，一定要争取在己方所在地判决
或者裁决

当对方是外地公司时，一定要在合同的争端解决方式中明确："双方履行合同过程中发生争议的，协商解决。协商不成的，提交某地（己方）仲裁委员会裁决。"或者提交甲方（己方）所在地有管辖权的法院管辖。

（十五）对方催得越急，越不能草率签订，反而要静下心来，仔细寻找合
同瑕疵（略）

（十六）连环合同风险极高，一定要注意上下游合同的衔接性

首先，连环合同在签订和履行时具有一定的时间差，签订时一定要留有余地，合同节点不能同时甚至下游合同履行节点早于上游合同。其次，有时自己能否履行上游合同取决于自己下游合同的相对方能否正常履行。因此没有下游合同肯定如约履行的把握，不能在上游合同中说得太满，一定要留有余地。

（十七）多个合同文件并存时，一定要审查各个文件的合法性，明确各个合同文件的优先顺序（略）

（十八）因为高校多为采购方，为了约束对方的履约质量，合同期限不宜过长，一年一签更有利于保障高校一方的权益（略）

五、落款

（一）公章与法定代表人签字的关系

2023 年 12 月 5 日最高人民法院《关于适用〈中华人民共和国民法典〉合同编通则若干问题的解释》和 2024 年 7 月 1 日新《公司法》开始施行之后，公章和法定代表人制度有了新的变化。具体而言就是有认人不认章的趋势。只要法定代表人、工作人员或非法人组织负责人在授权范围内签字，即使没有加盖公章或者加盖错误公章的，合同依然成立。

即使法定代表人、工作人员或非法人组织负责人超越授权范围，但是构成表见代理的，合同依然成立。

2023 年修正后的《民事诉讼法》规定，单位出具证明时，除了加盖公章，还要有法定代表人和制作证明的人的签字。

总之，在新法施行后，签字非常重要。

（二）何为签章，最好是签名加盖章

单位名称一定要与公章一致，签名应符合通常习惯，不能耍酷，公章要注意真伪。双方变更公章均需通知对方。

签字盖章、签章、"签字、盖章"都是签字加盖章的意思。

无论单位公章、合同专用章、法定代表人名章、财务专章，都要使用备过案的。在法定代表人名章与手签之间，应当优选手签。

对于重要合同，应当现场见证授权签字人的现场签字。

（三）法定代表人与委托代理人

（1）若为代理人签字，一定要附加授权委托书；

（2）银行、电信等大公司惯于签负责人的名字，对此要高度警惕。

（四）合同生效日期应写在签名的上面，以防对方将其裁掉。最好单独成
　　　一条款（略）

（五）合同页数比较多时，加盖公章

除了签章处，一定要注意加盖骑缝章。有必要的话，侧面搓开，以不同
位置、不同方式、不同角度加盖公章。投标文件，一定要按照招标人的要求
不折不扣地盖章。如无特别约定，除了合同文本，还要在包装物上下左右前
后均加盖封边章。

第二章　高校如何履行合同

一、高校应当设立法治处，对合同进行统一管理

依法治校是高校的一个重要内容，是维护高校合法权益的重要保障。然而目前很多高校对此没有足够重视，没有意识到法治是一个很专业的问题。因此没有设立法治处，法律问题主要靠学校办公室来对接、处理。

党的十八大以来，我国明确提出建立法治政府、法治社会和法治中国的宏伟目标，2021年6月，中共中央、国务院转发《中央宣传部、司法部关于开展法治宣传教育的第八个五年计划（2021-2025年）》，明确提出要深化依法治国，机关企事业单位要进行合规建设。为此，党政机关、国有企业纷纷成立法治处或者聘请了法律顾问。

作为依法治国的重要机构，高校当然不能置身事外，应当意识到高校法治建设的重要性。要提高高校的依法治校水平，首先要从组织上抓起，即建立法治处，统筹高校各类法律问题。

目前很多高校已经有法治办公室，这个规格的高度不够。应当将法治办公室升格成为法治处，在人员、财务方面形成强有力的保障力量。

二、高校应当聘任法律顾问，利用律师处理实务问题的经验

"法律的生命是经验，而不是逻辑。"高校具有很多法律学习背景的人员，尤其是具有法学专业的高校，更是人才济济。但是理论与现实具有很长一段距离，处理法律问题不仅需要法学理论，而且需要丰富的实践经验。

"理论是灰色的，生活之树常青。"生活日日常新，法律预判不到的事太多，因此法律条文具有很大的局限性。律师经常参与诉讼，了解案件的复杂

性，了解处理法律问题的微观操作程序。所以高校应当聘请律师协助处理法律问题，尤其是合同管理方面的问题。这对于办学经费几亿元甚至几十亿元的高校而言，应当不吝这笔费用。

三、制订合同管理相关的规章制度

（1）合同审批制度；

（2）国有资产保护制度；

（3）经办人签订和履行合同的奖惩制度；

（4）公章和法人名章的使用等级制度；

（5）合同重大问题的会审制度。

四、高校应当对教师进行合同法培训，使教师具备起码的合同法律知识

高校虽然有法治办以及法律顾问，但这些人员只是对合同事后审查。合同真正经办的人员是机关工作人员以及从事教学和科研的教师。这就意味着合同前期的洽商、谈判甚至比选、招投标、起草合同都是上述人员经办。这就意味着在合同签订以及履行的环节都是机关人员以及教师们完成的。这个现实情况需要上述人员必须具备基本的合同法知识，否则，程序走到合同审查阶段时，一些事实已经木已成舟了。有些已经难以挽回。

例如，一个校企合作项目，企业委托高校进行技术研发，经办人明知高校不能完成，将来要委托第三方完成一部分工作。这个业务问题法治办和法律顾问是不知情的。所以经办人拿来上游合同时，法治办和法律顾问不知道将来要外包给他人来做，因此同意签订合同。然而签了上游合同后，经办人员马上拿来下游合同，要分包甚至转包给第三方去做。此时就陷入了矛盾当中。一方面，上游合同已经约定了不许转包和分包，而经办人又没有实力和资质完成合同内容，必须借助校外企业完成。这就导致高校进退两难。

因此要定期对机关、二级学院经常签订合同或者未来要签订合同的人定期培训，了解合同订立和履行中的注意事项，以免在签订和履行合同过程中形成僵局。

具体的培训方法包括举办合同法讲座，进行合同法知识的测验，在单位微信工作群中发布一些合同法小知识、测试题和合同法案例。

五、要有证据意识，固化和保存自己履行合同的证据以及对方没有履行合同的证据

司法界、实务界有一句耳熟能详的话，就是"打官司就是打证据"。证据充分，无需多说。证据不足，再多的语言也是苍白无力。

因此一定要有证据意识，固化和保存自己履行合同的证据，例如已经支付对方货款后，一定及时索要收据以及发票。对方没有履行合同义务时，一定要通过现场照片、微信记录等方式固化和保存证据。

例如，高校餐厅做出的饭菜中发现钢丝球残渣，立刻全景录像并找证人作证，避免事后对方不承认。著名的"鼠头鸭脖"事件就是因为取证不及时，导致责任人混淆是非，以致舆论哗然。

六、合同经办人要谙熟合同的履行节点，有履行先后顺序的合同要知道应当首先履行的一方开始履行的前提条件和时间节点。法治处和法律顾问要密切关注重大合同的履行节点

合同多有履行的先后顺序，对于自己先履行的部分，要朝乾夕惕，绝不首先违约。对于对方应当先履行的部分，应密切监视。一旦对方应当先履行而未履行，应立刻通知对方，并将通知和对方的答复情况形成证据，以利将来提出索赔或反索赔。

七、制订书面联系函，就合同变更事项进行通知、答复、洽商等

实践中，当事人双方的沟通多通过口头或者电话形式，这不利于固化和保存证据。高校应当制订制式的书面联系函，内容包括合同编号、当事人、事由、处理意见、回执栏、签章处等。规范处理合同履行中的事务。

八、妥善保管合同文件

笔者曾担任一家本地知名房地产公司的法律顾问，有一次准备起诉施工单位，诉讼请求是多支付了工程款。然而准备向法院提交证据时，房开公司却告知，建设工程施工合同的合同原件弄丢了。同样是这家企业，在一起重要诉讼中，对方承诺我方不欠任何工程款的承诺函被办公室人员弄丢了。这

些都给诉讼带来很大麻烦。

所以，妥善保管合同文件很重要，应当按照档案管理规范保管合同文件，做到需要时伸手即来的程度。

九、要有诉讼时效意识

《民法典》规定的诉讼时效为 3 年，自债权人知道或应当知道自己权益被侵犯之日起计算，但是债权人每主张一次权利，诉讼时效将因中断而重新计算。所以，高校要经常统计一下自己对外有多少债权，每隔一年便书面通知对方履行债务，从而保障自己的诉讼时效利益。

十、要有除斥期间意识

《民法典》规定了很多除斥期间，例如第 145 条规定的追认权，针对可撤销行为在第 152 条规定的撤销权。针对合同的解除权在第 564 条规定的解除权。除斥期间一般不超过一年，事实行为超过五年则彻底丧失撤销权，除斥期间为不变期间，到期权利消灭。所以对于自己享有的除斥期间，要及时行使权利。

十一、要有行使撤销权意识

合同开始履行后，一旦知道存在欺诈、胁迫、重大误解、乘人之危等情况致使合同权利义务显著失衡的情况时，应当及时行使撤销权。

此外合同履行期间，一旦发现债务人存在放弃到期担保利益、到期债权。无偿转让财产，应当及时行使合同保全行为之撤销权。

十二、要有抗辩权意识

在同时履行抗辩、先履行抗辩的情况下，应要求对方先履行。在自己应当先履行的情况下，如果有证据证明对方经营状况、商誉严重恶化，存在转移财产、逃避债务的行为，应当及时行使不安抗辩权。及时中止履行，通知对方，并要求对方提供担保。

十三、要有催告权意识

催告权属于形成权，《民法典》规定了很多行使催告权的情况，尤其是对方应履行义务而未履行时。催告的意义一方面在于先礼后兵，做到有理有利有节。另一方面创造进一步采取法律措施的条件。

十四、要与合同相对方经常对账，确定债权债务

笔者在诉讼中，经常遇到这样一种情形，即诉争双方的当事人对于已付款项争论不休，甚至直到案件判决，也搞不清已付款到底是多少。这个现象大概违反大多数人的常识，因为已付款常常有明确的付款凭证来证明，这根本算不上一个问题。事件中，貌似不算一个问题的问题往往成了最大的问题。

要避免这样的情况发生，就必须定期与合同相对方对账，确定债权债务的进程与数额。这样做的目的不仅能够明确付款的具体金额，而且能判断哪一方违约在先，从而追究违约责任。

另外，钱款给付的时间也往往是利息计算的起始日期，这个问题在明确诉讼请求时相当重要。

十五、进行类案检索，对合同履行与未履行的法律后果做出预判

类案检索是法律人的基本技能，目前主要的检索工具有最高人民法院的裁判文书网、执行信息公示网、全国企业信用信息公示系统、北大法宝等。辅助数据库有威科先行、法意、诉讼无忧、无讼、阿尔法、天眼、企查查、Lexis、Westlow、Heinonline、Openlaw，等等。

当合同进行得不顺利，或者即将面临诉讼时，应当通过上述网站进行类案检索，一方面为法官提供裁判依据，另一方面也可以提前预判诉讼结果。

十六、把好验收关

数量往往是好解决的，关键是质量。质量问题也是买方付款的前提条件。因此在付款之前一定要成立验收组，对所购买的货物、服务、工程等标的物进行验收。首先要确定全面适当的验收标准，起码不低于国家标准。其次约定卖方提交的产品范围，一般包括书面资料和实物资料。对于货物，一方面

是货物本身，另一方面就是合格证书、检疫证书等，再有就是货物本身符合验收标准。如果是工程，那么不仅工程本身应当符合合同、标准、图纸、规范的规定，还要提交工程经济、技术资料。

十七、正确运用律师函和支付令

单位公函也可以用于催告，但是律师函更为正式和严厉。当对方对一般性催告置若罔闻时，高校一方就有必要向对方发出律师函。律师函的作用在于一方面告知对方已经准备付诸诉讼，另一方面提醒对方，一旦发生诉讼，权利人主张的费用要高于原来的债权。例如，利息、违约金、诉讼费、财产保全费、公证费、律师费、鉴定费、申请执行费，等等。

支付令是《民事诉讼法》规定的一项制度，即债权债务关系明确时，直接申请法院向对方发布支付令。有时，支付令可以节省诉讼成本，迅速达到清偿债务的目的。

十八、要有国有资产保护意识

从最终的意义上讲，高校的财产的所有权属于国家，国家对于国有资产制订有严格的国有资产保护制度，例如《民法典》《刑法》《审计法》《行政事业性国有资产管理条例》《事业单位国有资产管理暂行办法》等。作为高校合同管理人员，一定要具有国有资产保护意识，明确国有资产保护的行政、民事和刑事责任。在合同履行过程中，运用国有资产保护的特殊制度，保障国有资产保值增值。例如，结算工程款时，用审计结论或者财务评审结论作为工程款结算的依据。

十九、要有索赔和反索赔意识

合同履行过程中，因对方过错导致合同没有全面适当履行时，应当及时向对方索赔。例如，对方交付的货物或者服务有瑕疵。如果是工程，最常见的就是工期延误、质量不合格，此时应该根据情况提出继续履行、修理重做、支付违约金，扣除履约保证金等。如果是对方提出索赔，那么应当根据情况提出反索赔。例如，在建设工程案件中，对方因为高校乙方没有按照节点支付工程款，高校一方可以举证证明对方未按图施工，延误工期等事实，反驳并抗辩对方的主张。

二十、经办人要写合同履行笔记

合同不仅是一个法律问题，也是一个技术问题。高校的合同审查人员多是法律背景的人员，但是对技术问题不了解。再者合同经办人既是合同事项的实施者，也是技术负责人。所以要完全适当地履行合同，只靠合同审查人员远远不够，还需要合同经办人认真负责。这就需要合同经办人摒弃一旦签订合同就是学校的事情那种观念，要建立合同履行的笔记，详细记录一份合同从创意、策划、签订到履行、整改、验收、后评估的完整过程。这样才能体现合同的目的、初衷、纠纷的起源等，为合同的履行以及纠纷的解决提供第一手资料以及证据的支撑。

二十一、要了解合同领域可能触及的刑法问题

很多人认为合同仅仅是民事问题，其实高校合同的签订和履行也是一个行政法甚至刑法问题，不仅是高校作为一个单位的法人问题，也是一个经办人、负责人的法律责任问题。

例如，我国《刑法》第 167 条就规定了签订、履行合同失职被骗罪，主要是负有直接责任的主管人员在签订、履行合同过程中严重不负责任，导致被骗，给国家利益造成重大损失，将被追究刑事责任。

与此相关的罪名还有徇私舞弊，造成国有公司、企业破产、亏损罪、徇私舞弊低价折股，出售国有资产等等。

签订和履行合同过程中，违反法律规定，给单位造成重大损失的，还可能构成重大责任事故罪、强令违章冒险作业罪、重大劳动安全事故罪，大型群众性活动重大安全事故罪、工程重大安全事故罪、教育设施重大安全事故罪。

在签订、履行合同过程中有贪污受贿，渎职等情形的，也可构成《刑法》第八章、第九章规定的犯罪。

例如，某高校新建成学生宿舍楼，四名女生在第十层楼房的阳台上说笑，忽然阳台与楼房主体整体脱落，导致四名女生全部死亡。经查该楼房发包人为某高校，承包人为某建筑公司。合同履行过程中，施工单位偷工减料，发

包单位甲方代表没有尽到监督管理责任。事后高校主管该工程的直接责任人员以及施工单位的直接责任人员均被追究 3 年到 7 年的刑事责任。

二十二、正确及时地运用微信、录音、抖音等互联网工具收集证据，与其他证据形成能够互相印证的证据链

在互联网甚至物联网、人工智能时代，人们的社交工具愈发呈现多样性，例如微信、抖音、QQ、快手等，这些社交工具中具有很方便的录音录像功能。作为合同管理人员尤其是合同经办人员，应当正确及时地运用微信、录音、抖音等互联网工具收集证据，与其他证据形成能够互相印证的证据链。最高人民法院在司法解释中，也认可上述社交工具上留言的证据功能。

例如，一份校企合作项目，企业作为投资方具有支配性的话语权。其经办人员在签订合同时，明确规定合同权利义务不得转让或分包。但是在私下里又要求高校一方与另一家企业签订转包或分包合同，将其所属企业打进高校的合同款转给其指定的企业账户。在这个案件中，合同禁止转包或者分包就和投资人制订受让人或者分包商形成了矛盾。这个是一个必然违约的情况，高校将承担违约责任。为了维护高校利益，合同经办人员可以通过微信语音或文字等形式记录对方经办人指定合同受让人或者分包商的事实。一旦将来企业一方追究高校违约责任，则可以以此证明高校将合同转让或者分包系投资方指定，不是高校擅自转让或者分包。

二十三、注意对方资信情况的变化，收集对方财产线索

对方的资信情况是不断变化的，其变化将对合同的履行具有重大影响。在这种情况下，高校合同管理人员以及合同经办人员，应当经常上网查询对方涉及注册资金、股权变动、增减资、关联交易、并购重组，涉案涉诉等情况，据以判断对方履行合同的意愿和能力。另一方面，也需要通过企查查、天眼查、启信宝、合同文本、税票等收集对方的财产线索，以备经济纠纷时，及时采取保全措施，保障胜诉判决得以顺利执行。也可以通过诉讼保全促使对方提供担保，制订分期还款计划等，确保合同顺利履行。

二十四、对方催得很急时，不要陷入对方的节奏，而是要静下心，反复斟酌

履行合同过程中，经常有对方催促，通常要求立刻去做，声称否则后果严重。这种情况往往背后存在问题。所以不能着急，要查明情况，从容应对。"每临大事有静气，不信今时无古贤。"

二十五、依法纳税意识

履行合同不仅需要法律知识，还需要金融、财经等复合性知识。对于需要缴纳的税费，应当及时、完全缴纳，避免纳税方面成为合同履行的漏洞。

二十六、及时收取并保存收据以及税票（略）

参考文献

1. 江平、米健：《罗马法基础》（修订本第 3 版），中国政法大学出版社 2004 年版。

2. 江平主编：《中华人民共和国合同法精解》，中国政法大学出版社 1999 年版。

3. 王家福主编：《民法债权》，中国社会科学出版社 2015 年版。

4. 梁慧星：《民法总论》，法律出版社 2001 年版。

5. 王泽鉴：《民法债权》，北京大学出版社 2009 年版。

6. 李永军：《合同法》，法律出版社 2004 年版。

7. 史尚宽：《物权法论》，中国政法大学出版社 2000 年版。

8. 史尚宽：《债法总论》，中国政法大学出版社 2000 年版。

9. 郑玉波：《民法债编总论》，中国政法大学出版社 2006 年版。

10. 王泽鉴：《民法物权》，北京大学出版社 2010 年版。

11. 王泽鉴：《民法学说与判例研究》（第 5 册），北京大学出版社 2009 年版。

12. 王利明：《物权法研究》，中国人民大学出版社 2016 年版。

13. 梁慧星：《民法学说、判例与立法研究》，中国政法大学出版社 1993 年版。

14. 尹田：《法国物权法》，法律出版社 2009 年版。

15. 张俊浩主编：《民法学原理》，中国政法大学出版社 1991 年版。

16. 董安生等编译：《英国商法》，法律出版社 1991 年版。

17. 李志敏：《中国古代民法》，法律出版社 1988 年版。

18. 徐国栋：《民法基本原则及其解释》，中国政法大学出版社 1998 年版。

19. 徐国栋：《民法哲学》，中国法制出版社 2009 年版。

20. ［法］孟德斯鸠：《论法的精神》，张雁深译，商务印书馆 2012 年版。

21. ［英］梅因：《古代法》，沈景一译，商务印书馆 2011 年版。

22. ［古罗马］查士丁尼：《法学总论》，张企泰译，商务印书馆 1989 年版。

23. ［美］波斯纳：《法律的经济分析》，苏力译，法律出版社 2004 年版。

24. ［美］约翰·亨利、梅利曼：《大陆法系》，顾培东、禄正平译，知识出版社 1984 年版。

25. 《德国民法典》，郑冲、贾红梅译，法律出版社 1999 年版。

后　记

1990 年，我大学毕业后，到河北建筑工程学院从事教学工作。

1992 年，我通过了当年的律师资格考试。1994 年，我在律师事务所实习，1995 年取得律师执业证，以在大学教学为主，同时从事兼职律师工作。

2002 年，学校与一家民营企业合作办学，由于不熟悉法律，校方签订合同失误，被企业索赔 550 万元，加上利息近 800 万元。学校从省会城市聘请律师应诉，案子打了四年多，学校被中级人民法院判了两次败诉。2006 年，我接手这个案件，在领导大力支持，本人努力争取下，2007 年，案件取得了完胜的效果。其后我又代理学校，参加一起用学校科技楼抵押贷款的案件，标的也是近 800 万元，2008 年，案件也取得了胜诉。

2008 年，我开始担任河北建筑工程学院的法律顾问，主要工作是代理学校出庭应诉，包括建设工程、知识产权、房屋租赁和劳动纠纷等。从 2012 年开始，学校的诉讼少了，我的工作主要是审查合同，维护学校的合法权益。

学校每年要签订数百份合同，包括建设工程、知识产权、货物和服务的采购、房屋和场地的租赁、校企合作等等。在长期合同审查过程中，我逐渐获得了一些审查合同的经验，有了一些心得，遂和郭萌萌等同事合作将其爰缀为集。

丁万星负责全篇通稿。

郭萌萌老师是学校政策法规科科长，是我的顶头上司。她是法学硕士研究生毕业，同时从事法律课教学工作。郭萌萌老师法律业务精湛、工作细致勤奋，为人热情大方。学校的合同首先是她审查，她看过之后会告诉我合同有哪些问题，这样就节省了我大量的时间。本书内容郭萌萌老师也撰写了 15 万字左右。

　　李永达老师也曾在学校院办法治科工作，她是法学硕士研究生毕业，同时从事法律课教学工作。李老师理论基础扎实，工作任劳任怨，为人朴实谦虚。我们探讨法律问题时，她的一些观点也使我很受启发。本书内容由李永达老师撰写了 15 万字左右。

　　北京市兰台律师事务所杨强主任对合同法问题既有战略高度的视角，又有明察秋毫的洞见，他据其历尽千帆的实务经验给予本书宝贵的建议和指导，他除负责上篇第六章第二节及中篇第八章的部分内容撰写工作之外，承担案例筛选、审核和部分统稿工作，安永华明会计师事务所的丁隐对本书的文献整理、选编、校对也有贡献。

　　在整个法学的大家庭中，合同法博大精深，它的很多理念几乎不加修改就能够成为其他部门法的原则和理念。因此合同法的法理超越了部门法的范围，成为一种蕴藏深厚的文化而存在。例如公司法就是出资协议书、公司章程等一系列合同连缀而成。刑法、刑事诉讼法中平等、公平、权利保障的理念也是来自合同法。合同法浩瀚高深的知识为作者力所不逮，我们只是在实务的层面上不揣浅陋，谈一些自己的体会，以就教于方家。

　　水平所限，书中难免存在一些缺陷，请读者陈阙刺谬，不吝赐教。我们将从善如流，不断改进。

丁万星
2024 年 12 月